基于学习效应的中资银行国际化行为研究

杨丽华 著

经济科学出版社

图书在版编目（CIP）数据

基于学习效应的中资银行国际化行为研究／杨丽华著．—北京：经济科学出版社，2015.12
ISBN 978-7-5141-6513-5

Ⅰ.①基… Ⅱ.①杨… Ⅲ.①中资企业－银行－国际化－研究－中国 Ⅳ.①F832.3

中国版本图书馆 CIP 数据核字（2015）第 318239 号

责任编辑：凌 敏
责任校对：郑淑艳
责任印制：李 鹏

基于学习效应的中资银行国际化行为研究
杨丽华 著
经济科学出版社出版、发行 新华书店经销
社址：北京市海淀区阜成路甲 28 号 邮编：100142
教材分社电话：010-88191343 发行部电话：010-88191522
网址：www.esp.com.cn
电子邮件：lingmin@esp.com.cn
天猫网店：经济科学出版社旗舰店
网址：http://jjkxcbs.tmall.com
北京密兴印刷有限公司印装
710×1000 16 开 13 印张 250000 字
2015 年 12 月第 1 版 2015 年 12 月第 1 次印刷
ISBN 978-7-5141-6513-5 定价：39.00 元
（图书出现印装问题，本社负责调换。电话：010-88191502）
（版权所有 侵权必究 举报电话：010-88191586
电子邮箱：dbts@esp.com.cn）

前　言

近年来，新兴经济体对世界经济增长的贡献正日益超过发达经济体，而新兴国家企业在这个转变过程中无疑扮演着重要的角色。联合国贸易发展委员会发布的《2015年度世界投资报告》显示，自2000年来，来自新兴国家跨国公司（EMNCs）的对外直接投资（ODI）呈稳定增长态势，2014年更是高达4 680亿美元；其在全球对外直接投资中所占的份额也从2007年的13%上升至2014年的35%。中国香港和中国大陆更是分别跻身于全球第二和第三大ODI经济体，仅次于美国。2014年中国企业通过"走出去"而实现的ODI连创新高，达到1 160亿美元，超过了中国"引进来"的对外直接投资额。与来自其他新兴经济体的跨国企业一样，中资企业通过加速海外直接投资、创新国际市场进入模式等行为，不断谱写着新兴经济体跨国企业国际化的新篇章。

2013年末，在以境外资产存量规模衡量的6大行业中，金融服务企业在我国ODI总存量中占比高达17.7%，仅次于租赁和商务服务业29.6%的比重；而银行业ODI存量又占据了金融服务的80%左右。考虑到金融企业在中国"走出去"战略的重要地位和数据的可获得性，本书将研究视角投射到中资银行身上。

就理论背景来看，现有研究多以发达国家的企业国际化为背景，对新兴国家的关注较为有限，且主流理论暗含着"本国企业具备一种或几种优势时才会进行国际化"的命题，然而通过对中资银行国际化的现实观察，笔者发现，在不具有所有权优势的前提下，中资银行也采取了快速而激进的方式进入海外市场，这无疑对传统的折衷理论（OLI范式）提出了挑战。20世纪90年代以来一些研究发现，EMNCs 的竞争优势来源于从全球价值链的低端向中高端不断升级的学习行为，并据此判断，从某种意义上讲，企业国际化过程就是组织学习与知识形成的过程，这对于尚处于国际化初期的 EMNCs 来说尤为重要。此后越来越多的文献开始超越 OLI 的研究范式，关注国际化动因、学习能力、制度环境对 EMNCs 国际化程度和性质的决定作用，并迅速成为 EMNCs 国际化理论中的热点课题，有关经验知识和组织学习的研究也日益成为国际商务文献中的重要议题。

在此背景下，笔者认为基于"学习效应"视角的研究范式也许更符合中国企业国际化进程中"所有权优势的增强是一个动态的学习过程"这一实际。然而在国内类似研究较少的情况下进行研究是一项具有挑战性的工作，其中面临的最大挑战就是研究范式的突破与理论框架的构建；其次是数据的可获得性差，因为中国从 2004 年开始才有细分行业的 ODI 数据，金融行业的数据统计自 2006 年才开始，基于企业层面的数据更是缺乏。

为了克服以上困难，笔者利用 2009 年在维也纳大学做访问学者的契机阅读了大量英文文献，在文献综述与数据收集方面做了大量的基础性工作。从初步确定选题到进一步廓清研究思路、从理论模型构建到实证研究的完成，本书共历时六载多，在数易其稿的艰辛中，本书最终确定用"学习效应"这一主线，将银行国际化中的"学习动因"、"经验效应"与"学习行为"等主题串起来，采用规范分析与实证分析相结合的方法，沿着"理论回顾与研究视角的界定—行业现实观察与研究问题的提出—作用机理分析、理论模型构建与研究假设的提出—基于行业/企业层面的实证检验—结论与建议"这一逻辑思路，对学习效应作用于银行国际化进程与行为的作用机理及其实证验证进行了系统的研究。本书突破了传统的 OLI 研究范式，构建了三个理论模型，沿着从宏观到微观的逻辑视角，首先从行业层面对银行国际化进程中的学习效应进行了验证，接着对学习效应作用于银行国际化区位选择行为的机理进行了梳理及验证，最后从企业层面对银行国际化学习效应的实现路径进行了分析。在国内类似研究较少的背景下，本书在探求中资银行国际化学习效应的作用路径及获取经验知识的可能途径方面，做了有益尝试。

本书与笔者的前期研究成果——《生产性服务企业国际化的动因、区位选择与进入模式》（湖南省第17届优秀社会科学学术著作，2013年出版）一起，共同构成了笔者主持的教育部社科研究基金项目"生产性服务企业的国际化研究：动因、区位选择与进入模式"（No.11YJC790232）的主要研究成果。在《生产性服务企业国际化的动因、区位选择与进入模式》中，笔者尝试性地提出了"学习效应"的概念，并以银行业为例，对服务企业区位选择中的制度寻求动因以及国际化经验作用于企业进入模式选择的影响机理进行了验证，由此坚定了笔者的学术判断——基于"学习效应"的范式对中资服务企业国际化行为具有较好的解释效应。该著作为本书的写作奠定了理论基调、提供了部分数据来源。本书作为该著作的深化及后续研究，始终如一地聚焦于"学习效应"这一研究视角，对经验效应和学习效应作用于银行国际化进程（行业层面）及其国际化行为（企业层面）进行了深入系统的研究。

本书受到湖南省重点学科"工商管理"和湖南省重点社科研究基地"农林经济管理研究中心"等机构的资助。

杨丽华

2015年11月于湘江之滨

目　　录

第1章　绪论 ·· (1)

　1.1　研究背景 ··· (1)

　1.2　研究目的与意义 ·· (5)

　1.3　研究思路与内容 ·· (6)

　1.4　研究方法 ··· (9)

　1.5　创新与不足 ·· (9)

第2章　文献综述与理论界定 ································ (12)

　2.1　核心概念的界定 ·· (12)

　2.2　银行国际化文献 ·· (18)

　2.3　学习效应的文献 ·· (28)

　2.4　本书的理论界定 ·· (34)

　2.5　本章小结 ··· (40)

第3章　我国银行业国际化的特征分析 ··················· (41)

　3.1　从内向国际化向外向国际化演化 ··················· (41)

　3.2　以新设机构为主的扩张模式 ························· (72)

　3.3　区位选择的多元化与集中化 ························· (82)

　3.4　本章小结 ··· (84)

第4章　银行国际化进程的经验效应 ······················ (86)

　4.1　经验知识作用于国际化进程的机理分析 ·········· (86)

　4.2　内向国际化的经验效应：基于行业层面的检验 ··· (91)

　4.3　外向国际化的经验效应：基于企业层面的检验 ··· (96)

  4.4 本章小结 …………………………………………………（104）

第5章 基于学习效应的银行区位选择行为 ……………（106）

  5.1 理论假设与实证建模 …………………………………（106）
  5.2 行业检验：基于学习效应的银行区位选择行为 ………（112）
  5.3 本章小结 …………………………………………………（131）

第6章 银行国际化学习行为研究 ………………………（133）

  6.1 机理分析与研究假设的提出 …………………………（133）
  6.2 区位选择中学习行为的验证 …………………………（140）
  6.3 进入模式选择中学习行为的验证 ……………………（146）
  6.4 本章小结 …………………………………………………（154）

第7章 研究结论与对策建议 ………………………………（156）

  7.1 主要结论 …………………………………………………（156）
  7.2 政策建议 …………………………………………………（159）
  7.3 未来研究方向 ……………………………………………（170）
  7.4 本书小结 …………………………………………………（176）

附录 ………………………………………………………………（180）
参考文献 …………………………………………………………（182）
后记 ………………………………………………………………（196）

第1章 绪　　论

1.1　研究背景

下列有关银行国际化的理论与现实问题成为本书的写作动机。

1.1.1　理论背景

由福斯（Fuchs，1965）等提出"服务是可贸易的"这一观点之后，包括银行在内的服务企业的国际化从 20 世纪 80 年代开始才受到关注，目前有关银行服务企业国际化的研究有限，且多以发达国家为研究情境，建立在折衷理论或交易成本理论基础上，关注所有权优势或交易成本对银行国际化行为的影响。有关新兴国家银行服务企业国际化的研究很少，尚未形成成熟的范式。

20 世纪 90 年代以来，一些关注新兴国家跨国公司（EMNCs）的研究发现，EMNCs 的竞争优势来源于从全球价值链的低端向中高端不断升级的学习行为，因此越来越多的文献开始超越 OLI 的研究范式，开始关注国际化动因、学习能力、制度环境对 EMNCs 国际化程度和性质的决定作用（Peng，Wang & Jiang，2008），这已成为 EMNCs 国际化理论中关注的热点问题。通过对 EMNCs 研究文献的梳理可以看出，其关注视点主要集中在以下四点：

其一，国际化动因的差异性。发达国家 MNCs 因具有所有权优势，其国际化动机以实现经济性目标为主；而对于 EMNCs 来说，大多数企业在不具有所有权优势时进入海外市场，是为了通过学习效应，发展或获得有可能增加未来收益的所有权优势（Cantwell & Narula，2001；Luo，2000；Luo & Tung，2007；Yeung，2007）。因此，EMNCs 的动因以学习导向为主（Tariq，2010），更关注知识、经验与技术等资源的可获得性。以罗（Luo）和童（Tung）(2007) 为代表的"跳板论"认为 EMNCs 将国际化作为一个跳板，通过获取品牌或技术优势以弥补自身竞争劣势或后来者劣势；穆恩（Moon）和罗伊尔（Roehl）（2001）的非平衡理论认为，即使企业不具有所有权优势，也可以透过学习新的技术或管理知识来提高自身竞争力。这在某种程度暗示了 EMNCs 国际化的动机主要是为了弥补自身的战略资源/资产缺口，具有学习性的动因。虽然中国企业海外扩张有多种动机，获取知识或战略性资产以弥补其竞争劣势是极其重要原因之一（Child & Rodrigues, 2005; Deng, 2007）。

其二，组织学习与经验知识的重要性。所有权优势并非 EMNCs 国际化的必要条件，企业可以通过提升组织学习能力来弥补资源方面的劣势，通过企业网络的整合（Cantwell & Janne, 1999; Cantwell & Santangelo, 1999; Gomes-Casseres, Hagedoorn & Jaffe, 2006）或作为传输中介的"管道"构建（Bathelt, Malmberg & Maskell, 2004; Sturgeon, Van Biesebroeck & Gereffi, 2008），从与它们构建了网络关系的企业中获取国际化的经验（Elango & Pattnaik, 2007），以获取有关东道国市场的学习机会（Mathews, 2006），来实现知识和专业技能的转移，从而实现国际化战略目标（Yaprak & Karademir, 2010）。因此 EMNCs 在母国制度背景下所形成的网络构建能力及在此基础上的学习能力，如战略投资者的引进或外资渗入，更有利于国际化经验的获取及国际化效果的提升（Mahmood & Mahfuja, 2007）。

其三，学习效应这一课题具有争议性。尽管大多数学者们在理论上都认可组织学习与经验知识对企业国际化行为的作用，并对其作用机理进行了分析，但不同情境下的实证研究结果并未达成共识。以"出口学习效应"（Learning by exporting）为例，学者们基于企业出口后的学习行为与其生产成本/生产效率之间的关系进行了实证研究，却得出截然不同的结论。如 Bernard 和 Wagner（1997）、Baldwin 和 Gu（2003）、De Loe Cker（2007）、Ranjan（2011）等的研究验证了出口学习效应的存在，认为出口带来企业生产成本的降低与生产效率的提高；而 Clerides 等（1998）、Kraay（1999）、Wagner（2002）以及 Girma 等（2003）的研究并未支持这种学习效应。虽然不少学者认为来自于发展中国家的企业是广泛存在着出口学习效应的（Bemard 等，2006），以中国企业为对象的实证研究并没有支撑这一结论，既有验证出口学习效应的学者，如张杰等（2009）、戴觅等（2010）、王华等（2010）、邱斌等（2012），也有否定出口学习效应的研究，如张礼卿等（2010）、汤二子等（2011）、包群等（2014）的研究甚至认为，企业出口不仅未能明显提高生产率，相反出现了负向的出口学习效应。在以中国服务企业为对象的研究中，也出现了截然不同的结论，如涂远芬（2014）的研究验证了中国服务业企业出口学习效应的存在，并认为其出口学习效应主要通过水平溢出效应和规模效应这两种机制来传递；而冯帆和都晓（2014）基于397家服务业上市公司在2007~2012年间的数据所做的实证研究表明，我国服务企业存在着出口的"生产率悖论"，即出口不能促进企业生产率提高，企业退出出口市场反而对企业生产率有正向的促进作用。在此背景下，探讨银行业是否存在学习效应，具有现实意义。

其四，母国制度环境的特殊性。阿加沃尔（Aggarwal）和阿格蒙（Agmon）(1990)、申卡（Shenkar, 2009）、蔡尔德（Child）和罗德里格斯（Rodrigues）(2005) 等认为，政府支持或参与作为新兴市场企业所具有的特定优势，可以弥补新兴经济体企业的竞争劣势，促进企业的国际化。巴克利（Buckley）、克莱格（Clegg）和克罗斯（Cross）(2007) 等也阐述了三个特殊的解释因子——资本市场的不完全性、特殊的所有权优势和母国制度因素在新兴市场跨国公司理论中的应用。艾哈迈德（Ahmad, 2008）提出，政府干预和扶持会对EMNCs国际化产生影响，而这并没有在主流的国际化范式中予以考虑。因此，EMNCs必须注重利用制度因素来克服传统竞争能力的不足，如与外资企业合作，可以提升企业国际市场经验的不足。

由于中国银行业海外扩张历史较短，目前有关银行国际化研究在我国尚处于起步阶段，大多数研究基本停留在定性分析层面。就已有的为数不多的实证研究来看，其模型构建也大多以主流的折衷理论范式或交易成本论或比较优势论为分析框架，鲜有研究是从新兴国家情境下的那些关注视点来进行的，有关战略性动因、国际化学习效应、制度因素与中资银行国际化的研究，几乎处于空白阶段。

1.1.2 现实背景

随着"走出去"企业规模的不断扩张，越来越多的中国企业通过在国外设立分公司或海外营运中心等方式投身海外市场，逐步向真正意义上的跨国经营迈进，2014年中国对外投资额流量达到1 208亿美元，是2005年的近10倍。2013年末，以商业存在模式存在的、境外资产达到300亿美元以上规模的有6大行业：商务服务业、金融业、采矿业、批发零售业、制造业和交通运输业，这6大行业的累计投资存量达5 808亿美元，占我国对外直接投资

(ODI) 存量总额的 87.9%。①其中金融服务企业在我国 ODI 总存量中占比达 17.7%，累计 1 170 亿美元，仅次于租赁和商务服务 29.6% 的比重。2013 年银行业对外直接投资流量 74.8 亿美元，占金融类投资的 49.5%；银行业 ODI 存量占据了金融服务的 80% 左右。

如图 1-1 的统计数据所示，2006 年以来，我国商业银行的国际化脚步逐步加快，以新建模式设立的海外分支机构共有 107 家。从 2006 年起，中资银行在海外新设的分支机构数目持续增加，2009 年以后更是以 2 位数的速度增长。尤其是 2010~2011 年两年间，中资银行进入海外市场的进程明显加快，新建的机构数目占统计期的 50%。截至 2012 年末，中国国有商业银行共在美国、日本、英国等 53 个国家和地区开设 1 200 多家分支机构，总资产 1.5 万亿美元。②

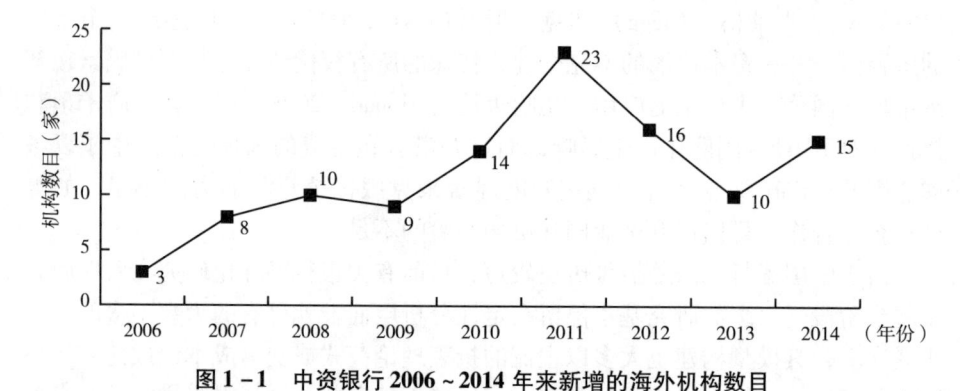

图 1-1　中资银行 2006~2014 年来新增的海外机构数目

注：此处的海外机构数目是指一级分支机构数目，只包括从事实体业务的分行和子行/子公司两种形式。

国内外的相关研究证明了银行业的跨国经营为其母国客户的扩张创造了积极条件，具有引导客户的效应。鲁夫（Ruhr）和赖安（Ryan）(2005) 通过日本企业 1970~2000 年间在 18 个欧洲国家的 FDI 数据所做的实证研究表明，大多数企业的 ODI 是在银行进入东道国后进行的，日本企业会在银行进入某一东道国后进行多次的后续投资。国内学者张亚斌等（2008）、黄静波等（2009）、

---

① 2014 年中国对外投资合作发展报告 [OL/DB]，http：//www.mofcom.gov.cn/.
② 中国国有商业银行包括中国银行、中国农业银行、中国工商银行、中国建设银行和交通银行。中国银行业监督管理委员会 2014 年报 [OL/DB]，http：//www.cbrc.gov.cn/index.html.

江静、刘志彪（2009）、任会利和刘辉煌（2010）等的研究也论证了，包括银行业在内的中国生产性服务业 ODI 的贸易效应比较显著，对于推动制造业实现国际产业链的升级、促进中国企业的国际化等方面作用很大。鉴于银行金融服务的重要性及数据的可获得性，本书选取银行业的国际化作为研究对象，这构成本书选题的现实依据之一。

从微观层面来看，我国几大银行在市值排名上虽已进入"世界 10 大银行"之列，然而就国际市场贡献率来看，远未达到国际化银行的标准。如花旗银行境外市场经营贡献达到 44%、汇丰银行为 66.7%、德意志银行为 70%、渣打银行更是高达 80%，而中国工商银行和中国建设银行 2014 年末的这一指标仅为 7.9% 和 2.12%，指标最高的中国银行也只有 23% 左右。就区位选择来看，中国银行业境外分支机构的 60% 以上主要集中在我国港澳地区和亚太地区，国际化的深度与广度都有待进一步拓展。在此背景下，对以下问题的探讨，就具有一定的现实意义：中国银行业国际化的动机与国际化行为特征是什么？决定其国际化程度与行为特征的因素是什么？不同银行的国际化行为是否有差别？造成这些差别的原因是什么？如何才能推进银行国际化的进程？适合中国银行企业的国际化模式是什么？对这些问题的思考，这构成本书选题的现实依据之二。

综上所述，鉴于银行服务企业所具有的独有特征及其对中国经济日益提升的贡献，关于银行服务企业为什么国际化、如何国际化的研究，无疑在学术研究和企业实践两方面均具有很大的必要性。

1.2 研究目的与意义

1.2.1 研究目的

（1）从理论上思考，哪一种理论对我国银行企业的国际化行为更有解释力。在并不具有明显比较优势的前提下，中国银行企业国际化的理论依据是什么？是传统的折衷理论更有解释力，还是以学习观为视角的行为学派理论更有解释力？还是其他理论范式？本书希望在构建中国情境下银行企业国际化的研究范式方面做一些积极的探索。

（2）从实践层面来看，与其他大多数中国企业一样，中国银行业的国际化经历了"内向国际化在先、外向国际化在后"的演化路径。海外经验的缺失成为新兴国家企业对外直接投资的主要障碍（Young, 1996；Luo, 2007）。

很多中国企业只有在国内市场上与外资企业建立合作关系，并借此获得经验优势后才能很好地实现其向海外市场的扩张。那么这种内向国际化的学习效应在银行业是否存在？如果存在，其作用机理是什么？本书将对国际化经验（含内向国际化经验）对我国银行外向国际化进程的影响机理及传导机制进行探讨。

（3）从企业层面探讨，银行国际化的动因是什么？战略性动因与经济性动因对其国际化行为的影响效应哪个更显著？其国际化行为（进入模式与区位选择）有何特征？横向来看，不同银行的国际化进程和区位选择有何差异？纵向来看，较早进入者的系列国际化行为对后进者的进入模式是否有影响？国际化经验、组织学习、制度因素等变量对银行国际化行为的影响及作用途径是怎样的？通过对这些问题的解答，本书希望能从整体上对银行企业国际化的动因及其国际化决策的考量因素进行把握，以期为其未来的国际化进入模式与区位选择提供相应的对策建议。

1.2.2 研究意义

从理论上说，本书充分考虑 EMNCs 国际化进程的特殊性（如其国际化过程中有可能实施赶超战略，其所有权优势的增强是一个动态的学习过程，其在区位选择的动机与制度环境方面与发达国家的差异性等），基于"学习观"视角，对相关理论进行整合，构建符合中国情境的银行企业国际化的理论框架，并利用 2001～2011 年间银行国际化的面板数据，验证不同国际化理论对银行服务企业国际化的解释力。

从实践层面来看，本书突破了以往研究主要集中在宏观或行业层面的做法，从行业和企业两个层面对相关命题进行实证分析，探寻银行企业国际化的影响因子与制约因素，寻求银行企业获取国际化经验与学习效应的主要途径，以寻求对外开放与银行企业国际化之间良性互动的战略决策与对策建议。

1.3 研究思路与内容

本书可以分为三个部分：

第一部分：理论基础与行业背景（第1章、第2章和第3章）。首先对国内外相关文献进行综述，并在此基础上对本书的理论视角进行界定，然后对中国银行业国际化的总体特征进行了归纳，提出了拟解决的问题，由此构成了本书的理论基础与行业背景。

第1章 绪论。本章对研究的理论与现实背景、研究思路与方法等内容进行概述。

第2章 文献综述与理论界定。本章沿着两条主线对相关文献进行了深入系统梳理，一是关注国内外银行国际化理论研究范式的异同，二是对有关企业国际化学习效应的文献进行了综述，据此形成本书的理论背景与文献基础，并在此基础上对本书的研究主题进行了理论界定。

第3章 我国银行业国际化的特征分析。通过对我国银行业国际化进程、区位选择与进入模式的现实观察，从整体上把握了我国银行业国际化的特征，由此形成本书的行业背景。

第二部分：学习效应作用于银行国际化进程与行为的实证检验。立足于新兴国家企业国际化理论的关注视点，基于"学习观"视角对相关理论进行整合，沿着银行国际化"学习效应"这一理论脉络，分三个专题对银行国际化学习效应进行了理论与实证分析（分别对应着第4章、第5章和第6章）。

第4章 银行国际化进程的经验效应。本章构建了经验知识（含内向国际化经验和外向国际化经验）作用于银行国际化进程的分析框架，分别从宏观与微观层面考量了学习效应对银行国际化进程的影响。

第5章 基于学习效应的银行区位选择行为。本章超越了折衷理论范式的框架，构建了基于学习动因的银行区位选择模型，进一步考察了学习效应对银行国际化行为的影响。

第6章 银行国际化学习行为研究。本章在邓宁（Dunning，1981）的经典折衷模型基础上引进了寡占反应变量，构建了银行国际化学习行为模型，对银行寡头在进入模式与区位选择中的学习行为进行了验证，揭示了银行国际化的学习途径。

第三部分：研究结论与对策建议（第7章）。针对实证研究的结果，对银行的国际化学习途径、进入模式与区位选择三方面提出了对策建议，并就未来的研究方向进行了探讨。

本书思路与内容框架如图1-2所示。

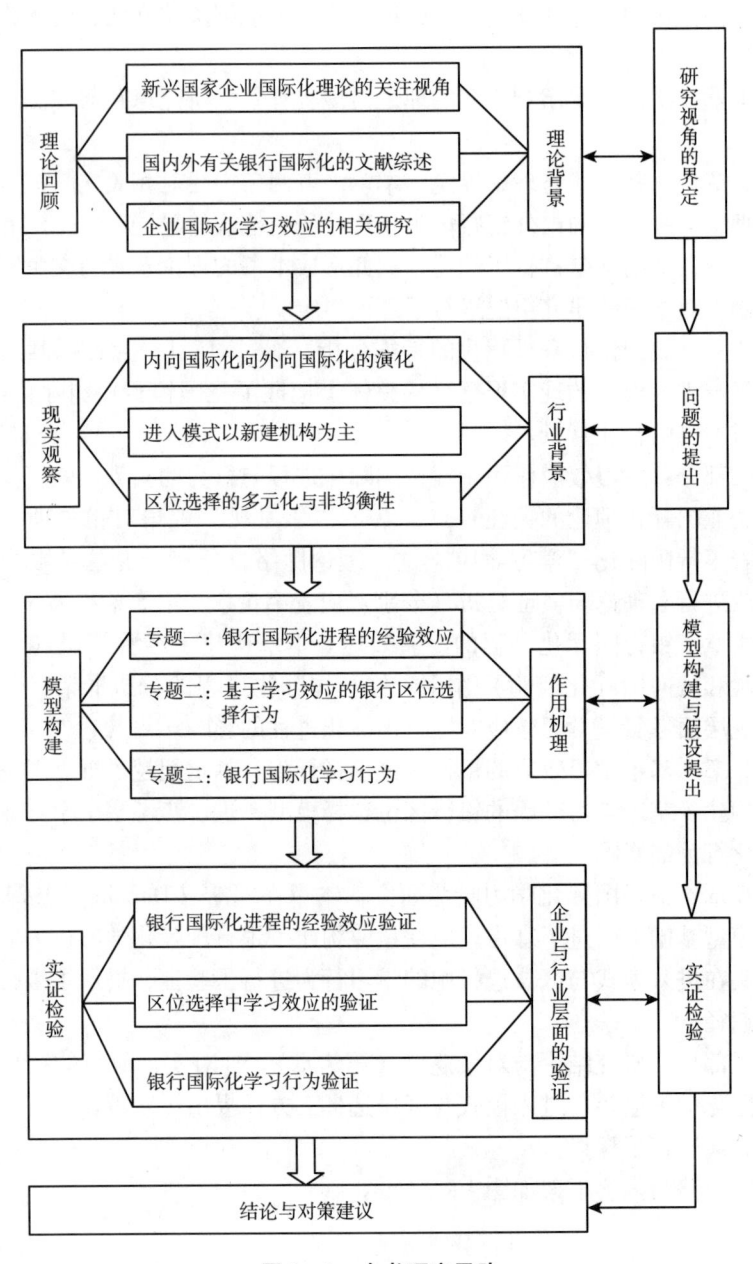

图 1-2　本书研究思路

1.4 研究方法

1.4.1 规范分析与实证分析相结合的方法

规范分析与实证分析作为经济学科学研究的基本方法，这在本书的三个子课题中体现得最为明显，既有对学习效应的相关机理分析，也有基于行业和企业层面数据的实证检验，两者相辅相成，保证了研究的科学性与严谨性。而在实证分析中，又采用了统计分析与计量分析相结合的方法，运用数据 Stata10.0 软件对数据进行分析与处理。除了第 4 章 4.2 节的实证分析是采用时间序列分析法以外，本书其他章节的实证分析均采用面板数据及虚拟变量进行回归分析，以验证解释变量对被解释变量影响的显著性大小程度和实证结果所得的系数是否符合本书的预期。对于平衡面板数据的估计，用 Hausman 检验来确定是采用随机效应还是固定效应估计。以下各章不再对研究方法进行赘述。

1.4.2 归纳和演绎相结合的方法

本书对我国银行业国际化的总体特征的分析，对新兴国家情境下研究范式的研究，对国内外有关银行国际化的理论综述，还有模型构建中的机理分析与研究结论部分，主要采取了归纳分析的方法，由一系列具体事实概括出一般结论。而在相关对策建议、将研究假设推广到未知的事实以及用这些事实来检验一般结论的正确与否等方面，又主要采用了演绎的方法。归纳和演绎的结合使用，保证了科学的方法论的作用。

1.5 创新与不足

1.5.1 可能的创新点

国外相关文献中，除了戴明·昆特（Demirgüc-Kunt）和赫伊津哈（Huizinga）(1999)，克莱森斯（Claessens）、戴明·昆特和赫伊津哈（2001），范·多伦（Van Horen, 2007）等为数不多的学者对发达国家和发展中国家外资银行国际化的相似性与差异性进行分析以外，大多数文献都没有对新兴国家银行的 FDI 进行特别关注。在国内，由于中国银行业的海外扩张历史较短，有关中资银行国际化的研究在我国尚处于起步阶段，大多数研究基本停留在定性分析层面。在为数不多的实证研究中,其模型构建也大多以折衷理论范式或交易成本论或比较优势论为分析框架,鲜有文献对中国情境下的银行企业本身的独特性质和运营环境的特殊性予以足够的关注。在此背景下,本书有望在以下三方面有所创新:

(1) 立足于新兴国家企业国际化的前沿热点问题,提出了基于学习效应的新研究视角。目前银行企业国际化的主流理论以折衷理论范式为代表,暗含着"企业具备一种或几种优势时才会进行国际化"的命题,可能难以用来解释我国银行企业在不具有比较优势的前提下、反向进入发达国家市场的行为(Li,2007)。在此背景下,本书以新兴国家的企业国际化理论为视点,立足于新兴国家企业国际化的前沿与热点问题,对企业国际化学习效应的理论基础与作用机理进行了梳理,沿着"学习效应"这一理论脉络,遵循从宏观到微观的逻辑顺序,对银行国际化学习效应进行了系统研究。以学习效应角度观察银行多次海外进入的完整过程,将关注焦点放到银行内部的资源与能力特征上,更符合像中国这样的新兴市场国家企业国际化"所有权优势的增强是一个动态的学习过程"的实际,或许能为并不成熟的中国企业国际化的研究范式提供一些新的思路或方法。

(2) 围绕着银行国际化"学习效应"这一主题,本书超越了折衷理论范式的研究框架,突出了"学习动因"、"国际化经验"、"国际化学习"等变量在模型构建中的地位,构建了三个理论模型,首先对学习效应作用于银行国际化进程的路径与机理进行了研究,然后进一步考察了学习效应对银行国际化区位选择行为的影响,最后对银行国际化学习的途径及行为进行了量化实证分析。在国内类似研究极少的背景下,本书在探求中资银行国际化学习效应的作用路径及获取经验知识的可能途径方面,做了有益尝试。

(3) 与以往研究常以横断面资料来解释企业海外扩张行为不同的是,本书采取了面板数据对银行一系列国际化行为进行解释,不仅能够同时反映出研究对象在时间和截面两个维度上的变化规律及不同截面之间的特性与差异,而且能够减少多重共线性所引起的不良影响,因此也可以更好的解释经济现象。据此所提出的决策建议,可使政策建议更具针对性。此外,与国内大多数文献主要专注于国别层面或行业层面的实证分析不同的是,本书还从企业层面视角对不同银行国际化进程与区位选择行为方面的差异,对行业领导者国际化行为对后进者的影响等方面,展开了系统的量化研究。

1.5.2 不足之处

（1）本书的理论研究部分是基于"学习效应"这一视角进行的，由于该领域并未形成成熟的范式，在银行业中的应用基本处于空白阶段，因此有关学习效应对银行国际化的作用机理还有待丰富与完善。虽然本书比较清晰地从宏观与微观层面阐述了银行国际化学习效应的作用机理，但在理论模型的严谨性与系统性方面，还有待继续完善，研究结论也难以全面的展示学习效应相对于其他变量在银行国际化中的作用，这是以后值得深入研究的领域。

（2）由于我国企业的国际化还处于初级阶段，目前能用于研究的细分行业的统计数据非常有限。中国从 2004 年开始才有细分行业的 ODI 数据，金融行业的数据统计自 2006 年才开始。银行企业层面的国际化数据只有通过企业内部获得，而涉及商业秘密，很多银行不愿提供，或并没有进行相关的统计。大多数有关中资银行国际化的数据，无法从银行家、全球银行与金融机构分析库（Bankscope）、中国对外投资公报等专业性的数据库获得。尽管笔者竭尽所能，多渠道搜集数据，但只能利用各银行网站和年报上的数据逐一进行统计，这不仅使得数据的收集费时费力，也使得数据的全面性与权威性面临风险。因此，受到数据可得性的限制，本书在样本年限与容量方面，存在选择性偏差，这在一定程度上影响了本书实证检验部分的信度。

第 2 章 文献综述与理论界定

2.1 核心概念的界定

2.1.1 银行国际化的内涵

关于企业国际化概念的界定，学者们从不同角度进行了解读。国际化进程学派（如 Johanson、Wiedersheim-paull、Vahlne）认为企业国际化是企业由国内市场向国际市场发展的渐进演变过程；理查德·罗宾逊（Richard Robinson）认为，企业的国际化是企业有意识地追逐国际市场的行为体现；斯蒂芬·扬（Stephen Young）等提出国际化是"企业进行跨国经营的所有方式"。鲁桐认为，国际化是双向的，包括内向国际化和外向国际化两个方面，是企业积极参与国际分工，由国内企业发展为跨国公司的过程。在有关企业国际化的文献中，学者们一般认为，只有在不同的国家或者经济体系中建立商业存在并从事经营活动的企业才是跨国公司。

由此可以看出，对企业国际化的定义涵盖了市场国际化与边界国际化等多个层面，企业国际化的概念有广义与狭义之分，其广义概念是指企业的产品、服务、技术、劳动力、管理及企业本身进入国际市场开展竞争与合作；而狭义的概念是指企业到国外投资、设立生产经营机构，向境外延伸研发、生产和营销能力，在更多的国家和地区合理配置资源。大多数学者都认可，一个企业是否成为国际化企业，主要判断标志是看它是否具有对外直接投资的能力，因此本书中研究的主要是狭义概念上的企业国际化。

就服务企业而言，服务的国际化有时是用"服务贸易"这一术语来界定。在国际贸易学中，服务贸易指的是一国劳动者向另一国消费者提供服务并获得外汇的交易过程，包括跨境提供、境外消费、商业存在以及自然人流动等四种流动形式，属于广义服务贸易概念。如格鲁伯（H. G. Grubel）则直接把服务贸易定义为人或物的国际流动，提出了三类服务贸易：要素服务贸易、附带有人员和货物暂时移动的贸易、物化服务贸易。从服务贸易的角度来界定的话，本书中的国际化主要是指以商业存在形式而进行的服务贸易。

而学者们针对银行企业国际化的研究表明，银行国际化具体包括四方面的内容：银行业务的国际化、银行机构的国际化、银行管理的国际化、银行监管的国际化，这四个方面往往是同时进行的。鉴于商业存在是衡量企业国际化的重要指标，也基于数据的可获得性，本书主要关注银行机构的国际化，从海外区位与组织模式选择的视角来看中资银行的国际化。

2.1.2 银行国际化的度量指标

随着经济全球化的不断深入，企业国际化内涵在不断扩展，国际化衡量标准也朝着更加全面、细化和量化的方向发展。本书从宏微观两个视角对有关国际化程度度量的指标进行阐述。

2.1.2.1 基于行业视角的度量指标基于行业视角的度量指标

从宏观视角来看，有关服务业（包括金融服务）对外开放度的研究主要有两个视角：

其一是整个服务业（包括金融服务在内的所有服务业部门）的对外开放度研究。一般研究中用服务业对外开放度（即服务贸易进出口总额占该国国内生产总值的百分比）或服务贸易依存度（服务贸易进出口总值占服务业生产总值的百分比）来衡量包括金融服务业在内的整个服务行业的国际化程度。

其二是服务业分部门对外开放度研究。有关分行业的研究又分为内向开放度与外向开放度两种。

内向开放度主要度量中国服务业对外资的开放度。研究一般采用霍克曼（Hoekman，1995）的"频度分析法"来度量不同的服务部门对外资的开放度，从市场准入、国民待遇两方面进行度量。周师豪（2010）对商业服务、金融服务、环境服务、教育服务等部门的对外开放度的度量便采用了这种方法。也有学者从机构与资产比重的角度来度量服务业的对外开放。如余隆炯（2009）选定外资银行营业性机构总数和外资银行占银行业总资产比为开放度指标，来度量中国银行业的内向国际化。

外向开放度主要度量中国服务业"走出去"的程度。相对而言，就外向国际化视角来研究中资银行国际化的文献并不多。张钦（2011）选取国内金融机构境外资产的总和，将其同中国境内银行业资产总额相比较，以二者的比值作为衡量银行业对内开放度的指标。

2.1.2.2 基于企业视角的度量指标

回顾文献，学者们对国际化程度的度量并未形成统一的标准。吴长生、洪顺庆（2006）在皮尔西（Piercy，1981）所界定的国际化内涵的基础上，提出了度量企业国际化程度的四个构面：（1）过程面，体现为国际化过程的演进，从偶然的出口到代理出口、建立海外销售机构，最后到海外直接生产；（2）结构面，体现为国际活动所占的比重；（3）空间面，体现为国际市场的集中或分散程度；（4）时间面，即用国际化经验的时间来衡量。

苏里文（Sullivan，1994）、雷伊格洛克（Ruigrok）、温弗里德（Winfried）和哈代（Hardy）（2003）将学者们所使用的国际化（DOI）衡量指标归纳为三个构面：（1）结构性维度（Structural），由海外资产、分支机构、员工所占比例构成；（2）财务性维度（Financial），主要由海外收入或收益所占比例构成；（3）心理性维度（Psychological），主要反映了经理层的国际化意向。

这两种分析法比较全面的概况了企业国际化程度的度量指标。在实际运用方面，学者们有的采用单维度的指标进行研究，有的则采用多维度的指标进行度量。

（1）单维度单指标衡量法。依据上述两种综述标准，本书将文献中所论及的单维度指标进行了归纳总结：①FSTS指标（海外销售额/总销售额）、ESR指标（企业出口销售额/总销售额）、FPTP指标（海外利润/总利润）属于财务性构面的范畴，张国忠、蔡明动（2010）也称之为经营绩效构面；②FATA指标（海外资产/总资产）、FETE指标（海外员工数/员工总数）和OSTS指标（海外子公司/全部子公司）属于结构性构面；③高管的国际化经验指标（TMIE）和国际化经营的心理离散度（PDIO）指标属于态度属性构面。

回顾文献，学者们在单维度指标中，大部分是以FSTS指标作为企业国际化程度的衡量指标，如弗农（Vernon，1971）、柯林斯（Collins，1990）、荣格（Jung，1991）、托尔曼（Tallman）和李（Li）（1996）、钱（Qian，1998）、裴等（Bae，2008）、高尔（Gaur）和库马（Kumar）（2009）、费拉图奇（Filatotchev）和皮耶斯（Piesse）（2009）、布拉泽斯（Brouthers，2009）等。FATA指标也是使用频率较高的指标，如莫克（Morck）和杨（Yeung）（1991）、德里奥斯（Delios）和比米什（Beamish）（1999）等。

鉴于数据的可获得性，本书的DOI指标主要是结构性的，但采用的是多维度的复合指标。

（2）多维度复合指标衡量法。希特（Hitt，1997）和金（Kim，1993）用海外子公司数量（NOS）、海外子公司分布国数量（NCOS）或者基于各地区销售额或子公司数的赫芬德尔指数（Herfindahl index）或熵值指标（Entropy index）来衡量企业的国际化程度，本书称为经营地域多元化指标。

如丹尼尔·沙利文（Daniel Sullivan）用来衡量企业国际化程度的指标为：DOI = FSTS + FATA + OSTS + TMIE + PDIO。

联合国贸发会议（UNCTAD）发表的《2000年度世界投资报告》采用 FATA、FSTS 和 FETE 三个指标的平均数作为跨国公司国际化程度的衡量标准，即跨国化指数 =（FATA + FSTS + FETE）÷ 3 × 100%。该指数因简单、易测量而得到广泛的运用。邓颖（2010）即采用此标准来衡量中国企业的国际化程度。

戈梅斯（Gomes，1999）、康卓特（Contractor，2003）、李（Li）和钱（Qian）(2004)、卢（Lu）和比米什（Beamish）(2004)以及托马斯（Thomas）和伊登（Eden）(2004)则采用主成分分析法把 FSTS、FATA、NCOS、OSTS 或 FETE 等多个单一指标整合成复合指标来衡量企业的国际化程度。

杨忠和张晓（2009）通过对测量国际化程度的各种指标进行分析，提出中国企业的国际化程度可以从国际化的深度和国际化的广度两个维度来测量。国际化的深度是指企业海外市场进入模式的程度，可用 FSTS 等指标来测量；国际化的广度是指企业国际化运营的广泛程度，主要包括企业国际化经营所涵盖的范围以及企业国际化经营涉及的国家数量（SCOPE）两个方面。

2.1.3 银行国际化的主要组织模式

以银行业为代表的研究表明，跨国银行海外市场扩张是以在东道国建立商业存在为主要渠道，主要采取设立代表处、代理处、分行、子银行以及持有东道国银行的股份等形式。因此，从组织模式来看，银行的国际化主要采取 FDI 的模式进入，包括新建和并购两种组织形式。

2.1.3.1 新建机构

20世纪80年代以前，绝大多数跨国公司进行对外直接投资时，是以绿地投资方式进入东道国的，银行也不例外。在初期主要以新建机构的形式进入东道国。

按照盈利模式来分，新建机构可分为经营性机构（包括总行、分行、子行/子公司的模式）和非经营性机构（包括代表处和代理处）。

按照母行所持有股权的多少，新建机构又可以分为独资银行和合资银行。其中合资银行（Joint Ventures）是与东道国外银行各自出资组建的银行，以获取东道国银行的少数股权以汇集参与机构的资金，共同负担风险。有利于熟悉东道国市场、获得税收优惠，但总行控制力下降。

按组织形式，新建模式又有三种：代表处、分行和子行/子公司。

分行模式下，母行拥有分行的全部资产（全资），以母行的资产和声誉作为后盾，主要业务是在东道国或国外进行批发贷款，通常禁止做零售业务，母行对其经营承担连带责任。近十几年，某些发达国家金融当局不批准中资银行开设分行，理由是中国当前金融监管机构可信度不够。这可以从中国银行业在美国开设分行的难度窥见一斑。

子行是附属行[①]（Subsidiary）的一种主要表现形式，是按东道国法律注册并受东道国法律约束的独立法人，母行拥有全部或大部分股权，子行和当地银行享有同等的待遇，比较容易进入当地市场，可经营分行所不允许的业务，包括投资银行和零售银行业务。一般来说，子银行因以东道国监管为主，同时有实实在在的资金，因此相对的限制较少。开设子公司多为境外金融控股架构或因市场准入限制而无法开设分行所采用（马致远，2008），目前中资商业银行凭借自身力量向境外延伸也采用这一途径。子行模式下总行的控制能力受到一定限制。

2.1.3.2 跨国并购

本书中的并购采用联合国贸发会议的相关定义，即将跨国并购定义为外国企业合并或收购境内企业的股权达10%以上、使境内企业的资产和经营的控制权转移到外国企业的投资行为。

（1）按照组织形式分。可供选择的银行跨国并购的组织形式有附属行（Subsidiaries）、联属行（Affiliates）和银行控股公司（Bank stock-holding corporation）。附属行与联属行的区别是附属行的大部分股权（≥55%）为跨国银行母行所有，而联属行的大部分股权由东道国银行所有。银行控股公司是由于有些国家或地区限制国外商业银行的进入，银行只能通过参股方式控制东道国

---

① 按照黄启轩（2010）的做法，本书中所说的附属行包括子行或金融控股公司两种组织形式。

原有的银行或金融公司，全资拥有或控股某一附属机构或子行。一般参股比例在 5%～50%，若参股超过 50%，此时的金融控股公司便成为总行的附属机构。

（2）按照股权结构划分。按照股权多少划分，并购模式又可划分为子行（母行拥有全部或大部分股权）、合资银行（母行拥有少部分股权）、银行控股公司（母行拥有或绝对控制某一附属机构或子公司，而这样的子公司可以是银行，也可以是保险公司或金融控股公司）。并购模式下，银行的附属机构或子公司都具有独立法人资格。如永隆银行是典型的银行控股集团，旗下包括证券、信托、期货、财务、保险等多家全资子公司，业务范围涵盖多个领域，对扩大收入来源发挥了积极作用。招商银行并购永隆银行将能够一举获得多个金融业务牌照。

2.1.3.3 优劣势比较

（1）新建与并购。如表 2-1 所示，银行海外扩张模式主要采取新建与并购两种模式，其各有优劣势。以新建模式进入，跨国银行能在较大的程度上自主选择符合其全球战略目标的海外机构规模和机构设置区位，但周期长、成本高、风险大，无法利用东道国现有的经营网络实行快速进入。而跨国并购有利于银行迅速进入目标市场，可以突破某些国家对外资银行新建机构及经营业务的限制，有利于获得杠杆效应、发挥优势互补和协同效应，但操作复杂。

表 2-1　　　　　　　　银行海外扩张方式的比较

扩张方式 特征	新建机构	跨国并购
扩张速度	进入东道国速度较慢	迅速进入并购东道国市场
投入成本	新建规模较小，投资金额灵活	一般要求大量资金
杠杆效应	不存在杠杆效应	可获得杠杆效应
面临风险	母行的附属机构，比较容易控制	影响因素多，失败可能性较大
业务范围	有较多限制，只能从事有限银行业务	可从事被并购银行的所有业务

季格兰（Tigran）和阿尔森（Arsen）（2010）的研究发现，跨国银行在中东欧国家的进入模式对其进入后的绩效具有重大影响。以新建投资进入的跨国银行比通过并购方式进入的银行在成本效率方面具有明显的优势。以并购模式

进入的银行，其成本效率在并购第一年时会下降，但随后会增加。在市场影响力方面，被外资并购的银行（以并购形式进入的）要比东道国银行和以新建方式进入的外资银行低。但这一结论是否具有普遍适应性，尚需进一步验证。

（2）部分股权与全资股权。大部分研究都证实了通过部分股权模式进入东道国市场，是降低不确定风险、获取本土化知识的有效途径之一。部分股权的模式有助于避免在东道国全资经营所带来的投资风险、提高企业进入市场的速度，达到以较低成本开拓国外新渠道、熟悉新市场、获取市场份额的目的。采取部分股权的进入模式（合资），能降低进入成本，提高从国外合作伙伴那里学习的机会（Kumar & Kim, 1984），促进国外所有的技术、管理知识和其他技能流向本企业（Buckley 等，2008）。部分股权的模式可以通过与当地企业合作、获取自身不具有的市场性资源（如当地市场的信息、已经建立的顾客资源等）（Belderbos, 2003），实现规模效应；依靠、利用当地合作伙伴开发新市场（Stopford & Well, 1972），获取市场情报、建立与当地的关系（Pan & Tse, 2000），更好地接触当地分销渠道（Taylor, 2002），有利于建立长期市场地位（Agarwal & Ramaswami, 1992; Johanson, 2009）。

然而以上观点是否成立，学者们并未形成统一的观点，尚需更多的实证检验。尽管很多有关并购效率的理论都指出，并购可以通过获取规模经济和范围经济这两种途径提升并购的业绩，然而以银行跨国并购为对象的实证分析发现，这种规模经济效应并未实现，即使是大银行间的并购也是如此。而且，部分股权涉及跨文化整合等问题，组织的复杂性加大了协调和整合成本。如果这种整合不成功，并购或合资模式下的协同效应则不会出现。而且知识具有难以言表和专有的本性，跨国并购中的文化差异也造成了组织学习的障碍，再加上在组织惯性（Organizational inertia）的作用下，被并购的一方往往会对并购方的组织制度、管理及企业文化进行抵制，从而提高了学习成本，增加了并购的交易费用（冯嗣全，2013）。因此，部分股权与全资股权的模式，孰优孰劣，需要更多的实证验证。

2.2 银行国际化文献

2.2.1 国外研究的两种范式

综观国外有关银行国际化的文献，可以看出有两种基本范式，一种认为传统的跨国公司理论或对外直接投资理论基本适用于银行服务企业，可以直接在其理论框架下对跨国银行（MNBs）的国际化行为进行解释，而另一种范式是在对传统的理论进行继承发展的基础上，形成了专门用来解释 MNBs 行为的理论范式。

2.2.1.1 基于传统跨国公司理论框架的研究

大部分有关银行国际化的理论基本是基于传统的跨国公司理论之上。

（1）以内部化理论为基础的研究。鲁格曼（A. M. Rugman，1987）将内部化理论引入跨国银行分析中，他认为，关税、贸易壁垒、外汇管制与汇率政策等因素的存在，导致了各国金融市场的异质性和不完全性，这为银行利用外部市场去规避内部市场中存在的不利因素，或利用其中的有利因素来更有效的配置资源提供了机会，因此国际金融市场的不完全性被认为是银行国际化的重要动因之一。与鲁格曼的分析相似，亚诺普洛斯（Yannopoulo，1983）、格雷尔（Grayl，1981）、曹（Cho，1983）、格鲁伯（Grube，1977）、皮志（Peechi，1983）和威尔斯（Wells，1983）等的研究也证实了内部化理论在解释跨国银行业发展方面的合理性。

（2）以区位优势理论为基础的研究。学者们主要从市场规模与潜力（Stobaugh，1969；Davidson，1980a）、竞争状况（Knickerbocker，1973）、服务成本（Davidson，1982）以及东道国的社会、政治、经济环境（Root，1987；Toyne & Walters，1989）等角度对区位优势进行了研究。因此，东道国的市场机会（Claessens，Demirguc-Kunt & Huiziinga，2001；Buch & Lipponer，2007）、东道国银行业管制的松紧状况（Arvind Parkhe & Stewart R. Miller，1998；Claessens & Horen，2008；Paladino，2007）、东道国在银行赢利性和风险性方面的特征（Focarelli & Pozzolo，2000；Galindo，Micco & Serra，2003；Buch & Lipponer，2007）等变量，都是影响东道国区位优势的主要因素。

帕帕多波洛斯（Papadopoulos）和丹尼斯（Denis）(1988) 在对有关市场选择的研究进行综述后发现，大量文献都专注于市场相似性这一影响因子，从心理距离、文化距离和地理距离角度进行阐述。如乐欣（Le Ung，2003）的研究表明，由于亚洲国家与中国的"心理距离"较欧美国家近，使得这些国家的银行在进入中国市场方面具有特殊区位优势。德斯·奥康纳（O'Connor，2001）等的研究则认为，服务贸易在具有极大相似性的国家间流动最频繁。

（3）以国际生产折衷理论为基础的研究。折衷理论由邓宁（Dunning）于 20 世纪 70 年代提出并建立，并在随后的几十年经其不断发展和充实（Dunning，1980，1981，1988，1993，1995，2000）。邓宁的折衷范式综合了垄断优势理论、内部化理论和交易成本理论的观点，用"三优势"来解释企业的国际化行为。他指出，所有权优势和内部化优势只是企业对外直接投资的必要条件，而区位优势是对外直接投资的充分条件。因此，可根据企业对上述三类优势拥有程度的不同，来解释和区别绝大多数企业的跨国经营活动。这一模型代表了多种理论及方法的综合运用，并创造了新的决定因素，因此得到了广泛的认可和应用。

20世纪90年代后期，有关跨国银行FDI理论的研究主要是在折衷理论（Dunning，1981）的框架内进行，从跨国银行的所有权、内部化和区位优势三个角度，解释跨国银行FDI动机和区位选择的根本原因。如阿加瓦尔（Agarwal）和阿瓦米（Rarnwwami）(1992)对国际租赁公司海外市场进入模式的研究，尔克利都（Ekeledo）和西华古玛（Sivakumar）(1998)与帕克（Parkhe）和米勒（Miler)(1998)对银行组织形式的研究，罗谢尔（Roehelle）和霍尔库姆（Holeomb)(2001)对银行规模与并购活动率之间关系的研究，切瑞蒂（Cerutti）、阿里恰（Ariccia）和马缇·尼斯·皮瑞亚（Marti'nez Peri'a）(2007)对世界最大的100家银行的组织形式的实证分析，谢明浚（Hsie）、沈（Shen）和李（Lee)(2010)对7 041家亚洲和拉丁美洲银行在1999~2005年间的银行进入模式的研究，均是基于折衷理论而进行的。

（4）以交易成本理论为基础的研究。威廉姆森（Williamson，1985）运用交易纬度理论对银行进入模式的选择问题进行了研究，认为当资产专用性成本较高时，银行更趋向采取国外分行的形式；交易频率较低时，适合采用代理行形式；海外分行由于可通过内部化消除次级不确定性及代理人机会主义行为带来的不确定性，更加适合不确定性高的环境。

吉尔罗（Gilroy）和卢卡斯（Lukas)(2006)、拉弗（Raff）等（2006）的研究表明，外资企业与东道国企业边际成本的差别，决定了企业是以新建还是兼并模式进入东道国。但学者们针对银行业所做的实证研究结论却不尽相同，如莱纳（M. Lehner，2009）认为以新建投资模式进入的银行与东道国银行比，会在有关顾客借贷状况等软信息方面处于不利地位，由此而产生的可变成本要高于东道国银行。但如果银行是以并购的模式进入，它既能获得有关东道国市场的软信息，也能发挥其在顾客筛选方面的比较优势，因此能获得比东道国银行更低的边际成本。凡·塔塞尔（Van Tassel）和维奇瓦市奥（Vishwasrao）(2007)的研究也认为，新建投资与并购模式之间，跨国银行更倾向于以并购的模式进入。而埃纳尔（Hennart）和帕克（Park）(1993) 基于交易费用角度所做的实证研究证明，当国际化的银行具有制度、管理、技能等所有权优势时，倾向于采用新建机构的方式进入国际市场，以避开并购带来的组织学习成本，获得更高的组织学习和知识传递效率。反之，在不具备所有权优势时，国际化的银行可以通过并购取得优势。

（5）其他视角的研究。伴随着 20 世纪 80 年代以后"新贸易理论"的发展，以赫尔普曼（Helpman）为代表的"公司特质说"和以克鲁格曼（Krugman）为代表的"集聚效应论"，成为解释跨国公司 FDI 区位选择的新视角。布赫（Buch）和利坡那（Lipponer）(2007) 的研究表明，盈利能力更强、规模更大的银行，比小银行更有可能进行海外扩张，也拥有更广泛的涉外活动，论证了赫尔普曼等（2004）的企业异质性学说。比尔曼（Beermann，2007）的研究表明了银行异质性对其进入模式的影响，即高效率的银行倾向于以并购的方式进入东道国市场，而低效率的银行则倾向于新建进入的方式。那鸿书（Nachum，2000）的研究就表明，集聚经济和区位优势共同作用形成了美国金融和专业服务业跨国公司的海外市场区位选择模式。此外，还有学者基于组织学习的视角，对银行国际化行为进行了研究，如巴奇曼（Barkema）和华美伦（Vermeulen）(1998) 从组织学习的角度，分析了银行国际化模式的选择。其结果论证了亨纳特（Hennart）和帕克（Park）(1993) 的观点，认为当银行具有所有权优势时，会倾向于采用新建的形式进入国际市场；反之，并购方式则可降低投资风险，从而节约交易费用。有关组织学习理论在银行业中的应用，本书将在 2.3 节中进行详细阐述。

2.2.1.2 基于跨国银行理论的研究

（1）比较优势理论。罗伯特·阿利波（R. Z. Aliber，1987）基于比较优势理论，用"Q 比率"分析不同国家银行的比较优势，认为银行在选择通过代理行或商业存在模式扩张时，会对这两种模式的成本进行比较。布里默（Brimmer，1962，1973）的研究证明第二次世界大战后银行国际化发展的一个重要原因在于跨国银行能为国内公司提供成本更低的金融服务。

格鲁贝尔（G. Grubel，1977）在阿利伯和布里默研究的基础上，提出了银行三分类理论，从产业组织理论的视角诠释了跨国银行的比较优势论，认为银行的国际化是为了获得较低边际成本的扩张，依据其比较优势的不同，银行的跨国经营模式可以分为跨国零售、跨国服务和跨国批发三种银行业务。其中跨国零售业务银行一般倾向以子行形式进入,而跨国服务性银行一般以代理处或分行的形式进行扩张。

戴尔·阿里恰（Dell Ariccia）和马奎斯（Marquez）(2004)、森古达（Sengupta, 2007）、克拉埃斯（Claeys）和海恩斯（Hainz）(2006)、雷纳（M. Lehner, 2009）针对发达国家 MNBs 的研究结果表明,外资银行与本土银行因拥有不同的比较优势,导致了跨国银行在进入模式选择上的差异。一般而言,外资银行在顾客筛选能力方面具有优势,而本土银行则拥有信息优势。当发达国家的银行进入新兴市场时,其进入模式取决于跨国银行的顾客筛选效率。银行拥有较高的筛选效率时,倾向于以新建投资的方式进入;拥有最高效率时,则倾向于以并购方式进入。进入模式还与东道国对外资银行进入的管制有关。只有筛选效率相当高的外资银行,才能被许可进入。顾客筛选效率不够高而倾向于以跨国借贷或并购形式进入的跨国银行,被迫以新建投资的方式进入。

（2）追随顾客理论。又称"引导效应论",包括"贸易引导"和"投资引导"两类,是指两国之间的双边贸易与 FDI 额是影响银行进入某特定国家的动因与决定因素（Brealey & Kaplanis, 1996; Williams, 1998; Yamori, 1998）。

戈德堡（Goldberg）和桑德斯（Saunders）(1980) 研究了外贸对外资银行进入的影响,是"跟随客户"理论研究的先驱。而贸易引导论这一观点由阿里比（Alibi, 1984）最早提出,认为银行国际化的主要发展动机是配合国际贸易的发展。这一理论对 MNBs 的国际化动因与区位选择行为进行了解释,得到了西方学者早年的实证研究的支持。布里默（Brimmer, 1973）认为,第二次世界大战后银行国际化的发展,是跨国银行对其国内客户的一种战略追随效应。

投资引导论的代表者如阿利伯（Aliber, 1984）,认为国际直接投资的扩大和跨国公司的发展直接刺激了跨国银行业务的国际化发展。金德尔伯格（Kindle Berger, 1983）和莱文（Levine, 1996）的研究还发现,跨国银行的国际化经营反过来又引导了跨国公司全球化经营,因此跨国银行既是"跟随者",又是"领导者"。

"追随客户论"在解释银行的国际化动因方面获得了广泛认可,已发展成为用来专门解释银行国际化动因的主流理论,这一理论基于成本—收益视角。

2.2.2 国内学者的研究

2.2.2.1 以外资银行的国际化为主题的研究

鉴于中资银行的国际化经历了内向国际化在先、外向国际化在后的历程，外资银行的国际化行为（尤其是在中国的国际化行为）及其对中国银行业的影响，曾经是国内学术界的热点所在。如苗启虎、王海鹏（2004）的研究论证了外资银行投资追随与贸易追随这两种"客户追随"动因的存在，孙焕民、吴志峰（2005）对外资银行ODI的研究，柳忠军（2006）对国际大银行国际化路径选择、进入动因与组织形式选择上的共性和特性及其发展趋势等的分析，伊明萍（2008）对外资银行在东盟四国的跨国经营的研究，李爱喜（2009）对外资银行在华区位选择行为的实证研究，徐文彬（2010）对花旗、汇丰、德意志银行全球三大全能银行并购发展路径进行了比较分析，张满银、韩大海、高凤英（2010）基于折衷理论范式对跨国银行在华投资的区域选择问题的研究，丁美军（2011）对外资银行国际化路径的研究及其对中国银行业的启示。

还有研究关注于外资银行的进入对中资银行的影响。如刘朋（2010）研究了外资银行进入对我国银行业市场结构（银行业进入壁垒、银行业产品差异化、银行业市场集中度）的影响，李双杰、宋秋文（2010）考察了2003~2008年间商业银行战略引资对其盈利能力、经营效率和公司治理的影响，伍志文、沈中华（2009）基于面板数据对外资银行股权进入与中资银行绩效的联动效应进行了实证分析。

鉴于数据收集的难度，有些学者对中资银行的国际化研究是以发达国家的经验或数据为基础来进行的。如苏舟（2010）对我国银行跨国并购效率的研究，其理论分析框架的构建是以西方发达国家的理论为基础，其实证研究是以欧盟银行业跨国并购的数据为基础进行。方正中（2008）关于银行规模对其分、子行模式的影响研究，引用了帕克（A. Parkhe）和米勒（S. R. Miller）（1998）对美国跨国银行1896个观测值的实证结果，演绎出国际化银行倾向于采用分行或子行形式的基本规律；借鉴美国银行业国际化的经验数据及苏格兰皇家银行的并购案例，对中资银行进入东道国的路径倾向和组织选择进行了分析。陈奉先和涂万春（2008）在综述东欧国家银行业改革经验的基础上，提出中国银行业内向国际化的7个假设，并据此构建模型，用中国24家银行在1999~2006年间的数据进行检验。马文思（2010）基于欧美30家银行总体样本指标的统计特征分析，建立评判并购可能性的逻辑斯蒂克（Logistic）模型，并将之运用到对中资银行并购案例的可能性评估中。黄静（2010）在折衷理论的框架下，以中东欧国家为样本，运用 DEA 方法、面板数据及协整的方法探讨了影响转轨国家外资银行进入的因素。

这些研究为中资银行的国际化提供了经验借鉴与实证支撑，但以发达国家银行视角进行的研究，其结论对中国这样的新兴市场国家也许不具有全面移植性。

2.2.2.2　以中资银行的国际化为主题的研究

近年来，随着中资银行国际化进程的不断加大，有关该主题的实证研究也开始增多。因此，本节的文献梳理主要围绕着注重实证分析的研究来进行。

（1）理论基础大多以折衷理论范式或交易成本论为主。以学位论文作为考察对象，大多数实证研究是基于折衷理论范式而进行的。如董剑（2006）对我国商业银行国际化动因进行了实证分析，方正中（2008）对跨国银行扩张中新建与并购模式的选择及其影响因素的研究，杨建清（2009）对银行海外扩张的一般动因、区位选择、进入模式及海外竞争优势的分析，杨胜军（2010）对中国银行业对外直接投资的影响因素的定性分析等，都是基于折衷理论范式进行。期刊论文中，熊伟、熊英、章玲（2008）有关制度通过影响企业优势、内部化优势和区位优势进而对 ODI 产生影响的作用机制的阐述，即是基于折衷理论理论的。黄静（2010）对转轨国家吸引外资银行进入的影响因素的研究，张满银、韩大海、高凤英（2010）对跨国银行在华投资的区域选择问题的研究，也是基于折衷范式。

另一类在学位论文中被较多运用的理论是交易成本论，如吴琪琳（2004）基于交易成本理论，采取博弈论等一般经济学分析工具，在信息不对称的假设下构建商业银行国际化组织形式的选择模型，对跨国银行的进入模式选择进行了定量分析，实证结果发现资金成本是商业银行业务国际化的重要影响因素。刘博（2010）对中国商业银行国际化行为基准模型的构建和银行博弈行为的研究，也是基于交易成本论视角而进行；扩展模型则基于异质性新贸易理论引入了银行异质性这一变量。郑文敬（2010）对于新建与并购两种模式的博弈分析，也是基于成本—效率的视角。

也有实证研究基于其他理论视角而进行。如许海峰（2009）依据生命成长理论构建了中国商业银行国际化现状评价模型；王亚星、郭光（2009）基于企业国际化阶段论对汇丰银行国际化的案例进行了分析。

还有部分学位论文是在整合了几种理论观点的基础上进行的。如张渠（2007）对中国商业银行国际化并购绩效的研究，以国际贸易理论、对外直接投资理论和产业组织理论为基础，包括追随效应理论、比较优势理论、三分类理论、内部化理论、国际生产折衷理论和规避风险理论；其与银行国际化并购绩效的相关理论也包括效率理论、并购价值理论、市场竞争理论和银行产品理论，且其研究方法以定性分析为主；应用比较优势理论、产业组织理论、国际投资理论、内部化理论、国际生产折衷理论等相关理论对影响银行跨国并购和新建投资选择的机理进行了系统的阐述，并据此构建实证模型。黄涛、李甲（2010）对中国商业银行海外进入模式选择的研究，以国际生产折中理论、制度理论、资源基础理论、生命周期理论为基础，构建了跨国并购和新建投资的离散模型。这些研究在理论整合方面进行了积极的尝试，也是值得借鉴的，遗憾的是由于缺乏一个清晰的理论脉络，这些理论的大融合难以形成自成一体的系统性的研究范式。

（2）研究主题涵盖了银行国际化动因、行为与效率。第一，有关国际化动因的研究。大多数有关银行国际化的动因是有关外资银行进入中国的动因，且实证研究并不多（张苗，2011）。在这为数不多的研究中，董剑（2006）采用线性回归的方法，证明了银行规模与国际化经营经验对区位选择的作用更为显著。区位优势中，贸易、对外直接投资以及文化上的相似性对区位选择的作用明显，这些都是与发达国家 MNBs 的影响因素一致的。此外，金融中心以及东道国市场的发达程度对我国商业银行的国际化同样起到了关键的作用。运用格兰杰因果检验的方法，验证了我国商业银行"客户跟随"的存在，即我国企业的 ODI 和我国对 27 个观察国的双边贸易额是我国商业银行国外净资产变化的原因，但这种关系反过来并不成立，说明我国商业银行尚未产生"客户引导"的效应。

第二，有关银行国际化行为的研究。现有文献主要从进入模式与区位选择两方面进行了研究。如江珲珲（2009）基于引导效应说、东道国市场机会说、东道国管制说、地理因素说，对我国商业银行区位选择行为的影响因素进行了实证研究。结果表明，"贸易引导效应"作用最大，尤其是双边自贸区的建立对贸易的推动作用进而对银行业境外选址作用最为显著；其次为"东道国市场机会"，我国商业银行更倾向于选择经济发达程度较高的国家；最后为"投资引导效应"，东道国金融开放度整体上对我国银行业区位选择具有正向影响,但东道国市场准入政策只在短期内对我国银行进入有影响,长期作用不明显。黄启瑞(2010)通过分析中国对东道国的直接投资、出口贸易及东道国的金融服务业发展程度等重要区位变量间的关系,借以验证中国银行业国际化之区位选择因素。周长征(2008)以中国建设银行对美银亚洲的并购案例,基于规模经济和市场因素变量对银行跨国并购和新建投资选择的影响因素进行了验证。孔庆洋(2009)基于交易成本论对商业银行的国际化组织形式选择进行了研究,他把东道国分为转型经济国家、非转型经济的发展中国家和发达国家三类,认为在转型国家,其特殊经济环境让外资银行可以并购和重组这一最低成本模式进入;在非转型国家外资银行只能选择新设机构的方式进入;在发达国家外资银行进入模式逐步由新设机构向并购转化。刘博(2010)沿着与赫尔普曼等(2004)相同的逻辑,分析了银行异质性(主要体现在效率差异方面)对其国际进入模式决策的重要影响。

第三,有关国际化经营效率与并购绩效的研究。国际化经营效率的研究,如陈孝光(2010)基于银行层面对我国商业银行的国际化经营效率进行了DEA分析;曹襄阳、刘敏和张宏伟(2010)从行业视角对国有商业银行ODI与市场竞争力之间的正效应、负效应关系进行了实证研究;张渠(2007)、曾俭华(2011)对国际化经营对中国商业银行效率的影响进行了研究;陈雨露、甄峰(2011)对我国大型商业银行国际竞争力进行了国际比较研究。

大多数中国商业银行国际化并购绩效的研究,主要基于成本—效益的视角。如张渠(2007)对中国商业银行的国际化并购绩效进行了研究;贾旭(2010)以案例形式详细分析了工商银行收购南非标准银行的动因和收获,并对中资银行海外并购绩效进行了评价;郭妍(2010)对我国银行海外并购绩效进行了实证分析。

2.2.3 文献评述

就国外银行国际化研究的理论基础来看,大多是建立在折衷理论或交易成本理论基础上的,与基于制造企业的跨国公司理论基础基本一致。尽管也出现了两种专门用来解释银行国际化的理论:比较优势论和追随顾客理论,但尚未形成主流的研究范式。就研究对象来看,除了戴明·昆特(Demirgüç-Kunt)和赫伊津哈(Huizinga)(1999),克丽森(Claessens)、戴明·昆特和赫伊津哈(2001)以及凡·海伦(Van Horen,2007)等为数不多的学者对发达国家和发展中国家外资银行的相似性与差异性进行分析以外,大多数文献都没有对新兴国家银行的 FDI 进行特别关注。因此，绝大部分研究是从发达国家银行的视角进行研究，将银行国际化视为利用其现有优势进行扩张的过程。无论是基于跨国公司理论的研究范式，还是基于银行业的 FDI 理论，都脱离不了"优势论"或"收益—成本论"的视角。

就国内的研究来看，由于中国银行业的海外扩张历史较短，缺乏有效案例和统计数据去进行实证分析，有关中资银行国际化的研究，在我国尚处于起步阶段，大多数研究基本停留在定性分析层面，缺少实证的检验。就现有为数不多的实证研究来看，其模型构建也大多以折衷理论范式或交易成本论或比较优势论为分析框架。就研究主题来看，国内研究对中资银行国际化进入模式的研究相对较多，且主要集中在对银行并购效率或并购/新建模式选择方面。但就作者所做的研究结果来看，中资银行的海外扩张实践中，其组织模式具有新设为主、渐进式并购的特征，而就其跨国并购案例来看，目前其跨国并购规模远低于国际上银行跨国并购的平均规模。因此，目前并购并不是中资银行国际化的主流模式，对新建模式的实证研究，更符合中资银行海外拓展的实际。

综上所述，目前有关银行国际化的研究基本是建立在折衷理论或交易成本理论基础上的，关注所有权优势或成本因素对银行国际化行为的影响。国外研究以发达国家为情境，鲜有文献对新兴国家的银行 FDI 行为进行关注；而国内对中资银行国际化的研究，也大多是在"优势论"视角下进行。这样的分析范式，可能难以用来解释我国银行企业在不具有比较优势的前提下，反向进入发达国家市场的行为。而且中国商业银行长期处于缺失的制度环境下，在不完全竞争的市场中经营，单纯借鉴发达国家情境下的银行国际化范式，难免失之偏颇。

20 世纪 90 年代以来，越来越多的有关 EMNCs 的文献开始超越折衷理论的研究范式，将视角投射在"母国制度环境"、"组织学习"、"战略性国际化动因"等方面（Peng，Wang & Jiang，2008），这些研究虽然尚处于探索阶段，但它们更符合 EMNCs "现有比较优势有限、其所有权优势是一个动态增强的过程"这一实际。然而有关中国银行业的研究，鲜有从新兴国家情境下的那些关注视点来进行的。有关制度因素、战略性动因、国际化学习效应与中资银行国际化的研究，几乎处于空白阶段。

令人欣慰的是，已有学者以其他行业为例，对这些课题进行了有益的探索。如蒋景楠、施海东（2004）的《组织学习视角下的跨国公司本土化》，杨国彬、陈书平（2007）的《台湾集团企业海外直接投资进入模式之研究：组织学习观点》，李明（2010）的《企业家国际经历对企业国际化影响机制研究——基于全球胜任力的视角》，史敏（2011）的《服务业企业人力资本与国际化程度的关系研究：组织学习的中介作用》，尹华（2009）的《我国制造企业国际化进程中的组织学习研究》，李自杰、李毅、陈达（2010）的《国际化经验与走向全球化——基于中国电子信息技术产业上市公司的实证研究》，陈岩、熊吉娜的（2011）《国际化程度、企业能力、制度因素与绩效：对中国上市公司国际化效果的实证分析》，葛京、金锐睿、杨智宾（2009）的《基于知识利用和知识发展的企业国际化过程分析——以中国家电企业为例》，郑准（2009）的《关系网络、资源获取与企业国际化关系研究》以及叶明珠（2010）的《国际化动因、内向国际化经验对民营企业进入模式的影响研究》。在国外，也有部分学者以中国作为新兴国家的代表，从制度变量、战略性动因、学习效应等视角对其企业国际化行为进行了实证研究（本书将在第4~6章的机理分析部分进行详细阐述）。这些研究，为本书研究视角的切入提供了很好的借鉴与启示作用。

2.3 学习效应的文献

经验知识和组织学习已日益成为国际商务文献中重要的议题（Hsu & Pereira, 2008），从某种意义上讲，企业国际化过程就是组织学习与知识形成的过程（Eriksson et al., 2000）。在此背景下，以进程论、资源基础论、组织学习观为代表的行为学派突破了以折衷范式为代表的"优势论"视角，将理性人（经济人）的假设替换为行为人，从内生性视角解释企业的国际化行为，强调了组织学习对国际化组织的重要性，近年来开始备受关注。本书称之为基于"学习观"的流派，以与折衷理论为代表的"优势论"流派相区隔。

2.3.1 进程论研究

"进程学派"以瑞典乌普萨拉大学的学者乔纳森（Johanson）和威伦（Vahlne）(1977) 为代表，认为因语言、文化、政治体系、教育水平、产业化程度等方面的差异，企业进入海外市场时会产生心理距离（Psychic distance）。为了消除这种因海外市场知识匮乏而产生的进入障碍，企业国际化时往往先选择一个心理距离较近的市场，然后再向心理距离较远的市场发展，通过渐进式学习和持续地积累经验，顺利地推进其国际化进程。因此，当企业对国外市场的了解不多时，企业不会贸然采用资源承诺度高的模式；随着企业国际经营经验的增加，企业对该国市场的投入会加大，也就会选择控制度高的进入模式。

从本质上说，进程论将知识和经验与某些企业特征一起看作是影响国际化扩张的关键因素。这一观点已涵盖了国际化学习的理论内核（史敏，2011），认为企业可以通过当前的活动获取并积累市场知识（金泰希，2012），会透过学习效果逐步加深其在国际市场的涉入程度（杨国彬，陈书平，2007）。该理论强调国际化发展路径的渐进性，把国际经营看作是一个动态的学习和反馈过程，认为企业海外经营的最大障碍是缺乏相关的知识和经验。解决"企业——环境"之间的矛盾的唯一途径就是"从做中学"。通过渐进方式所获得、积累的关于国际经营的知识和经验，使企业获得对国外市场的洞察力，并发展了国际化的专长与技能，从而使他们克服作为"外来企业"的风险和劣势。随着企业"市场知识"的增加，企业的国际化承诺也逐渐提高。

2.3.2 资源基础论研究

资源基础理论将信息资源、知识资源和其他无形资源视为企业最重要的战略性资源（Spender & Grant，1996），企业的这些"资源"、"组织特性"、"能力"是其获取竞争优势的途径（Wernerfelt，1984）。企业学习所获得的知识是企业最重要的资产，是其竞争优势的主要来源。当企业在与合作伙伴或东道国供应商的接触过程中，它获得了有关东道国市场特征、行业竞争、业务运营等方面的知识贮备（Dodgson，1991a，1991b）。丰富的知识集合可以对企业的国际化过程产生积极的效应，有助于克服企业刚进行海外经营时所面临的困难，帮助其克服"外来者劣势"（Hymer，1976；Inkpen & Beamish，1997；Zaheer，1995），降低其经营的不确定性并提高经营绩效。企业进入海外市场时，其组织学习的范围也扩大了（Barkema & Veraieulen，1998；Ghoshal，1987），这种学习提升了企业自身的技能与能力，促进了其新产品开发能力（Zahra，1996），从而有助于企业获得比较优势（Dodgson，1993）。在企业渐进、连续的国际化过程中，企业将上一阶段的学习和经验累积并转到下一个阶段。企业拥有越强的组织学习能力，就越能够从不同来源获得经验和技能，这对于从事国际化经营的企业而言是非常重要的。从另一个角度来说，企业所拥有的全球资源和核心竞争力又促进了组织学习和知识形成。因此企业所积累起来的资源存量，成为企业国际化的基本驱动力。

麦多克（Madhok，1997）认为跨国公司拥有的资源和能力是影响其进入模式选择的关键因素。如果公司本身的资源和能力隐含性很强，就很难通过交易的方式来转移，只能采取独资模式来进入海外市场。而公司不具备足够的能力和资源时，则可以通过合资企业或并购的形式获得其他公司的资源，增强组织的能力。这与马修斯（Mathews, 2002）的观点是不谋而合的。

马修斯（2002）从资源基础理论的视角提出了 LLL 范式，认为 EMNCs 大多属于资源缺乏型的，因此其国际化会致力于短缺资源的获取，并将这些资源内部化并转化成企业在国际市场上有效竞争所必需的动态能力。LLL 理论认为企业动态能力的国际化及由此所形成的有效竞争，是以下变量的函数：（1）能为 EMNCs 带来资源获取机会的各种资源联系（Linkages）；（2）对所建立的资源联系进行开发利用的各种手段（Leverages）；（3）对前两种变量反复应用所产生的学习效应（Learning）。LLL 理论的一个重要假设就是，企业资源获取的典型途径并非公开市场的交易过程，而是通过企业之间的契约联系而获得的。这就是说，通过战略网络的构建，大型企业集团联盟可以成为一种关键资源。

因此，当资源无法有效地通过市场获得时，企业可以通过构建与外界的关系网络，与其他企业共享或交换有价值的资源。因此除了内部知识的创造与积累，组织外部知识的转移和对外学习取经也是企业重要的知识取得渠道。从这个角度来说，组织学习能力也被视为能为企业带来可持续的竞争优势的战略性资源之一（Cohen & Levintha, 1990；Kogut & Zander, 1992）。戴维·提斯（Teece, 1997）认为组织学习有利于提升企业能力的动态性，是企业形成和维持动态能力的重要支持力量。

2.3.3 组织学习理论研究

组织学习是将成员学习所得来的知识予以转化为组织的知识，用来改善组织活动并扩散、储存组织内的过程（Argyris & Schon, 1996）。组织学习被视为获取、创造和传播知识的过程，包括对新知识的获取和对现有知识的利用，"组织学习"和"知识能力"对于企业在全球竞争的背景下获得竞争优势都是十分重要的（March, 1991；Dyer & Nobeoka, 2000），是企业的一种动态能力（Teece et al., 1997）。由于企业国际化被视为学习和知识积累的过程，组织学习理论被广泛用来解释企业的国际化行为（Barkema & Vermeulen, 1998）。组织学习包括四个方面的活动：知识的掌握、信息的传播或分享、对信息的分析以及对知识的应用。

阿哈隆尼（Aharoni，1966）是最先将学习的概念引入到企业对外投资行为研究中的学者，并对学习、经验与国际化进程的关系进行了阐述。在组织学习理论看来，变化的环境更需要组织善于学习，组织学习有助于企业在动态环境中获得可持续的竞争优势（Spender，1996；Dodgson，1993；Teece，1997）。企业海外经营的多样性改变了企业的知识存量（Walsh & Ungson，1991）、吸收能力（Cohen & Levinthal，1990）和实用理论（Argyris & Schon，1978），从而有助于企业更好地进行技术研发和创新，更好地适应东道国市场环境。组织学习理论强调了学习和经验知识在企业国际化经营中的重要作用，认为企业竞争的基础是其知识的优越性和通过实践学习开发新知识的能力。因此，怎样管理国际化进程中的组织学习、建立知识储备和创造新知识（Kuemmerle，2002；McDougall et al.，1994；Simoes & Dominguinhos，2001），对于跨国企业获取竞争优势是至关重要的。

迪克森（Dickson，1992）强调了学习在信息转化为知识过程中的重要性，认为快速的学习能力是企业获得可持续竞争优势的唯一来源。森古拉（Sinkula，1994）、斯莱特（Slater）和拉威尔（Narver）（1995）认为，组织学习代表着企业中新知识和新观念的发展过程。学习能力越强的企业在国际化试错过程中缴纳的学费越低，因而越倾向于国际化扩张的尝试。学习能力越强的企业从有限的国际化实践中获取经验的能力也越强，其国际化卷入程度越高（李自杰，李毅，陈达，2010）。而企业的相对规模则在一定程度上决定着企业通过试错来获取经验的能力。企业拥有越强的组织学习能力，就能够获得越丰富的海外市场相关信息，从而国际化程度越高。巴特利特（Bartlett）和戈沙尔（Ghoshal）(1988)认为，在全球化经营体系中，影响跨国经营能力实现的三大重要因素是：战略壁垒、组织壁垒和文化壁垒。而这些障碍的根源在于跨国公司缺乏足够的"本土知识"，而海外市场的学习会为企业注入新的所有权优势。学者们提出的"出口中学"效应（Learning-by-Exporting），即是对组织学习重要性的一种诠释。"出口中学"效应假说来自于 Arrow 的"干中学"（Learning-by-Doing）理论，认为技术进步的源泉是经验的累积，而经验又来自于日常工作中对各种问题的解决（任重，2015）。通过出口过程中的学习、吸收与积累过程，厂商获得了国外研发的技术外溢效应，其技术水平、管理水平、产品与服务质量得到提升，从而带来企业生产成本的降低与生产效率的提高（Ranjan et al.，2011）。De Loecker（2013）认为企业过去的出口经验对技术进步的影响可以分为两种：直接影响（通过工艺创新来实现）和间接影响

（通过对产品质量的改进和产品创新来实现）。

德里奥斯（Delios）和赫里斯（Henisz）（2000）从东道国风险角度，验证了日本国际企业的海外经验透过学习机制会转化为组织的能力，从而正向影响其后续 FDI 的股权比例。史文思（C. Schwens）和帕布斯特（R. Kabst）（2009）、佩德森（Pedersen）和彼得森（Petersen）（2004）认为，企业国际化中的学习行为是企业成功的必然所在，在某种情况下甚至决定了企业在国外市场的生存与否。与发达国家企业的国际化相比，中国企业属于"后来者"，其从事国际化经营面临的最大困难是缺乏国外市场的知识和经验。因此，如何发挥企业国际化中的学习效应，实现其模仿创新的后发优势，是企业国际化成功与否的关键因素。

在组织学习理论看来，组织学习与国际化经验是密不可分的，国际化经验是组织不断学习的一个重要产出，而学习是组织获取经验的重要途径。经验获取的途径有内向型学习和外向型学习两种，即一部分知识可以间接地通过他人经验来获得，而另一部分知识只能通过自身经验来获取。国外市场上直接经验的不断积累，再加上新知识和现有知识的获取，为企业拓展了坚实的资源基础（C. Schwens，R. Kabst，2009）。

2.3.4 寡占反应论研究

20 世纪 60 年代初海默（Hymer）在博士论文《本土企业的国际化经营：对外直接投资研究》中开创了从厂商寡占行为角度来解释企业对外直接投资行为的先河。1973 年尼克博克（Frederic Knickerbocker）提出"寡占反应论"，从垄断企业战略竞争的视角对海默与金德尔伯格的垄断优势理论进行了拓展。

尼克博克（1973）在《寡占反应与跨国公司》一文中，把企业对外直接投资区分为进攻性 FDI 和防御性 FDI 两类，即率先进行对外直接投资的为进攻性 FDI，而随后跟进进行对外直接投资的为防御性 FDI。在对美国 187 家跨国公司 FDI 的实证研究后，尼克博克发现，美国跨国企业大举对外直接投资的主体是寡占行业少数几家寡头公司，它们的投资又大都在同一时期成批地发生，呈现出"追随潮流"效应。他用"寡占反应"对这种防御性投资行为进行解释，认为寡占反应是指一家企业的海外投资行为会刺激其他竞争性企业也在同一东道国展开 FDI 的行为（Head，Mayer & Ries，2002），这种"战略跟随"的寡占反应在集中程度越高的寡占行业中表现越明显。

尼克博克所提出的寡占反应的逻辑是，当某个寡头进行对外直接投资后，对于其他竞争性的企业来说，采取追随性的对外直接投资是一个较优的对抗策略，因为在任一外国市场，追随者和领先者的市场机会是相同的：如果领先者成功了，追随者也能获得领先者的收益；如果领先者失败了，追随者的损失也不会超过领先者的损失。因此对追随者而言，通过模仿竞争对手而进行的追随性FDI，可以避免不确定性的冲击，是一种可行的竞争策略（Knickerbocker, 1973）。

赫德（Head）、迈耶（Mayer）和里斯（Ries）（2002）等人对尼克博克寡占反应理论进行了发展，并对促进寡占反应产生的条件进行了探讨。他们用"寡头"、"不确定性"和"风险厌恶"三个关键词对尼克博克的寡占反应理论的理论内核进行了阐述。其研究发现，风险中性型的跨国企业比风险厌恶型的企业更不倾向于追随领导者到海外进行FDI，进一步论证了风险厌恶和不确定性是产生寡占反应的必要条件。认为寡占反应现象的成因主要在于寡占行业中的企业尽量避免不确定性和减少风险的动机，并建立了参数模型对产生寡占反应所必需的最低风险厌恶程度进行了量化表述。

其他学者也对尼克博克的寡占反应理论进行了实证研究。学者们将尼克博克所提出的寡占反应作为一个特殊的变量用在其对FDI的回归分析中。科格特（Kogut）和张（Chang）（1991，1996）在其对日本企业的FDI分析中，发现前8家企业的行业集中度指数与该行业的FDI存在着重要的正相关性，由此证明了"追随领导者"效应的存在。余（Yu）和伊图（Ito）（1988）在研究日本企业在美国的FDI时，发现竞争对手以前在美国的FDI与焦点企业的FDI显著正相关，论证了寡占效应的存在。但在赫纳特（Hennart）和帕克（Park）（1994）的研究中，这种效应却不明显。其他文献则对不确定性对促进FDI模仿行为产生的作用进行了探讨。班纳吉（Banerjee, 1992）的研究模型证明，当有关海外投资的不确定性的信息传递出来时，企业会发生追随型FDI行为。

20世纪90年代以来，伴随着战略性FDI越来越成为跨国企业对外扩张的显著特征，在寡头垄断的行业，寡占反应的战略动因已成为解释其外向FDI的一个重要理论依据。后来发展成为对外直接投资领域中影响较大的主流理论之一。寡占反应论提出了企业FDI的第三大动因：与竞争对手的海外战略相匹配、追随对手的寡占反应（Head, Mayer & Ries, 2002），而在这之前市场寻求型和资源寻求型是文献中广为认可的企业FDI的两大动因。该理论特别适合用来解释寡头垄断公司对外投资的区位选择和动因。

从学习观的视角来看，寡头之间的跟随行为从本质上来说，就是一种外向型的模仿学习行为。由于国际化的经验知识具有准公共品的特征，它可以在不增加额外成本的情况下在不同的国家和地区间分享。寡占反应在某种程度上也可以视为是对竞争对手经验的模仿或分享行为。汉斯启德（Haunschild）和迈纳（Miner）(1997) 将跨组织间的模仿行为分为三类：(1) 以发生次数为基础的模仿（Frequency-based Imitation），指模仿者会观察其他厂商已经采取某一策略的次数；(2) 以特征为基础的模仿（Trait-based Imitation），指模仿其他具有显著特征或与自己相似的厂商行为（Henisz & Delios, 2001）；(3) 以结果为基础的模仿（Outcome-based Imitation），指企业倾向采取已被其他厂商验证为成功的策略（Lu, 2002）。

借鉴赫里斯（Henisz）和德里奥斯（Delios）(2001) 将属于同一产业的厂商视为具有相同的特征这一做法，银行寡头之间的模仿应属于以特征为基础的模仿。如果将中资银行企业视为一个内部组织网络，各银行的海外投资经验会形成一个由东道国、产业及海外市场经营知识为基础的知识镶嵌网络。网络内组织学习的过程便有较大可能具体反映在银行间的模仿行为上。在组织学习过程中，各银行在海外投资的成功经验会成为其他成员仿效的标的（Klimecki & Lassleben, 1998）。

2.4 本书的理论界定

从本章 2.3 节的文献梳理可以看出，进程论、资源基础论、组织学习理论、寡占反应论都暗含或强调了经验和组织学习对企业竞争力优势的重要性。行为学派理论中的这些学习观视角将关注焦点放到企业内部的资源与能力特征上，为企业国际化行为的解释提供了新的研究视角和思路，这一视角或思路也许更符合像中国这样的新兴市场国家企业国际化"所有权优势的增强是一个动态的学习过程"的实际，因此是值得关注的。

2.4.1 学习效应的内涵

综上可知，当企业进入国际市场时，因缺乏国际市场知识和运营经验而产生了"新进入者劣势"（Liabilities of newness）(Stinchcombe, 1965) 和"外来者劣势"（Liabilities of foreignness）(Hymer, 1976; Zaheer, 1995)，为了克服这些劣势，它们需要不断的搜寻和获取新的知识，而学习是企业获取文化知识、技术知识、市场知识、体制知识和其他所有知识的基本方法（Autio et al., 2000; Cohen & Levinthal, 1990), 企业国际化的过程就是一种被动式的经验学习过程（郑淮和王国顺, 2008), 海外知识的积累是企业跨国经营实践与"干中学"的结果。

企业所拥有的海外市场的经验知识，会促使其加大对海外市场的资源投入。而海外市场投入的增多，反过来又增加了企业的经验知识，进一步降低了企业对海外市场的感知风险，导致海外资源承诺度提高，如此循环演进。很多学者对中国企业的研究都验证了学习效应的存在，如肖慧敏、刘辉煌（2014）采用2005~2011年上市企业的微观数据，检验了企业对外直接投资学习效应的存在，即中国企业通过对外直接投资显著提升了技术水平。

由于企业所拥有的经验性知识很难通过显性方式表达出来并转移给他人（Kogut & Zander, 1996; Nonaka, 1994), 也很难通过招聘国际化经验丰富的员工（Johanson & Vahlne, 1977）或企业网络来替代性获得（Johanson & Vahlne, 1990)。只有当个人的或基于网络的经验知识与企业的知识有机整合起来时，才会对企业有用。而这种知识的整合是需要时间的，这种整合与科恩（Cohen）和利文索尔（Levinthal）(1990)所提及的"吸收能力"（Absorptive capacity）以及加德（Garud）和纳亚尔（Nayyar）(1994)所说的"转化能力"（Transformative capacity）的原理相似。因此经验性知识的分享与组织学习能力及特定的供组织内部分享的知识传递机制，是密不可分的。

组织学习的路径依赖说明了企业倾向于从以往的经验中学习并将之运用到新的环境中去（Lau et al., 2008), 由此而产生了企业国际化过程中的经验学习效应，即企业通过一系列国际化经营活动，获得了有关国外市场和经营的知识，使得其能克服对国外市场不熟悉和作为"外来者"不利身份的挑战。在此背景下，经验知识包含了跨国企业在国际市场上经营所积累的所有类型的知识，标示了其在母国和东道国市场上搜寻、分析和处理国际性事务的能力。

由此可以看出，经验与组织学习是相伴相生、互相促进的。国际化经验是组织不断学习的一个重要产出，而学习是组织获取经验的重要途径。学习在很大程度上是企业相关先验知识的函数（Cohen & Levinthal, 1990)。企业的经验值不仅对学习效应有正相关关系，而且具有不可中断性，即一个富有出口经验的企业如果中断了出口活动一段时间（Fernandes-Isgut的模型假定是3年), 其国际化经验将被重置为零，以前积累的经验对学习效应的影响将不复存在（任重, 2015)。鉴于组织学习与经验知识都对企业国际化具有重大作用，本书将组织学习和经验知识对银行国际化的促进作用定义为银行国际化中的学习效应。具体来说，学习效应体现在经验知识和组织学习对银行国际化进程及行为的作用与影响两个方面。

2.4.2 作用渠道一：经验知识

有关东道国的知识可以划分为客观知识与经验知识两种，而经验知识只能通过经验获得，因此在组织决策中，经验知识比客观知识更重要，跨国公司成功的国际化过程主要由经验知识所驱动（Johanson & Vahlne，1977；Penrose，1950，1980）。正因为此，很多研究中将知识等同为经验性知识，如埃里克松（Eriksson）和乔纳森（Johanson）等（2000），布隆斯特莫（Blomstermo，2004）基于组织学习理论的研究表明，经验知识仍然是企业国际关系网络构建的主要来源。学者们将经验知识分为内向/外向国际化经验两类，而外向国际化经验又分为一般性/特定国际化经验。

2.4.2.1 内向国际化经验

内向国际化经验是指企业在内向国际化过程中所获取的与企业国际化相关的经验。科维略（Coviello）和芒罗（Munro）(1997)与科维略和马丁（Martin)(1999)基于国际关系网络构建的实证研究表明，企业拥有的国际社会关系和主要合作伙伴最初提供的国际经营机会，是促使企业国际化进程加快的主要动因。因此从关系网络的视角来看，企业的市场选择和进入模式决策从根本上说取决于其在新市场上有效利用其网络资源的可能性。比如跟随顾客或与境外战略合作者的资源，都可称之为内向国际化经验。

2.4.2.2 外向国际化经验

外向国际化经验则是指企业在外向国际化过程中所掌握的国际化经验，一般分为特定市场经验和一般性经验两种。

埃里克松、乔纳森、马克加德（Majkgard）和夏尔马（Sharma）(1997，2000)将企业国际化过程中的经验性知识分力三类：业务性知识、制度性知识和国际化知识。Clark等人将这三类国际化知识归纳为特定市场知识和一般性的国际化知识两种，其中特定市场知识包括业务性知识（关于特定东道国当地顾客、市场及竞争者的知识）和制度性知识（关于特定东道国政府机构框架、规则、规范和价值观的知识）；一般性的国际化知识是企业在国际化过程中积累起来的关于如何组织和管理国际化经营活动的知识，不限制于特定的国家或是市场进入模式（Johanson & Vahlne，1977；Madhok，1997）。这一分类得到了广泛的认可，如斯科格尔（Tschoegl，1982）对跨国银行的实证研究中，也将国际化经验分为特定市场经验和一般性的国际化经验两种，认为跨国银行在外国市场的竞争力会随着其国际化经验的积累而增强。

2.4.3 作用渠道二：组织学习

从组织学习的视角来看，企业的国际化经营是一个组织不断学习和知识不断积累的过程。有关 EMNCs 的研究表明，政府支持或参与作为新兴市场企业所具有的特定优势，可以弥补新兴经济体企业的竞争劣势，从而促进这些企业实施国际化战略（Shenkar，2009；Child & Rodrigues，2005），但由于母国制度优势通常无法转移或复制到海外市场上，相反，在母国制度背景下所形成的网络构建能力及在此基础上的学习能力，比如战略投资者的引进或外资渗入，更有利于提升国际化的效果（Mahmood & Mahfuja，2007）。因此，与折衷理论观点不同的是，资源或所有权优势并非 EMNCs 国际化的必要条件，企业可以通过提升组织学习能力来弥补资源方面的劣势，通过企业网络的整合（Cantwell & Janne，1999；Cantwell & Santangelo，1999；Gomes-Casseres, Hagedoorn & Jaffe，2006）或作为传输中介的"管道"构建（Bathelt, Malmberg & Maskell，2004；Sturgeon, Van Biesebroeck & Gereffi，2008）来实现知识和专业技能的转移，从而实现国际化战略目标（Yaprak & Karademir，2010）。企业的学习能力会对其国际化战略的实施效果产生显著影响，因此企业的国际化也被视为一个学习和知识积累的过程（Johanson & Vahlne，2009）。学习有助于企业识别自己与海外市场的知识差距。这些知识差距的弥补可以通过企业的内部学习和外部学习来实现（Bierly & Chakrabarti，1996；Cassiman & Veugelers，2006）。

企业取得国际化知识的途径有多种，不同的学者从不同角度进行了研究。

2.4.3.1 内向型学习与外向型学习

奥斯陆（Osl）和亚普拉克（Yaprak）（1994）提出了组织学习行为的四种来源：经验、模仿、移植及综效。莱维特（Levitt）和马奇（March）（1988）将学习分为三类：（1）基于直接经验的学习，即企业在组织内部获取、传递知识的经历；（2）基于他人经验的学习，即通过与国外市场上网络伙伴打交道而获取知识的经历；（3）基于对其他企业运作范式的学习（Learning from paradigms of interpretation），即指企业通过模仿其他企业在焦点市场上最被认可的套路/程序（C. Schwens & R. Kabst, 2009）。因此组织学习行为既可能是对自身经验的学习，也可能具体展现在对他人的模仿行为上。姚（Yiu）和犸凯奴（Makino）(2002）认为，组织进行内部与外部的模仿行为，积累国际化的经验，是在特定的制度环境下获得正当性（Legitimacy）的有效方法。当企业在东道国进行多次直接投资而取得一定的正当性后，文化差距对企业后期的进入行为的影响被弱化。

将以上观点归结起来，跨国企业获取经验性知识的途径主要有两种：内向型学习和外向型学习，由此衍生了两种理论视角："惯性行为学派"（Behavioral Inertia）和"模仿行为学派"（Behavioral Mimicry）（Lin Yuan & Nitin Pangarkar, 2010）。"惯性行为学派"又称战略惯性及决策简单化理论，强调的是组织内部的学习，表明企业更倾向于模仿或重复自己以前的战略决策（Amburgey & Miner, 1992；Greve, 2000）。而"模仿行为学派"强调的是外向型学习，有助于新的区位选择的形成（Zollo & Winter, 2002），这两者是相互替代的。

现有研究表明，对于发展中国家的跨国企业来说，可以通过重复以前的决策模式或借鉴竞争对手的方法，来降低海外经营的不确定性。制度理论认为，不确定程度越高，跨国企业越倾向于模仿竞争对手（外向性学习）的区位选择策略（DiMaggio & Powell, 1983；Greve, 2000；Henisz & Delios, 2001）。模仿可以帮助MNCs通过利用其他企业的集体智慧，缩短其在某些专业化技能方面的差距（Brouthers et al., 2005），从而使其决策成本最小化（Haveman, 1993）。从组织学习理论的观点来看，后进者可以通过学习相关企业的海外扩张经验，而无须依赖其对本土化知识的逐渐积累，由此可以消除其对东道国经营环境不熟悉而带来的劣势。尤其是其学习对象是来自同一母国的企业时，效果更好。

2.4.3.2 寡占反应中的模仿学习行为

在探讨寡头垄断行业中跨国企业的学习行为时，寡占反应论作为解释企业FDI行为的主流理论之一，也许是一种更有说服力的理论视角。就中国银行业的市场格局来看，它属于典型的寡头垄断格局，国际化程度较高的就那么几家银行，寡占反应理论也许可以用来较好的解释其国际化行为。

相关文献对学习效应、集聚效应与寡占反应之间的关系进行了论证。弗莱厄蒂（Flaherty）和奥比奇杰克（Raubitschek）(1990) 的研究指出，当后进入者能通过模仿学习领先者在海外的投资行为而降低其在海外投资的固定成本时，追随领导者的行为就会产生。阿尔托蒙特（Altomonte）和彭宁斯（Pennings）(2005) 通过模型和实证分析发现，当领先者在一个国家进行先行投资时，集聚效应和贝叶斯学习（Bayesian learning）导致寡占反应，其结果是，追随者会在同一个国家进行投资。后进者理论认为，国际化的后进者可以通过学习相关企业的海外扩张经验，而无须依赖其对本土化知识的逐渐积累来消除其对东道国经营环境不熟悉而带来的劣势。尤其是其学习对象是来自同一母国的企业时，效果更好，可受益于基于母国的 FDI 集聚效应。汤（Tan）和迈耶（Meyer）(2011) 在对新兴市场国家 FDI 行为的研究中，用 FDI 的"集聚效应"描述跨国企业为了获取本土化知识而与拥有特定市场知识的企业在地理位置上集聚在一起的现象，并将这种集聚现象分为两种：（1）基于行业的 FDI 集聚（Industry FDI Agglomeration），即与来自同一行业的其他 FDI 企业集聚在一起；（2）基于母国的 FDI 集聚（Country-of-origin FDI Agglomeration），指与来自同一母国的 FDI 企业集聚在一起。基于行业的 FDI 集聚可以帮助企业获得与行业相关的特定知识（如有关行业发展前景、供应商与顾客的信息）(Krugman, 1991; Marshall, 1920)。而基于母国的 FDI 集聚为企业提供了一种有效的有关本土商业环境的敏感性和意会性知识的分享渠道，有助于新进入者获得有关东道国市场的知识，弱化其作为"外来者"的不利地位（Johansson & Vahlne, 2009），帮助其在东道国市场上获取合法性地位。汤和迈耶（2011）基于在越南的 FDI 实证研究表明，那些认为东道国制度环境很差的跨国企业和那些具有完全"外来者身份"(Outsidership) 的企业，更倾向于选择基于母国的 FDI 集群模式，而不是基于行业的 FDI 集群。汤和迈耶（2011）界定的这种基于行业的集聚效应如果发生在寡头行业中，从战略性角度来看的话，就是跨国公司之间寡占效应在海外区位选择中的具体表现，也是跨国企业基于学习本土化知识而进行的对主要竞争者行为的模仿与跟随。

赫德（Head）、迈耶和里斯（Ries）(2002) 的研究也论证了在运输成本低、变动成本高的寡头行业中，当企业的 FDI 集聚是为了降低风险而产生的模仿跟随行为而不是为了取得集群经济时，会产生基于寡占反应的 FDI 集聚。并认为这种为了降低不确定风险而产生的 FDI 集聚现实，从实证性角度支撑了尼克博克（Knickerbocker, 1973）的寡占反应论观点。同理，汤和迈耶（2011）所提出了这两种 FDI 集聚效应，也是基于获取本土化知识、降低海外经营风险的目的而形成的，因此也从实证性视角验证了寡占反应论的有效性。这种从寡占反应的视角来看集聚效应，是对传统的国际化理论的一种有效拓展（Head, Mayer & Ries, 2002）。因为传统的集聚理论主要是从规模经济和范围经济的视角来看待企业的集聚效应（比如，Fujita & Thisse, 1996; Fauli-Oller, 2000）。而从寡占反应的视角来看，行业集聚也可基于降低风险、获取本土化知识而产生。这也从某种角度验证了制度理论的观点，即不确定程度越高，跨国企业越倾向于模仿竞争对手（外向性学习）的区位选择策略（DiMaggio & Powell, 1983; Greve, 2000; Henisz & Delios, 2001）。模仿可以帮助 MNCs 通过利用其他企业的集体智慧，缩短其在某些专业化技能方面的差距（Brouthers et al., 2005），从而使其决策成本最小化（Haveman, 1993）。

2.5 本章小结

本章沿着两条主线对相关文献进行了深入系统梳理：一是关注国内与国外银行国际化理论研究范式的异同；二是对企业国际化学习效应的相关文献进行了综述。

从文献梳理来看，国内外有关银行国际化的研究大多是建立在折衷理论或交易成本理论基础上的，与基于制造企业的跨国公司理论的研究范式基本一致。尽管也出现了两种专门用来解释银行国际化的理论：比较优势论和追随顾客理论，但尚未形成主流的成熟范式。银行国际化的主流理论暗含着"企业具备一种或几种优势时才会进行国际化"的命题，而 EMNCs 所有权优势的增强是一个动态的学习过程，应该更多地考虑学习效应对其国际化的动态影响，不能照搬"优势论"。

因此，沿着新兴国家企业国际化理论的关注视点，本书聚焦于企业国际化中的"经验知识"、"国际化学习"、"寡占反应"等主题，从"学习效应"视角对相关文献进行了梳理，以此构成本书的理论基础。作为一种新兴的研究范式，"学习效应"的相关理论并未形成自成一体的成熟范式，其相关理论也有待继续完善和实证检验，但其在突破"优势论"的一些视角、关注学习效应、制度变量等对企业国际化的影响方面进行了有益探讨。以学习角度观察银行多次海外进入的完整过程，更加符合我国银行企业"所有权优势的增强是一个动态的学习过程"这一客观现实，或许能为并不成熟的中国企业国际化的研究范式提供一些新的思路或方法。

第3章 我国银行业国际化的特征分析

从广义上说,国际化是一个双向过程,包括外向国际化和内向国际化两个方面。所谓内向国际化,是指以"引进来"的方式,导致国内市场国际化,使得企业有机会不断学习和积累国际经营知识与经验,逐步实现企业的国际化;而外向国际化就是指采取"走出去"的方式参与国际竞争与国际经济循环。与中国对外开放的历程相似,中国银行业也经历了从内向国际化向外向国际化演进的路径。

3.1 从内向国际化向外向国际化演化

银行业国际化发展程度的高低可从内向国际化与外向国际化两个角度来考查。内向国际化主要体现在银行业市场的开放程度,包括外资银行进入及其所占市场份额等方面。而外向国际化是指本国商业银行跨国发展程度,如本国商业银行的境外营业性机构数量、海外资产总额、利润及对东道国银行利润的贡献度等。就中国银行业的国际化历程来看,与其他大多数中国企业一样,也经历了"内向国际化在先、外向国际化在后"的演化路径。

3.1.1 我国银行业国际化的大致历程

根据加入世界贸易组织的承诺,中国自2006年12月11日起开始施行《中华人民共和国外资银行管理条例》,外资银行开始大量进入中国金融市场,银行市场对外开放的水平进入了一个全新的阶段。因此该时间段成为划分中国银行业国际化进程的一个主要分水岭。借鉴张小波(2012)、张金清和刘庆富(2007,2008)等的做法,本书将银行业的对外开放过程分为三个阶段:

第一阶段为改革开放至2001年12月10日,是我国银行业对外开放的尝试性阶段。其中1979年公布的《中华人民共和国中外合资经营企业法》

和允许外资金融机构在华设立代表处等政策的实施，标志中国金融行业的内向国际化正式开始。尽管银行界普遍以中国银行1981年11月在纽约开设第一家境外分行作为其外向国际化的开端，但一直到2001年底以前中国银行业的国际化以内向国际化为主，其外向国际化业务基本处于尝试性阶段，主要方式表现为发放外汇贷款、吸收外汇存款、办理国际结算业务、引进外资等。

第二阶段为2001年12月11日至2006年12月10日，是我国加入世界贸易组织（WTO）的过渡期，也是国内银行对外开放的实质性发展阶段。2004年开始，中国工商银行、中国银行、中国建设银行、交通银行等银行先后完成股份制改造，并与一批股份制中小银行陆续在境内外公开发行上市，中国商业银行的外向国际化步伐明显提速。该阶段银行国际化的主要方式为提高外币资产的比重，并小规模设立境外机构，积极开展国际金融合作工作，将金融服务领域延伸至境外。

第三阶段为2006年12月11日至今，是我国银行业全面对外开放阶段。其对外扩张的主要方式包括大手笔的海外并购、投资及建立遍布全球的营销网络和分支机构。数据显示，截至2011年底，政策性银行及国家开发银行设立6家海外机构，参股2家境外机构；5家大型商业银行设立105家海外机构，收购（或）参股10家境外机构；8家中小商业银行设立14家海外机构，2家中小商业银行收购（或）参股5家境外机构。

下面主要从内向国际化和外向国际化两个视角对中国银行业的国际化进程进行分析。

3.1.2 内向国际化的实践

中资银行的内向国际化进程主要是伴随着中国银行业的对外开放而展开的。中国银行业的对外开放包括了"市场准入"和"资本项目开放"两方面的内容（张小波，2012；张金清，刘庆富，2007）。其中市场准入的形式主要有四种：银行业务的跨境支付（Cross-border supply）、境外消费（Consumption abroad）、商业存在（Commercial presence）和自然人流动（Movement of Nature Persons）。本书中的对外开放主要指以商业存在和跨境支付形式存在的国际化方式。考虑到中国金融开放所具有明显的阶段性特征，中国银行业的对外开放历程可分为以下三个发展阶段：

第一阶段（1980～1993年），对外资银行的开放区域逐步从广东、海南、福建等经济特区扩大到全国范围的省级中心城市和沿海城市，此阶段外资银行的业务范围主要集中在外资企业和外国居民的外汇业务。

第二阶段（1994~2001年），外资银行可以在全国各大中城市设立分支机构，还可以在上海、广东、广西、湖南、江苏和浙江等地区经营人民币业务。

第三阶段（2002年至今），对外资银行的全面开放，外资银行可以在中国大陆所有的区域、对大陆的所有客户展开外汇业务和人民币业务。根据中国加入世界贸易组织的承诺，中国自2006年12月11日起对外资银行实行国民待遇，全面开放。外资银行开始大量进入中国金融市场，银行市场对外开放的水平进入了一个全新的阶段。

目前外资银行进入中国市场主要采取 FDI 的模式，采取新设或购并两种模式。以新设形式进入的外资银行大多采取独资银行、设立分行或合资银行的形式，属于多数股权的 FDI 模式（外资股权超过50%及以上的银行）；而以购并模式进入的外资银行，因受制于银监会的入股上限比例要求①，属于少数股权的 FDI 模式。

3.1.2.1　多数股权的外资银行在中国 FDI

多数股权的外资银行目前在中国的组织形式主要表现为独资银行、分行及附属机构等形式。

如表3-1所示，自中国加入世界贸易组织（WTO）开始，截至2014年底，有38家外商独资银行（下设296家分行）、2家合资银行（下设3家分行、10家支行）和1家外商独资财务公司在中国设立了法人机构总行，外资法人银行总行类机构共计41家；来自26个国家和地区的66家外国银行在中国设立了97家分行。外资银行的机构网点已拓展至中国27个省（市、区）的69个城市，较2003年初增加49个城市，中西部和东北地区也设立172个营业网点。② 就业务范围而言，有35家外资法人银行、62家外国银行分行可经营人民币业务，6家外资法人银行获准发行人民币金融债。

---

①　境外金融机构向中资金融机构投资入股的，单个境外金融机构入股比例不超过20%，多个境外金融机构合计不超过25%。

②　中国银行业监督管理委员会2014年报［OL/DB］，http：//www.cbrc.gov.cn/index.html.

表 3–1　　　截至 2014 年底在中国外资银行业金融机构情况　　　单位：家

组织形式 \ 金融机构类别	外国银行	独资银行	合资银行	独资财务公司	合计
法人机构总行	—	38	2	1	41
法人机构分行	—	296	3		299
外国银行分行	97	—	—		97
外国银行支行	16	537	10		563
总计	94	871	15	1	1 000

资料来源：中国银行业监督管理委员会 2014 年报 ［OL/DB］，http：//www.cbrc.gov.cn/index.html.

表 3–2 的数据表明，2007 年以来，外资银行在中国的营业机构总数逐年递增，由 2007 年的 274 家增加到 2014 年的 1 000 家，其资产总额也由 2007 年的 12 525 亿元递增到 2014 年的 27 921 多亿元。

表 3–2　　　2007～2014 年在中国外资银行营业机构数与资产情况

项目 \ 年份	2007	2008	2009	2010	2011	2012	2013	2014
营业性机构数（家）	274	—	338	360	387	412	947	1 000
资产（亿元）	12 525	13 448	13 492	17 423	21 535	23 804	25 577	27 921
占银行业总资产比重（%）	2.38	2.16	1.71	1.85	1.93	1.82	1.73	1.62

注：营业机构数含法人机构总行、分行和附属机构，外国银行分支行。

资料来源：中国银行业监督管理委员会 2014 年报 ［OL/DB］，http：//www.cbrc.gov.cn/index.html.

以外资银行"占银行业总资产比重"这一指标来衡量，大多数外资银行基本在 2% 的份额以内，说明外资银行在中国的市场占有率还很有限。外资银行中，汇丰、渣打（Standard Chartered）和花旗集团（Citigroup）在中国拥有最广的分支网络。在经历了"磨合期"之后，外资银行已逐渐熟悉中国市场的游戏规则与消费习惯，在开发"中国式"金融产品、细分客户群和向中西部区域扩张等方面的潜在竞争力正在释放。普华永道的《外资银行在中国》年度调查报告显示，外资银行在中国资产总额增长的同时，在华外资银行的总利润也翻了一倍，从 2010 年的 77.8 亿元增加至 2014 年的 197.23 亿元人民币。随着跨国企业在中国的扩张，更多的中国企业寻求境外扩张，人民币国际化金融机构和企业客户对于衍生品交易的需求增加,凭借其全球专业知识,外资银行将在中国市场上迎来多样化经营的新机会。

3.1.2.2 少数股权的外资银行在中国 FDI

少数股权的外资银行是指其在东道国的股权在 50% 以下的银行,主要以合资银行或并购的模式进入。比如在投资银行业,根据中国法律要求,外资银行目前只能通过合资的模式持有少数股权。而在商业银行领域,少数股权的外资银行在中国 FDI 是伴随着中国银行业吸引境外战略投资者(FSI)的实践而开始的。银监会有关战略投资者选择的标准要求,投资者的持股比例必须在 5% 以上,且必须持股 3 年以上,以保证较长时间内双方合作的稳定性;投资者必须派出董事和相应的管理人员,以帮助国内银行提高经营管理术;投资者要提供技术和网络上的支持。但这些标准是指导性和非强制性的。中国建设银行、中国银行、中国工商银行在实际执行中都有自己的标准。

(1) 引进战略投资者的四个主要阶段。以 1996 年光大银行引进亚洲开发银行为标志,中国银行业引进境外战略机构投资者的实践,大致可以分为四个阶段:

探索阶段(1996~2000 年)。此时参与引资的银行规模都较小(如中国光大银行和上海银行),参股的外资银行仅限于 2 家国际金融组织(亚洲开发银行、国际金融公司),尚未对其他外资银行开放,参股比例也很低。

发展阶段(2001~2004 年)。伴随着我国加入 WTO 和对外开放的加快,在银监会的鼓励与支持下,参与引资的中资银行已从规模较小的城市商业银行扩展到了全国性股份制银行,上海浦东发展银行、兴业银行、中国民生银行、深圳发展银行和交通银行在此阶段相继引入了境外战略投资者。外资入股比例也显著提高,如兴业银行引进的 3 家外资持股之和达到 24.98%,汇丰持有交通银行的 19.9%,均接近监管上限。2004 年美国新桥资本以 17.89% 的股权"控盘"原深圳发展银行,更是被国际金融界视为中国银行业对外开放的里程碑。

深化阶段(2005~2008 年)。在此阶段,由于参股中资银行的投资方式可以在时间上避开人民币业务开放的时间和地域限制,入股模式开始取代新设机构的形式,成为外资金融机构进入中国银行业的主要路径(巴曙松,2006)。如表 3-3 所示,继中国政府巨额注资成为国有商业银行的"长期战略投资者"后,国有商业银行也自 2005 年开始了引进境外战略合资者的实践。在 2005~2006 年间,仅中国建设银行、中国银行和中国工商银行三大国有银行引进战略投资者的投资总额即大于 100 亿美元,超过 1996 年以来近 10 年间外资入股中国银行业的总额。

表 3-3　　　　2005~2010 年中资银行引进战略投资者情况一览

年份	概　　　　述
2005	以中国建设银行和中国银行为代表的国有银行开始引入战略投资者:6 月,美国银行以 25 亿美元的价格购入中国建设银行 9% 的股权;9 月,苏格兰银行、瑞银集团、淡马锡入股中国银行
2006	2006 年底中资商业银行共引进境外机构投资者 29 家,投资总额达 190 亿美元。其中商业银行 18 家,占 62.1%,投资银行 3 家,占 10.4%,其他金融机构 8 家,占 27.6%。7 家非银行金融机构也成功引进境外机构投资者
2007	截至 2007 年底,我国共有 25 家中资商业银行引入 33 家境外机构投资者,投资总额 212.5 亿美元
2008	截至 2008 年底,中国工商银行、中国银行、中国建设银行和交通银行 4 家实施股改的大型商业银行先后引进 9 家境外机构投资者,24 家中小商业银行引进 33 家境外机构投资者,3 家农村合作金融机构引进 3 家境外机构投资者,共引进资本 327.8 亿美元
2009	除了中国民生银行在我国香港地区募集 304 亿港币股本以外,2009 年没有一家中资银行成功引入境外战略投资者
2010	截至 2010 年,共有 89 家境外机构投资入股中国工商银行、中国银行、中国建设银行和交通银行 4 家大型商业银行、24 家中小银行和 3 家农村合作金融机构,入股金额达 384.2 亿美元

资料来源:根据中国银行业监督管理委员会各年年报整理而得,http://www.cbrc.gov.cn/index.html。

审慎阶段(2009 年至今)。金融危机过后中国开始对引进境外战略投资者持审慎态度。2009 年以后受次债危机的影响,加上随着风险控制等管理机制的完善,中资银行大规模引进战略投资者的进程暂告一段落,期间也出现了一些外资银行减持中资银行股权的现象。如中国建设银行、中国银行、中国工商银行在 2005 年和 2006 年 IPO 之前,曾向包括美国银行集团(Bank of America Corp.)和苏格兰皇家银行集团(Royal Bank of Scotland Group PLC)在内的外资银行出售股权,希望这些战略投资者能为中国银行业带来经验和其他好处,然而在 2009 年期间,几家受到危机冲击的外资银行都为筹集资金而出售或减持了它们在中国几家银行中的股权,使得期望中的战略合作关系在很大程度已不复存在。

截至 2010 年底，我国 17 家大中型商业银行中，除招商银行、中国农业银行（刚刚改制）和成立不久的 3 家银行（恒丰银行、浙商银行和渤海银行）外，其余的 12 家全部都经历了引进境外战略投资者的实践。就并购方来看，汇丰是在中国内地投资最多的外资银行之一。2000 年汇丰收购上海银行 8% 的股份；2002 年，购买了中国平安保险 10% 的股权（后增持到 19.9%）；2003 年，汇丰子公司控股 62.14% 的恒生银行，收购兴业银行 25% 股份；同年，汇丰又与中国平安集团联手全面收购福建亚洲银行 27% 的股份，2004 年更名为平安银行；2005 年，收购了交通银行 19.9% 的股权；2006 年收购深圳市商业银行 89.24% 股权。其他影响较大的如香港恒生银行入股兴业银行，美国新桥投资收购深圳发展银行，美国银行入股中国建设银行，美国高盛、安联和运通入股中国工商银行，苏格兰皇家银行入股中国银行，花旗集团入股上海浦东发展银行和广发银行等。

（2）次债危机以来 FSI 持有中资银行股权的变化。沪港两地历史交易记录显示，境外战投机构在 2009 年、2011 年均掀起过减持中资银行股的小高潮。2007 年全球金融危机致使少数境外战略投资者在锁定期满后，由于自身财务压力等多种因素，开始减持其所持中资银行股权，尤其是在 2008 年末以来，外资银行普遍流动性短缺、面临严重财务困难，出现了大规模减持国有控股商业银行的股权的现象。

表 3-4 概括了 2008 年以来外资银行对主要商业银行的减持情况。2008 年末至 2013 年 9 月，共有 5 家外资行清仓中资银行的持股。据中国新闻周刊的统计①，2008 年底以来，约 9 家境外战略投资者减持中资银行股份，累计套现 493.62 亿美元，获利达 272.83 亿美元，部分境外战略投资者的收益高达 6 倍。2008 年底瑞士银行清仓中国银行，2009 年初苏格兰皇家银行也卖掉所有中国银行 H 股，套现 24 亿美元。2009 年 1 月 7 日，美国银行开始减持中国建设银行 H 股，同年 6 月高盛开始减持中国工商银行。2009 年之后的数年里，美国银行和高盛分 6 次减持中资银行股份直至清仓，分别套现 260 亿美元和 260 亿港元。2011 年淡马锡减持中国银行，套现 280 亿港元。花旗集团在 2012 年 3 月将所持上海浦东发展银行的 2.714% 股份全部出售，套现 42 亿元。

---

① 频遭境外战略投资者减持　中资银行面临新考验［OL/DB］. 中国新闻周刊，2013-11-14. http://finance.sina.com.cn/money/bank/bank_hydt/20131114/093017320185.shtml.

表 3-4   2007 年 11 月至 2012 年 3 月在中国参股中资银行的外资银行减持表

被减持中资银行	时间	外资战略投资者	减持比例或金额
中国建设银行	2009 年 1 月	美国银行	减持 56 亿股 H 股，持股比例从原来的 19.1% 下降到 16.6%
	2009 年 5 月	美国银行	减持 135.09 亿股、占比 6.01% 的 H 股
	2011 年 8 月	美国银行	出售 131 亿股中国建设银行 H 股
	2011 年 9 月	美国银行	抛售 5 亿股 H 股
	2011 年 7 月	淡马锡	减持 15 亿股 H 股
中国银行	2007 年 11 月	淡马锡	减持 10.82 亿股 H 股，仅剩下 2.4 亿股可自由支配股，获 12.33 亿港元盈利
	2008 年 12 月	瑞士银行	减持 34 亿股 H 股，减持比例占 H 股总股本的 4.44%、占总股本 1.33%
	2009 年 1~2 月	苏格兰皇家银行	减持占比 8.25% 的 108.1 亿股中国银行 H 股
	2011 年 7 月	淡马锡	减持 51.9 亿股 H 股
中国工商银行	2009 年 4 月	德国安联	减持 32.16 亿股 H 股
	2009 年 4 月	美国运通	减持 6.38 亿股 H 股
	2009 年 5 月	高盛集团	抛售了已解禁的约 30 亿股中国工商银行 H 股
	2009 年 6 月	高盛集团	减持 30.3 亿股 H 股，占其总股本的比例降至 4%
	2010 年 10 月	高盛集团	减持 30.41 亿股 H 股，占其总股本的比例降至 3.08%
	2011 年 11 月	高盛集团	减持了 17.52 亿股、约 85.5 亿港元 H 股，所持中国工商银行 H 股比例仍超过 10%
中国农业银行	2011 年 10 月	德意志银行	减持 2.81 亿股、约 8.35 亿港元的 H 股
	2011 年 10 月	摩根大通	减持 5 041.52 万股 H 股
招商银行	2009 年 1 月	摩根大通	减持 507 万股、约 6 895.2 万港元的 H 股
	2009 年 1 月	韩国未来资产	减持 252.1 万股 H 股，持股量从 2008 年末的 7.09% 降低至 6.99%
上海浦东发展银行	2012 年 3 月	花旗银行	一次性沽清所持 2.7% 的股份

如表3-5所示,与上半年的减持潮不同,2009年下半年外资机构对中资银行又展开了新一轮的"增持",其中中小型银行备受青睐。如德意志银行自2005年入股华夏银行以来数次增持,即使限售期满也没有减持,截至2014年三季末,仍然维持近20%的持股。汇丰银行从2004年入股交通银行至今也没有出售所持股份。

表3-5 2009年1月至2014年1月在中国参股中资银行的外资银行增持表

外资战略投资者	时间	被增持的中资银行	增持比例或金额
新加坡华侨银行	2009年10月	宁波银行	认购增发的1.92亿新股,持股比例由10%上升到15.1%
	2014年1月	宁波银行	增持至监管规定的外资持股上限20%
德意志银行	2009年11月	华夏银行	持股比例由2009年初的9.9%提高到17.12%,成为第一大股东
	2010年5月	华夏银行	以人民币57.5亿元把在华夏银行的持股比例从17.2%增至19.99%
	2011年10月	招商银行	从5.14%增持至6.63%
摩根士丹利	2011年1~12月	中国民生银行	从5.84%增持到H股比例的8.78%
JP摩根	2011年11月	中国农业银行	从2011年3月的5.08%增持到11月的7.02%
	2009年4月	中国工商银行	以约10亿港元增持中国工商银行H股,持股比例增加到5.61%
	2009年8月	招商银行	增持了308.365万股H股,其好仓持股比例由12.96%增至13.05%
新加坡淡马锡	2011年11月	中国建设银行	从2010年12月的7.03%增持到10%
	2013年5月	中国工商银行	从高盛手中接盘,持股比例上升至7.04%
西班牙对外银行(BBVA)*	2009年12月	中信银行	从先前的10%提高至15%左右
瑞士银行集团	2009年1月	招商银行	增持约541.73万股H股,持股比例由7.95%增至8.15%
	2009年8月		增持了1 257万股招商银行H股
	2009年10月		增持约853.26万股H股,持仓由5.84%升至6.09%

续表

外资战略投资者	时间	被增持的中资银行	增持比例或金额
丰业银行	2009年12月	西安银行	收购了13.2%的股份，将其持股比例提高至14.8%
美国银行	2012年8月	中国建设银行	持股比例从8.19%上升至10.75%
澳大利亚联邦银行	2009年6月	齐鲁银行	已由合作初期的11%提高到了20%，成为齐鲁银行第一大股东
巴克莱银行	2009年5月	招商银行	增持了116.39万股H股，持股比例由7.98%增至8.01%
贝莱德集团	2012年10月	中国工商银行	持股份额从5.02%增加至5.81%

注：*2014年10月17日，西班牙对外银行（BBVA）减持中信银行5.1%的股份，BBVA继续持有该公司9.9%的股份。

从五大国控银行来看，当初引入的战略投资者中，除了汇丰银行在交通银行18.7%的持股、渣打银行在中国农业银行0.37%的持股以及三菱东京日联银行在中国银行0.19%的少数持股外，其他外资银行战略投资者已基本退出投资。在目前持有中资行股权的外资银行战略投资者中，也有7家外资行股东从未减持，新加坡华侨银行、德意志银行、汇丰银行和法国巴黎银行更是多次增持中资银行股份。法国巴黎银行也在2013年初在二级市场增持中国南京银行股份。2013年高盛沽清中国工商银行之后，新加坡主权财富基金淡马锡增持中国工商银行，持股量上升至7.04%。

引进战略投资者的初衷是为了"以开放促改革"，借引资为契机提升中国银行业的整体竞争力，如中国工商银行选择高盛试图弥补投行领域不足，而上海浦东发展银行选择花旗银行试图弥补银行卡业务。但伴随着某些战略投资者频繁地增减中资银行股权以谋利的行为（详见表3-4），战略引资迎来了"贱卖国有银行股权"的质疑，在经历了2009年初全球金融危机蔓延时境外战略投资者大规模减持股份的冲击后，中资银行大规模的战略引资似乎已经暂告一个段落。一些以"战略"为名的境外投资者们抱着挣钱的目的入股中资银行，其短期套利的大规模抛售行为对中资银行造成了不利影响，如中国银行和瑞士银行正在进行的多个合作项目因为后者的套现退场而中断。这也促使决策者们开始重新审视战略引资的问题。比如较晚上市的中国农业银行、光大银行并未像早期上市的商业银行一样引入境外战略投资者。那么外资银行以及境外战略投资者的进入，对中资银行的外向国际化行为是否产生影响，作用路径如何，是本书重点关注的问题之一。

3.1.2.3 外资银行的整体渗透率

本书用外资银行渗透率来衡量外资银行进入对中国银行业的影响力。

（1）少数股权的外资银行渗透率。从微观层面来看，可以从各银行引进境外战略投资者的实践中比较客观的衡量外资银行对中资银行的影响力。本书借鉴沈春华（Chung-Hua Shen，2009）的做法，采用微观层面的外资银行渗透率指标（MicroFP），对境外战略投资者（Foregin Strategic Investor，FSI）的进入效应进行分析，即 MicroFP = FSI 拥有中资银行股权的比例。鉴于国控银行和股份制银行在中国银行业中的主体位置，本书主要选取 5 大商业银行（国控银行的代表）及 12 家全国性股份制银行（中小商业银行的主力军）作为对照组，对其引资历程进行考量。

① 5 家国控银行的 FSI 渗透率。如表 3 - 6 所示，除了 2010 年才开始上市的中国农业银行引进 FSI 的历程较短以外，其他 4 家国控银行从 2004 年或 2005 年即开始了引进 FSI 的实践。经过了因 2008 年以来次债危机冲击下境外战略投资者的大规模减持风潮，度过了各中资银行限售股份的解禁期后，5 大国控银行战略投资者的持股比例也发生了较大的变化。按照证监会的规定，战略投资者的持股比例必须在 5% 以上，从表 3 - 6 的数据则可以看出，真正意义上引进了战略投资者的国控银行只有中国建设银行和交通银行，其 FSI 分别为淡马锡和汇丰银行，而且这两家 FSI 基本都能稳定的、长期持股；但中国建设银行遭到美国银行的减持，美国银行在 2011 年初尚持有中国建设银行限售股 25 580 153 370 股、约合 10.23% 的股份，但在解禁期 2011 年 8 月 29 日满后，先后几次大规模减持所持中国建设银行股份，到 2011 年末，仅持有中国建设银行约 0.80% 的股份。中国银行遭受了苏格兰皇家银行和瑞士银行的减持，淡马锡也减持了所持部分股份，但依然以占比 2.12% 的股份成为其最大的 FSI。中国农业银行尽管引进 FSI 的历程较短，引资的力度也远比其他几家国控银行小，但其遭受外资银行减持、换手的频率高，到 2010 年 12 月 31 日，中国农业银行外资持股 132.68 亿股，占比 4.1%；2011 年 12 月 31 日，几家外资银行的好仓持股比例为 4.87%，至今为止中国农业银行尚无一家真正意义上的境外战略投资者。

表 3-6　　截至 2014 年 12 月 31 日主要商业银行的 FSI 渗透率

银行 FSI 信息	外资战略投资者 FSI	所持 H 股股份（亿股）	持股比例（%）占 H 股比例	持股比例（%）占总股本比例	多家 FSI 合计持股比例（%）
中国建设银行	淡马锡私人控股有限公司*	144.74	n.a	5.79	6.13
	益嘉投资有限责任公司	8.56	n.a	0.34	
中国银行	贝莱德公司	59.24	7.08	2.05	4.19
	摩根大通集团	61.66	7.27	2.14	
中国工商银行	淡马锡私人控股有限公司	78.13	9.00	2.70	5.76（好仓）
	摩根大通集团	55.91	6.44	1.58	
	贝莱德公司	52.40	6.04	1.48	
交通银行	汇丰银行*	141.36	40.37	19.03	19.03
中国农业银行	渣打银行*	12.17	n.a	0.37	3.86（好仓）
	贝莱德公司	21.50	6.99	0.66	
	卡塔尔控股公司	49.14	15.99	1.51	
	摩根大通集团	18.06	5.87	0.56	
	花旗公司	24.56	7.99	0.76	

注：*表示为本行前十大股东。除标有*以外的外资银行所持股份比例，均只计算了所持好仓比例。

资料来源：根据各银行年报整理而得。

② 12 家全国性商业银行的 FSI 渗透率。如表 3-7 所示，自 1996 年中国光大银行成功引进亚洲开发银行参股后，开启了全国性商业银行引进境外战略机构投资者的先河；2004 年兴业银行在国内率先成功引进恒生银行、国际金融公司（IFC）、新加坡政府直接投资公司（GIC）三家境外战略投资者，又创下国内商业银行一次性引入外资股东家数最多、入股比例最高的交易记录。表 3-7 则计算出了截至 2011 年 12 月 31 日，12 家全国性股份制商业银行和 2 家已上市的城市商业银行引进 FSI 的历程。对比表 3-7 中的数据和各银行的引资历史，可以得出以下结论：

第一，华夏银行、兴业银行、恒丰银行、广发银行、中信银行、渤海银行的单一 FSI 持股比例都在 5% 以上，而且一直保持比较稳定的股份份额。

华夏银行的两家 FSI——德意志银行卢森堡股份有限公司和德意志银行股

份有限公司不仅长期稳定持有该行的股份,而且与最初参股时的比例相比,都增持了华夏银行的股份;恒生银行有限公司作为兴业银行的最大 FSI,自 2008 年以来其股权基本稳定在 12.8% 左右,第二大 FSI 新政泰达投资有限公司则拥有 4% 的持股比例;恒丰银行的 FSI 新加坡大华银行有限公司也一直稳定在 14% 左右的股份比例;自 2006 年以来,花旗集团却始终持有广发银行近 20% 的股份,达到证监会的最高限(根据现行规定,外资银行对单个中资银行的持股比例不能超过 20%);BBVA 在 2011 年内增持 1 163 097 447 股,持有中信银行 15.00% 的股份;渣打银行(香港)有限公司所持有的渤海银行一直维持在 19.9% 的水平。

表 3-7　截至 2011 年 12 月 31 日 12 家全国性股份制商业银行和 2 家已上市的城市商业银行的 FSI

银行	境外战略投资者 FSI	所持股份（亿股）	持股比例（%）占 H 股比例	持股比例（%）占总股本比例	多家 FSI 合计持股比例（%）
招商银行	摩根大通集团	43.08	11.0	2.00	5.78（好仓）
	贝莱德公司	27.69	7.08	1.28	
	邓普顿资产管理有限公司	32.19	8.23	1.49	
	德意志银行有限责任公司	21.81	5.58	1.01	
中国光大银行	中国光大控股有限公司*	17.58	n.a	4.35	4.35
华夏银行	德意志银行卢森堡股份有限公司*	6.36	n.a	9.28	19.99
	德意志银行股份有限公司*	5.62	n.a	8.21	
	萨尔·奥彭海姆股份有限合伙企业*	1.71	n.a	2.50	
中国民生银行	摩根士坦利(公司)	3.54	8.57	1.32	7.52（好仓）
	贝莱德公司	3.04	7.36	1.14	
	瑞士银行	2.89	7.00	1.08	
	德意志银行有限责任公司	2.44	5.91	0.91	
	花旗集团	2.24	5.43	0.84	
	沃格尔控股集团有限公司	3.07	7.43	1.15	
	复星国际有限公司	2.89	7.01	1.08	

续表

银行 \ FSI 信息	境外战略投资者 FSI	所持股份（亿股）	持股比例（%）占H股比例	持股比例（%）占总股本比例	多家FSI合计持股比例（%）
原深圳发展银行	新桥资本	3.48	n.a	17.89	17.89
兴业银行	恒生银行有限公司*	13.80	n.a	12.80	16.59
	新政泰达投资有限公司*	4.09	n.a	3.79	
上海浦东发展银行	花旗银行海外投资公司	5.06	n.a	2.71	2.714
恒丰银行	新加坡大华银行有限公司外资股	8.67	n.a	14.26	14.26
广发银行	花旗集团	30.80	n.a	20.00	23.69
	IBM信贷有限责任公司	5.68	n.a	3.69	
渤海银行	渣打银行（香港）有限公司	16.99	n.a	19.99	19.99
中信银行	西班牙对外银行（BBVA）*	70.18	47.15	15.00	15.18
	瑞穗实业银行	0.82	n.a	0.18	
南京银行	法国巴黎银行第二大股东	3.77	n.a	12.68	12.68
宁波银行	华侨银行有限公司	3.96	n.a	13.74	13.74

注：①截止到2011年12月31日，浙商银行没有引进境外战略投资者，中国民生银行、招商银行没有持有本公司5%（含5%）以上FSI的股东；表中中国民生银行、招商银行的境外战略投资者所持股份统计的是其所持好仓股份及其所占比例。②*表示为本前十大股东；③12家股份制商业银行中，浙商银行、渤海银行为非上市银行。

资料来源：根据各银行年报、网站数据整理而得。

第二，上海浦东发展银行、中国民生银行、原深圳发展银行则遭到了FSI的抛售与减持。花旗银行自2003年1月投资近6亿元人民币入股上海浦东发展银行，持有占当时上海浦东发展银行总股本5%的股份。之后，上海浦东发展银行引入新的战略投资方中国移动，花旗银行陆续减持其所拥有的上海浦东发展银行股份。到2011年底时，花旗银行仅持有其2.714%的股份。2012年2月6日，花旗银行获中国银行业监督管理委员会批准在中国开展信用卡业务以后，于3月19日出售所持上海浦东发展银行5.06亿股股份（占其已发行总股份的2.714%），至此花旗银行在上海浦东发展银行的持股份额为零。

中国民生银行同样也遭到了其境外战略投资者淡马锡的减持。2004年11月，淡马锡购得中国民生银行2.36亿股约占总股本4.55%的国有法人股。但从2008年第二季度开始陆续减持该行股份,到2009年3月减持完毕,淡马锡退出了中国民生银行,选择了继续持有或增持中国建设银行和中国银行股份。到2011年底,中国民生银行没有一家FSI的单一持股比例超过5%。

2004年12月30日新桥资本正式入股原深圳发展银行,以总额人民币12.35亿元的价格收购原深圳发展银行34 810.33万股股份,持有其17.89%的股权,成为第一大股东。2010年5月8日,新桥投资将其所持有的原深圳发展银行股份全部过户至中国平安名下。2007年10月22日,深圳发展银行公布三季报,因为当前股价与原协议入股价的巨大差距,宣布主动终止与通用电气(GE集团)之间的股权转让协议。至此,深圳发展银行没有一家单一股份在5%以上FSI。

③ 城市商业银行的FSI渗透率。如前所述,城市商业银行中的2家上市银行宁波银行和南京银行,都拥有单一持股比例在12%~14%的境外战略投资者。其中华侨银行作为宁波银行的主要FSI,从2006年以来一直维持着稳定的持股比例,到2011年底作为该行的第二大股东,所占比例高达13.74%;南京银行的主要战略投资者法国巴黎银行,持有该行376 520 789股、占比12.68%的无限售股,现已是该行的第二大股东。

如表3-8所示,各城市商业银行单一FSI的持股比例总体要比国控银行高,其中烟台银行、成都银行、上海农商银行、青岛银行、厦门银行、吉林银行、天津银行、北京银行、杭州银行中,单一战略投资者的比例都已达到或接近证监会的上限;从FSI的来源国来看,各家亚洲金融机构的投资对象则主要是城市商业银行,且恒生银行对烟台银行、富邦银行对厦门银行、香港大新银行对重庆银行、马来西亚联昌银行对营口银行的持股比例均达到或接近20%的上限。这显示了中国经济在亚洲经济中影响力不断提高,亚洲各地区与中国经济联系日益紧密的大背景下,亚洲银行业加速进军中国市场的迫切心情。

表3-8　　　主要城市商业银行引进战略投资者的历史　　　单位:亿美元,%

银行	FSI信息 外资战略投资者FSI	时间	投资金额	单一FSI 持股比例
上海银行	汇丰银行	2001-12-29	62.59	8.00
	国际金融公司	2001-12-29	24.67	2.0
	香港上海商业银行	2001-12-29	23.47	3.00

续表

银行 \ FSI信息	外资战略投资者FSI	时间	投资金额	单一FSI持股比例
南京银行	国际金融公司	2001-11-1	27.00	15.00
西安银行	加拿大丰业银行	2004-6-1	3.25	2.50
	国际金融公司	2004-6-1	3.25	2.50
济南市商业银行	澳大利亚联邦银行	2004-9-8	18.07	11.00
北京银行	荷兰国际集团ING	2005-11-4	2.31	19.90
	国际金融公司	2005-11-5	59.00	5.00
杭州银行	澳大利亚联邦银行	2005-4-21	75.52	19.90
	亚洲开发银行	2006-8-24	30.00	5.00
南充市商业银行	德国开发与投资有限公司，德国储蓄银行国际发展基金	2005-7-9	4.85	13.00
天津银行	澳新银行	2006-7-10	111.50	20.00
宁波银行	华侨银行	2006-1-10	70.70	12.20
重庆银行	大新银行集团	2007-4-24	89.00	17.00
青岛银行	意大利联合圣保罗银行	2007-7-12	137.00	19.90
厦门银行	富邦金融控股公司	2006-9-14	62.87	20.00
	富邦银行	2008-6-1	33.00	19.90
吉林银行	韩亚银行	2008-8-13	317.00	19.67
	韩亚金融集团	2010-8-13	332.90	18.00
上海农商银行	澳新银行	2007-9-27	40.00	19.90
烟台银行	恒生银行	2008-2-1	103.00	20.00
	永隆银行	2008-6-3	27.00	4.99
成都银行	丰隆银行	2007-10-25	1 950.00	19.99
营口银行	联昌银行集团	2008-3-17	42.36	19.99
杭州联合银行	荷兰合作银行	2006-6-23	12.50	15.00
南京银行	亚洲开发银行	2001-11-28	26.46	15.00
	法国巴黎银行	2005-10-12	85.00	19.20

资料来源：根据各银行年度报告披露的股东持股情况及媒体的有关报道整理得出，并参考了李双杰、宋秋文（2010）一文《我国商业银行战略引资的效应研究》中的相关数据。

④ 中资银行FSI渗透率概览。鉴于银监会规定了FSI的持股上限，本书中将多家FSI持股比例在20%以上、单一FSI持股比例在19%以上的，定义为高渗透率；多家FSI持股比例在10%以下的定义为低渗透率。根据2011年底的统计数据，按照引进战略投资者份额的高低，将银行分为三类：低渗透率（10%以下）、中等渗透率（10%~18%）、高渗透率（18%~25%），分别进行统计。

如表3-9所示，截止到2014年底，5大国控银行的平均值为8.27%，仅有交通银行属高渗透率水平，其他的FSI渗透率均在10%以下。而股份制银行的FSI渗透率①普遍要比国控银行高，平均水平为13.45%，其中华夏银行、渤海银行、广发银行的FSI渗透率均达到或接近银监会的最高限。

表3-9　　　　　　　　中资银行FSI渗透率情况一览　　　　　　　　单位:%

渗透率 \ 银行类别	国控银行	股份制银行	城市商业银行
低渗透率 （FSI持股比例<10%）	中国银行4.19 中国农业银行3.86 中国工商银行5.76 中国建设银行6.13	中国光大银行4.35 中国民生银行7.52 上海浦东发展银行2.71 浙商银行0 招商银行5.78	—
中等渗透率 （多家FSI持股<20%、 单一FSI持股<19%）	—	恒丰银行14.26 原深圳发展银行17.89 兴业银行16.59 中信银行15.18	南京银行12.68 宁波银行13.74
高渗透率中国 （多家FSI持股≥20%、 单一FSI持股≥19%）	交通银行19.03	广发银行23.69 华夏银行19.99 渤海银行19.99	—

注：五大国控银行数据更新到2014年底，其他银行数据截止到2011年12月31日。
资料来源：根据各银行年报数据整理而得。

（2）多数股权的外资银行渗透率。在中国，多数股权的外资银行主要以独资银行形式存在，本书主要从资产和利润两个方面对其在中国银行市场上的渗透率进行测量，本节中选取市场份额（MS）这一指标作为外资银行渗透率

---

① 股份制银行中，只有浙商银行尚未有过FSI引进经历。

的代理变量。

① 基于资产的 MS。如表 3-10 所示，以 2003~2014 年各类银行的资产占有率来看①，占比最高的依然是 5 家国控商业银行。截至 2014 年底，银行业金融机构资产总额 172.3 万亿元，其中 5 家大型商业银行占比一直呈下降趋势，从 2003 年的 58.03% 一直下降到 2014 年的 41.2%，但依然占据了银行业总资产的近半壁江山；而股份制商业银行资产比例稳定上升，从 2003 年的 10.7% 一直增加到 2014 年的 18.2%，城市商业银行所占比例也呈稳定上升态势，而外资银行自 2008 年金融危机以来，其市场占有率一直没有突破 2%。由此可见中国银行业市场上寡头垄断的竞争格局依然明显。

② 基于利润的 MS。如表 3-11 所示，就盈利状况来看，国有商业银行的业绩以 2003~2004 年为分水岭，在 2003 年国有商业银行实施股份制改造以前，其税前账面利润均为负数，而股份制商业银行是银行业利润的主要贡献者，占比高达 45.3%，外资银行的利润占比也有 5.14%。自 2003 年底启动我国国有商业银行股份制改革后，完成股份制改造的上市公司中国工商银行、中国银行、中国建设银行三行的经营绩效持续改善，使得大型商业银行的盈利水平得以显著提高，在 2004 年 5 大国控银行的盈利比率即达到了 44.35%，2005 年更是高达 61.6%。2006~2014 年以来，大型商业银行占银行业盈利总额的比例基本维持在 50% 左右，股份制商业银行的盈利比例也基本与其所占基本份额相称，而外资银行的盈利比例要略低于其在资产份额中的比例。尤其是 2009 年、2010 年，其盈利比例尚不足 1%，说明金融危机对外资银行的冲击要比对中资银行的冲击大。

综上，目前外资银行在中国市场的市场占有率依然偏低，中国银行业的市场结构仍存在寡头垄断格局，大型商业银行市场集中度接近 50%。

(3) 外资银行的整体渗透率。本书认为，外资银行对中资银行的影响既要考虑多数股权外资银行 FDI 的作用（Claessens 等的观点），也要考虑以少数股权模式进入的 FSI 的影响力（Chung-Hua Shen 等的观点），因此借鉴张钦等 (2011) 的做法，本书用 MacroOD 指标来度量中国银行业的整体对外开放水平，即 MacroOD = (外资银行在中国机构总资产 + 外资拥有或控制的中资银行资产)/中国银行业总资产。

---

① 基于资产的 MS 是指外资银行资产占东道国银行总资产的比例。

表 3-10　2003～2014 年银行业金融机构市场份额（按资产）

单位：亿元，%

年份	大型商业银行 总额	占比	股份制商业银行 总额	占比	城市商业银行 总额	占比	外资银行 总额	占比	其他类金融机构 总额	占比	银行业 合计
2003	160 512	58.03	29 599	10.70	14 622	5.29	4 160	1.50	67 691	24.47	276 584
2004	179 817	56.91	36 476	11.54	17 056	5.40	5 823	1.84	76 818	24.31	315 990
2005	210 050	56.06	44 655	11.92	20 367	5.43	7 155	1.91	92 470	24.68	374 697
2006	242 364	55.15	54 446	12.39	25 938	5.90	9 279	2.11	107 473	24.45	439 500
2007	285 000	53.66	72 742	13.69	33 405	6.29	12 525	2.36	127 488	24.00	531 160
2008	325 751	51.58	88 337	13.99	41 320	6.54	13 448	2.13	162 659	25.76	631 515
2009	407 998	51.31	118 181	14.86	56 800	7.14	13 492	1.70	198 675	24.99	795 146
2010	468 943	49.20	149 037	15.64	78 526	8.24	17 423	1.83	239 124	25.09	953 053
2011	536 336	47.30	183 794	16.20	99 845	8.81	21 535	1.90	291 363	25.72	1 132 873
2012	600 401	44.90	235 271	17.60	123 469	9.20	23 804	1.80	353 279	26.40	1 336 224
2013	656 005	43.30	269 361	17.80	151 778	10.00	25 628	1.70	410 775	27.10	1 513 547
2014	710 141	41.20	313 801	18.20	180 842	10.50	27 921	1.60	490 650	28.50	1 723 355

注：2003～2006 年为境内合计，2007～2014 年为法人合计。

资料来源：根据中国银行业监督管理委员会 2014 年报整理而得，http://www.cbrc.gov.cn/index.html。

表 3–11　2003~2014 年中国银行业不同类型银行税后利润情况

单位：亿元，%

年份	大型商业银行 总额	大型商业银行 占比	股份制商业银行 总额	股份制商业银行 占比	城市商业银行 总额	城市商业银行 占比	外资银行 总额	外资银行 占比	其他类金融机构 总额	其他类金融机构 占比	银行业金融机构 总计
2003	-31.9	-9.88	146.5	45.38	54.2	16.79	16.6	5.14	137.4	42.57	322.8
2004	459.0	44.35	175.9	17.00	87.4	8.44	23.5	2.27	289.2	27.94	1 035.0
2005	1 560.7	61.60	289.0	11.41	120.7	4.77	36.6	1.45	525.6	20.75	2 532.6
2006	1 974.9	58.44	434.2	12.85	180.9	5.35	57.7	1.71	731.5	21.65	3 379.2
2007	2 466.0	55.20	564.4	12.63	248.1	5.55	60.8	1.36	1 128.0	25.25	4 467.3
2008	3 542.2	60.72	841.4	14.42	407.9	6.99	119.2	2.04	922.9	15.82	5 833.6
2009	4 001.2	58.86	925.0	13.84	496.5	7.43	64.5	0.96	1 197.0	17.91	6 684.2
2010	5 151.2	57.30	1 358.0	15.10	769.8	8.56	77.8	0.87	1 634.1	18.18	8 990.9
2011	6 646.6	53.09	2 005.0	16.02	1 080.9	8.63	167.3	1.34	2 618.9	20.92	12 518.7
2012	7 545.8	49.90	2 526.3	16.70	1 367.6	9.00	163.4	1.10	3 512.0	23.20	15 115.5
2013	8 382.3	48.10	2 945.4	16.90	1 641.4	9.40	140.3	0.80	4 335.0	24.90	17 444.6
2014	8 897.5	46.20	3 211.1	16.70	1 859.5	9.60	197.2	1.00	5 112.0	26.50	19 277.4

资料来源：中国银行业监督管理委员会 2014 年报 [OL/DB]，http://www.cbrc.gov.cn/index.html.

如表 3-12 所示，伴随着中国银行业引资战略的不断深化，外资银行的宏观渗透率从 2001 年的 1.32% 迅速增加到 2005 年的 8.88%，2006~2008 年基本维持在 10% 的水平，2009 年以后伴随着次债危机的深化和中国引资战略的审慎姿态，外资银行渗透率略有下降，这与中国银行业的对外开放政策及对境外战略投资者的引资实践基本是契合的。

表 3-12　　　　　2001~2013 年中国银行业对外开放度　　　　单位：亿元,%

年份	外资银行在中国总资产	外资控制的中资银行资产	中国境内银行业总资产	外资银行渗透率
2001	3 735.0	n.a	n.a	1.32
2002	n.a	n.a	n.a	1.56
2003	4 157.9	808.39	276 583.8	1.80
2004	5 822.9	4 437.23	315 989.8	3.25
2005	7 154.5	26 106.77	374 696.9	8.88
2006	9 278.7	32 961.31	439 499.7	9.61
2007	12 524.7	43 608.77	525 982.5	10.67
2008	13 447.8	48 841.82	623 876.3	9.98
2009	13 492.3	53 146.32	787 690.5	8.46
2010	17 423.0	57 450.82	953 053.0	7.90
2011	21 535.0	n.a	1 132 873.0	7.40
2012	23 804.0	n.a	1 336 224.0	6.70
2013	25 628.0	n.a	1 513 547.0	6.30

注："n.a" 表示数据不可获得，缺失数据采用 Naïve 趋势模型 "$Y_{t+1} = Y_t + (Y_t - Y_{t-1})$"，利用数据平滑法得到。

资料来源：根据万得（Wind）资讯、《中国金融年鉴》、中国银行业监督管理委员会各年年报、各银行年报相关数据整理，并参考张钦在《中国银行业开放度对商业银行经营效率影响研究》一文中数据。

3.1.3　外向国际化的现状

由于缺乏国际市场经验以及国内监管机构的相对谨慎，中国商业银行的海外扩张步伐比较缓慢。但金融危机之后，随着中国企业"走出去"步伐日益加快，为中国的商业银行拓展海外业务提供了机会。中国及其他亚洲银行在扩展其交易服务业务时所面临的一个重大障碍是它们缺乏全面支持其业务的全球网络，中资银行的外向国际化任重而道远。

3.1.3.1 外向国际化进程

从中国银行1981年在纽约开设第一家境外分行作为中国银行业国际化的开端，至今已有34年时间。伴随着中国跨国企业不断成长，迫切需要国内金融机构提供相应的"跟随"服务，为中国银行企业的外向国际化提供发展机遇。数据显示，自2002年中国政府建立对外直接投资统计制度以来，中国ODI投资流量2013年再创新高，达到1 078.4亿美元，连续两年位居世界第三，实现了连续十二年的快速增长。与此同时，中国已连续两年成为世界货物贸易第一出口大国和第二进口大国。中国经济与世界经济的日益融合，无疑为银行业的国际化提供了无限的商机。

如表3-13所示，2006~2014年间，中资银行海外区位覆盖数目从29个（国家和地区）增加到53个，海外资产金额也翻了近7倍，其中中国工商银行、中国银行、中国建设银行、交通银行、中信银行、招商银行和上海浦东发展银行7家银行合计的海外总资产翻了一番以上。

表3-13　　2006~2014年中资银行海外机构设置情况一览（存量）　　单位：家

年份	概述
2006	ODI国家数目为29个国家地区，建立分行47家，附属机构31家，代表处12家，海外机构总资产2 267.9亿美元
2007	ODI国家数目为29个国家地区，建立了60家分支机构，海外机构总资产2 674亿美元
2008	5大银行成立了78家一级境外营业性机构，收购（或参股）5家境外机构
2009	5大银行成立了86家一级境外营业性机构，收购（或）参股5家境外机构；5家股份制商业银行在境外设立分行、代表处或开展境外收购
2010	5大银行成立了89家一级境外营业性机构，收购（或）参股10家境外机构；6家股份制商业银行在境外设立5家分行、5家代表处；2家城市商业银行在境外设立2家代表处
2011	5大银行设立105家海外机构，收购（或）参股10家境外机构；8家中小商业银行设立14家海外机构；2家中小商业银行收购（或）参股5家境外机构
2012	16家中资银行业金融机构在海外设立1 050家分支机构，覆盖49个国家和地区
2013	18家中资银行业金融机构共在海外51个国家和地区设立1 127家分支机构，总资产超过1.2万亿美元

续表

年份	概述
2014	20家中资银行业金融机构在海外53个国家和地区设立1 200多家分支机构，总资产1.5万亿美元

资料来源：根据中国银行业监督管理委员会各年报整理所得，http://www.cbrc.gov.cn/index.html。

3.1.3.2 海外扩张的四种模式

就国际化扩张的战略模式上看，5大国控银行大都遵循了渐进式的国际化路径，即先布局亚洲市场，后突破欧美市场，再完善海外整体布局（王勇，韩雨晴，张思翼，2013）。从中资银行海外拓展主体和区位选择实践来看，可以细分为四种模式。

（1）5家国控商业银行对发达国家的海外拓展。2008年的金融危机改变了国际银行的原有格局，使一些国际大银行普遍陷入资本不足和流动性短缺的局面，以美国为代表的西方发达国家逐步放松了中资银行的准入限制，为中国银行业走向海外提供了难得的机遇。从2008年起，以中国工商银行与中国建设银行为代表的中资银行加大了国际化扩张的步伐。

2008年中国工商银行和中国建设银行获准在美国设立分支机构，中国工商银行在悉尼、纽约的分行相继开业。伴随着其在东京池袋、伦敦西区支行及加拿大（2009年）等地区的二级营业性分支机构的相继开业，该行在发达国家市场的本地化进程不断加快。2011年1月更是在巴黎、布鲁塞尔、阿姆斯特丹、米兰、马德里一口气开设了5家分行。2012年新设了华沙分行，收购了美国东亚银行80%股权、实现中资机构首次在美国收购银行控股权；2013年中国工商银行新西兰子行获得经营牌照，并于2014年正式开业；2014年英国伦敦分行也正式开业。

2006年中国建设银行进行了战略大调整，此后其海外扩张开始加速。2010年在法兰克福、东京、纽约、悉尼等设立海外分行，拥有中国建设银行（伦敦）有限公司等经营性全资附属子公司。2011~2014年间新设了墨尔本分行、卢森堡分行、多伦多分行、大阪分行（二级分行），以及中国建设银行（新西兰）有限公司、（欧洲）有限公司；其中中国建设银行（欧洲）下设的巴黎分行、阿姆斯特丹分行和巴塞罗那分行的申请在2014年正式获批。

中国银行因海外业务占比较高而受到2008年金融危机的冲击最大，其海外收入占比出现明显下降,在某种程度上制约了其国际化的进程。2010年起,中国银行慢慢加大了海外扩张力度,陆续在墨尔本、杜赛尔多夫和布鲁塞尔等发达国家设立了海外分行;2012年以后其国际化进程进一步加大,不仅新设了斯德哥尔摩分行、波兰分行等多家海外分支机构①,2013年还新设了卢森堡有限公司和里斯本分行,成为首家在葡萄牙设立经营性机构的中资银行;2014年设立新西兰子行。2012~2014年间还在澳大利亚、法国、美国、德国、意大利和加拿大等国增设了多家二级机构。

交通银行和中国农业银行的国际化进程相对较慢,但均在2011年以后加大了国际化的步伐。如中国农业银行自1995年7月设立新加坡分行(该行第一家海外分行)、11月设立香港分行以后,到2009年才设立了第4家海外机构——农银国际控股有限公司。2011年以后其国际化扩张开始加快:2011年11月新设了英国有限公司,悉尼代表处也升格为分行;2012~2013年间在美国新设立了纽约分行,欧洲设立了法兰克福分行,亚洲地区新设了东京分行;2014年又新设立卢森堡子行和悉尼分行。

交通银行也在2011年后加大了在北美、西欧、澳洲等地区的扩张。2011年交通银行旧金山分行正式开业,成为金融危机后美国监管部门批准设立的第一家中资金融机构;2011年11月交通银行第一家海外子行——交通银行(英国)有限公司也正式成立,悉尼代表处也升格为分行;2014年交通银行设立卢森堡子行和多伦多代表处。

(2)中小商业银行对发达国家的海外拓展。1993年11月广发银行澳门分行正式成立,开启了股份制商业银行海外扩张的先河,此后中国光大银行、招商银行、原深圳发展银行等股份制银行也相继在海外设置了机构。但总体而言,除了招商银行以外,中小银行基本还没有走出去。

2007年中国民生银行曾先后两次并购、增持美国联合银行的股权,但由于联合银行高层的欺诈行为,最终导致并购失败。2007年11月美国金融监管当局批准招商银行设立纽约分行,2008年10月,招商银行纽约分行正式开业,这是美国1991年实施《加强外国银行监管法》以来批准设立的第一家中资银行分行,标志着中小商业银行海外布局开始起步。2010年9月17日,北

---

① 2012年中国银行的海外扩张开创了三个先河,分别是:斯德哥尔摩分行成为中资银行在北欧地区设立的第一家营业机构;中东(迪拜)有限公司是中国银行在中东地区设立的第一家经营性机构;台北分行是首家在我国台湾地区开业的大陆商业银行分支机构。

京银行首家国际代表处在荷兰阿姆斯特丹成立,意味着城市商业银行走出海外的第一步。但绝大多数中小银行基本还没有走出去。

作为中小商业银行国际化的领头羊,招商银行的海外布局目前已经从亚洲地区渗透到美欧发达国家,在美国设有纽约分行和代表处;在伦敦设有伦敦分行(2014)和代表处;卢森堡分行也正在筹建中。

近年来其他股份制银行也开始加快了国际化步伐,以上海浦东发展银行(2013年)和中信银行(2014年)为代表的股份制银行将触角慢慢伸向欧洲地区,纷纷在伦敦设立了代表处,开始向发达国家市场布局。

(3) 5大国控银行对新兴市场的海外拓展。2007年以来,我国银行业加快了对新兴市场的开拓步伐,海外并购与新设机构同时并举,其中中国工商银行的国际化扩张可圈可点。

继2006年12月收购印度尼西亚哈里姆银行90%股权后,2008年中国工商银行收购了澳门诚兴银行、南非标准银行、泰国ACL银行,通过参股标准银行集团间接覆盖了非洲20个国家。与此同时,在中东地区,中国工商银行也加大了国际化布局:2008年中国工商银行多哈分行以及中国工商银行(中东)有限公司开业,2010年设立了卡拉奇分行,2012年中国工商银行利雅得分行和科威特分行申设获批(2014年正式开业),中国工商银行(中东)有限公司也于2013年正式升级为迪拜国际金融中心分行,海湾地区服务网络日趋完善。2012年中国工商银行还加大了在南美大陆的布局,成立了全资子银行——中国工商银行秘鲁分行,成为第一家获准进入秘鲁市场的亚洲银行;2014年完成阿根廷标准银行80%的股权收购交割工作,成为第一家收购拉美金融机构的中资银行,新设了中国工商银行巴西分行、获准设立墨西哥子行。深耕细作其在亚洲的网点,2013年新加坡分行升级为特许全面银行执照,印度尼西亚、新加坡、马来西亚的二级网络不断拓展;2015年5月以3.16亿美元的价格收购土耳其银行(Tekstil bank)75.5%的股权并完成交割程序,成为第一家在土耳其设立营业性机构的中资银行。在非洲,已经完成收购标准银行公众有限公司60%股权的交割程序,成为首家收购从事商品、资本和货币市场交易业务的中资银行。截至2014年末,中国工商银行海外经营网络延伸到41个国家和地区,境外分支机构总数达到338家。

2007年爆发的金融危机使得中国银行的海外经营成果遭到了巨大的损失,因此2008年以后中国银行开始调整其海外扩张战略,提出了"填补空白市场,发展空白业务"的新战略,由此加大了在新兴市场的布局,2012年新设了中东（迪拜）有限公司和台北分行，还在俄罗斯和巴西设立了子公司，在阿曼、加纳、秘鲁、阿联酋等国设立中国业务柜台。

2008~2011年期间，除了中国工商银行以外的其他四大国有银行对新兴市场的开拓主要围绕着东南亚地区进行，如2008年中国银行收购新加坡飞机租赁有限公司，中国银行韩国九老分行、印度尼西亚泗水分行、澳门分行财富管理中心等分支机构也相继开业；2010年中国银行、交通银行和招商银行获得台湾金融监管机构批准在台设立代表处，成为首批进入我国台湾地区的大陆银行；2010年中国建设银行在我国香港地区、新加坡等设立海外分行，拥有中国建设银行（亚洲）股份有限公司、建银国际（控股）有限公司等经营性全资附属子公司。2011年交通银行胡志明分行与中国银行金边分行正式营业。

2011年以后，中国银行、中国建设银行和中国农业银行也逐步将业务范围向中东、中亚、非洲、俄罗斯等地区扩展。以中国银行为例，2012年其新加坡分行获得了特准全面银行牌照（QFB）；2013年新设乌兰巴托代表处，成为首家由中资银行在蒙古国设立的常设机构；2014年设立匈牙利分行、阿联酋阿布扎比分行和泰国子行；在俄罗斯、中国澳门地区、泰国、柬埔寨、马来西亚、印度尼西亚等增设了多家二级机构，并在阿曼、加纳、秘鲁、土耳其、乌干达等国家开设了中国业务柜台。这些新设机构的业务触角不断引领中国银行伸向新的领域。

2011~2012年间中国建设银行也分别在约翰内斯堡、首尔、胡志明市设有海外分行，2013年新设中国建设银行（俄罗斯）有限责任公司、中国建设银行（迪拜）有限公司和台北分行，2014年又设立了澳门分行和布里斯班分行（二级）。为了开启拉美市场大门，巴西一直以来是中国建设银行推进海外发展战略的重点目标市场。2014年8月，中国建设银行以总价约为16亿雷亚尔的对价收购巴西工商银行（Banco Industrial e Comercial S. A.）总股本72.00%股份并完成交割手续，是其在中国以外首次真正意义上的境外并购，也是迄今为止中资商业银行在海外规模最大的控股权并购，也使得中国建设银行实现了在每个大陆均拥有分支机构的布局。中国农业银行2011年11月新设了首尔分行，2013年间在中东地区设立迪拜分行；2014年又新设立莫斯科子行。

（4）中小商业银行对新兴市场的海外拓展。中小商业银行在新兴市场的海外拓展主要集中在我国香港地区或东南亚地区，其中以招商银行、中信银行和中国民生银行等为典型代表。案例有：招商银行 2008 年以并购模式控股香港永隆银行、中信银行在 2009 年以 135.63 亿港币现金收购中信银行国际金融控股有限公司（香港）70.32% 的股权。到 2014 年底招商银行在我国香港地区拥有 1 家分行（香港分行）、2 家子公司（永隆银行和招银国际金融有限公司）；在新加坡新设了新加坡分行（2013 年）。中国民生银行以我国香港地区为据点进行扩张，2012 年新设立了香港分行，2014 年设立了新加坡分行和民生银行商银（香港）国际控股有限公司。中国光大银行香港地区代表处 2012 年升格为分行；兴业银行香港分行 2014 年正式开业。2014 年上海浦东发展银行以 850 万港元收购香港南亚投资管理公司 100% 股权的申请获我国香港地区证监会批准。

其他城市商业银行的业务主要在我国香港地区或老挝等邻近地区，大多是以代表处的方式运营，如华夏银行、渤海银行、东莞银行 2014 年均设立了香港地区代表处；但也有少部分城市商业银行采取了更深的国际市场卷入模式，如富滇银行在老挝设立的合资银行（持股 51%）也正式开业，是首家获准在国外设立合资金融机构的城市商业银行；上海银行在我国香港地区设立了 1 家全资子公司——上银国际有限公司。

拉美作为我国投资流量增长率最大的地区，由于其国家风险较大，社会治安状况形势严峻，政府腐败也是困扰跨国企业正常营业的一大问题，再加上拉美工会的强大力量，中国首都钢铁公司在秘鲁的投资项目就遭到工会的阻挠和非难，因此，除了中国银行、中国工商银行、中国建设银行等在巴西和巴拿马有少数分支机构外，其他银行在拉美地区的海外扩张几乎还是一片空白，说明银行的审慎态度。

从以上四种模式中可以看出，5 大国控银行是中资银行国际化的主力军，具有典型的代表意义；而招商银行作为国际化程度最高的中小银行代表，也被作为本书的样本对象。

3.1.3.3　外向国际化程度

如前所述，用来衡量企业国际化程度的指标主要有：海外销售额占总销售额的比例（FSTS）、海外资产占总资产的比例（FATA）、海外子公司占全部子公司的比例（OSTS）、海外员工数占员工总数的比例（FETE）等。

（1）海外业务占比及其国际比较。如表 3-14 所示，就 FATA 这一指标衡量的国际化水平来看，国际化程度最高的中国银行 2014 年末海外资产占比为

26.14%，中国工商银行和交通银行在 9.3% ~ 10% 之间，其他银行的 FATA 水平都在 6% 以下。

表 3-14　　2006 ~ 2014 年中国银行业国际化程度度量　　单位:%

国际化程度		年份 2006	2007	2008	2009	2010	2011	2012	2013	2014
海外资产占比 FATA*	中国银行	23.16	23.28	24.77	16.67	21.46	22.39	20.64	24.38	26.14
	中国工商银行	3.10	3.80	4.00	2.30	3.10	4.30	5.00	8.50	9.30
	中国建设银行	1.50	1.57	1.61	2.44	2.52	3.61	3.71	3.66	4.36
	中国农业银行	0.73	0.72	0.55	0.46	0.80	1.07	3.00	4.30	4.90
	交通银行	6.15	5.84	5.56	5.48	6.58	7.20	7.67	8.72	9.85
	招商银行	3.00	1.47	1.53	1.53	2.00	2.00	2.35	2.62	2.83
海外营业收入占比 FSTS**	中国银行	26.21	28.24	18.86	24.57	15.37	17.30	18.62	19.38	22.98
	中国工商银行	2.30	2.40	2.80	3.50	3.50	3.50	4.30	6.60	7.90
	中国建设银行	0.83	2.48	1.95	0.93	1.83	0.14	1.26	1.39	2.12
	中国农业银行	n.a	0.60		0.50	0.60	0.60	1.00	1.40	2.20
	交通银行	9.02	5.38	2.72	4.35	3.56	3.42	4.14	3.83	5.14
	招商银行	0.59	1.00	0.35	4.99	1.00	1.00	1.00	1.00	3.00

注：*交通银行采用贷款指标替代，中国农业银行 2012 ~ 2014 年数据也是采用的贷款指标替代；**中国银行、中国建设银行和招商银行选取的是利润指标，即海外利润占比。

资料来源：根据各商业银行各年年报整理而得。

就海外营业收入贡献度来看，中国银行近 9 年来海外营业收入占比在 15% ~ 29% 之间，排名第一，其他几家银行的比例都远远低于 10%。就收入增长稳定度来看，近 9 年来，中国工商银行海外营业收入一直呈现稳定增长的态势，收入占比从 2006 年的 2.30% 提升到 2014 年的 7.90%；中国银行的海外营业收入整体上保持稳步增长，但 2008 年以后其海外营业收入占比出现明显下降，尽管近四年来开始稳步上升，但尚未回复到 2007 年的峰值水平，说明其受金融危机的冲击影响比其他几家银行都大；中国建设银行则因建银国际 2011 年经营亏损超过 16 亿元之多，海外营业收入在 2011 年出现大幅度缩水，占比接近为 0。

与国际大型银行相比，中资银行的境外业务占比偏低。Pisani-Ferry 和

Andre' Sapir (2010) 以 2008 年样本银行的资产规模为标准,对典型国家或地区的银行国际化水平进行了比较。样本银行中,欧洲大陆选取了资产规模前 15 位的银行,美国选取了前 10 大银行,瑞士选取了前 2 位的大银行,英国、日本和中国则选取了资产规模排名前 5 位的银行。以国别或区域为单位的统计结果表明,瑞士位居榜首,银行境外资产占比高达 88% 左右;接下来是英国和欧洲大陆,境外资产占比 55%~58%;美国和日本属于第三方阵,FATA 在 20% 左右,其中美国约为 22%,日本约为 18%;中国 5 大国有商业银行的 FATA 仅有 5% 左右,排名最低。

如表 3-15 所示,截至 2013 年主要发达国家跨国银行的海外业务占比中,花旗银行的境外市场经营贡献达到了 56.3%,巴克莱银行为 58.1%,德意志银行为 63.5%;就海外资产占比来看,德意志银行、巴克莱银行、汇丰银行都达到 60%~70% 的比例。

表 3-15　　截至 2013 年主要发达国家跨国银行海外业务占比　　单位:%

国家	银行名称	资产	收入
美国	摩根大通	29.1	24.8
	花旗银行	43.6	56.3
英国	汇丰集团	70.0	—
	巴克莱银行	63.0	58.1
	苏格兰皇家银行	33.0	37.0
日本	三井住友集团	22.3	21.7
	三菱 UFJ 集团	37.4	28.4
	瑞穗集团	30.2	28.8
德国	德意志银行	63.1	63.5
	德国商业银行	34.9	31.3

资料来源:邵科. 从 2014 年年报看中国银行业国际化发展步伐 [J]. 中国银行家,2015 (6):66-70.

(2) 海外机构覆盖率及其国际比较。如表 3-16 所示,若以海外机构占比这一指标来衡量中国商业银行的国际化,其国际化程度更低,取各银行的最高值,中国银行没有超过 8.90%,交通银行为 7.91%,中国工商银行仅为 2.40%,其他几家银行都没有达到过 1% 的比例。

表 3 – 16　　　　2006~2014 年中国银行业海外机构覆盖率　　　　单位:%

国际化程度	年份	2006	2007	2008	2009	2010	2011	2012	2013	2014
海外机构占比 OSTS	中国银行	6.07	6.12	7.41	8.87	8.90	5.35	5.44	5.40	5.46
	中国工商银行	0.60	0.70	0.80	1.00	1.20	1.40	2.40	2.20	2.40
	中国建设银行	n/a	0.07	0.07	0.06	0.08	0.52	0.53	0.09	0.16
	中国农业银行	n/a	n/a	n/a	n/a	n/a	n/a	n/a	n/a	n/a
	交通银行	6.73	7.40	7.08	7.38	7.91	7.74	n/a	1.97	1.90
	招商银行	0.60	0.52	0.74	0.81	0.84	0.78	0.52	0.57	0.42
海外员工占比 FETE	中国银行	8.68	9.29	10.61	10.09	10.14	7.28	7.33	7.42	7.63
	中国工商银行	n.a	0.57	0.80	0.80	1.20	1.30	3.00	3.50	3.60
	中国建设银行	n.a	0.12	0.12	0.15	0.15	0.16	0.80	0.12	0.17
	中国农业银行	n.a	n.a	0.04	0.10	0.10	0.10	0.10	0.10	0.10
	交通银行	n.a	n.a	n.a	n.a	1.70	1.85	1.85	1.91	2.20
	招商银行	0.25	0.25	0.28	0.32	0.38	0.37	0.32	0.33	0.39

资料来源：根据各商业银行各年年报整理而得。

就海外机构覆盖的广度来看，如果用银行海外机构所覆盖的国家（或地区）数目这一指标来度量，截至 2014 年年底，中国工商银行和中国银行的境外分支机构网络覆盖都已达到 41 个国家和地区，而中国建设银行和交通银行分别覆盖了 15 个和 11 个国家和地区。与世界前 100 家银行[1]相比，一些排名比中国四大国有商业银行靠后很多的欧美银行，如法国兴业银行、瑞士信贷集团、渣打银行、德国商业银行、加拿大皇家银行等，其分支机构覆盖率也在 50~80 个国家和地区之间（李拓，乔忠，2015）。

就海外机构覆盖的深度来看，我们用银行在某一东道国市场上的机构数目这一指标来度量，以亚洲国家在美国的银行机构数目为例，如表 3 – 17 所示，2002~2008 年间日本的联邦银行（Union Bank）在美国设有 340 家分支机构，经营范围之广泛，远超其他亚洲的跨国银行；韩国的新韩银行（Shinhan Bank America）在美国的分支机构虽然只有 13 家，但其所覆盖的州数目是亚洲跨国银行中最多的；中国银行作为我国国际化程度最高的商业银行，在 2002~2008

---

[1] 按照一级资本排名。

年间仅设立了 4 家分支机构，仅仅覆盖了纽约和加州 2 个州。因此，即使与来自亚洲的跨国银行比，中资银行国际化的深度与广度都不及亚洲的同行们。

表 3-17　2002~2008 年间来自亚洲的全球性银行在美国的分支机构　　单位：家

银行名称	来源国（地区）	分支机构数	所在州
中国银行（Bank of China）	中国	4	加州，纽约
联邦银行（Union Bank）	日本	340	加州，德克萨斯州，华盛顿，俄勒冈州
中国南海岸银行（Bank of South China Sea）	中国香港	14	加州，纽约
印度国家银行（State Bank of India）	印度	5	加州，纽约，新泽西州
新韩银行（Shinhan Bank America）	韩国	13	加州，纽约，新泽西州，乔治亚州，德克萨斯州
哈比卜银行有限公司（Habib Bank Limited）	巴基斯坦	1	纽约
远东国家银行（Far East National Bank）	中国台湾	11	加州

资料来源：Joe Chung Fong. Globalized/Localized Asian American Banks in the Twenty-First Century [J]. Amerasia Journal. 2010 (3): 53-81.

综上所述，在海外市场开拓方面，中国银行属于市场领导者身份，中国工商银行近几年来海外业务拓展力度最大，开始从市场追随者向市场挑战者地位转换，中国建设银行则相对平缓，而中国农业银行因在 2010 年才完成重组上市、尚处于国际化经营的起步阶段。但与国际性大银行相比，截止到 2014 年末中国五大国有商业银行的境外业务整体占比不到 10%，其中海外营业收入与税前利润占比分别为 7.2% 和 7.7%，低于 8.7% 的资产占比，远远低于发达国家的水平。即便我国四大国控银行在市值排名上已进入世界前 10 强、在资产排名也进入了"全球 25 大银行"排行榜，但其国际市场贡献率的表现远远不能满足国际化银行的标准，除了中国银行以外，其他商业银行尚处于国际化的初级阶段。

与发达国家企业国际化相比，中国企业面临着市场化和国际化双重任务，因此其国际化战略既包括了内向国际化中的互动型学习战略，也包括了外向国际化中的本土化学习战略。从整体来看，中国企业的国际化尚处于初期阶段，其发展是一个内向国际化在先、外向国际化在后的特殊国际化路径，即通过在国内市场上与外资企业建立合作关系并借此获得必要的国际化经验，这种经验优势能够减少中国企业未来在海外市场上的外国身份劣势以及与国际化相关的交易成本，从而有助于企业更好地实现其向海外市场的扩张。很多实证研究结果也证明了通过这个过程而具备的内向国际化经验对于企业外向国际化是至关重要的，内向国际化经验加强了企业对于全资控股进入模式的选择倾向。

3.2 以新设机构为主的扩张模式

从组织模式来看，银行的国际化主要采取 FDI 的模式进入，包括新建和并购两种组织形式。

3.2.1 新建进入模式

按照阿文·帕克（Arvind Parkhe）和斯图尔特·米勒（Stewart R. Miller）（1998）的观点，从所有权特征来看，我国商业银行属于"大规模—低国际化—低差异性—低特许权价值"结构，其管理水平不高，海外扩张经验有限，更倾向于使用新设机构的方式进入海外市场。

近几年来，我国商业银行的国际化脚步逐步加快。表 3 - 18 统计了 2006 ~ 2014 年间 5 大商业银行自主申设的分支机构情况，共有 107 家以新建模式进入的海外分支机构。

表 3 – 18　2006 ~ 2014 年中资商业银行以新设形式建立的主要海外分支机构　　单位：家

年份	发展中国家或地区机构名称	发达国家或地区机构名称
2006	中国银行大邱分行（韩国）、中国银行航空租赁私人有限公司（新加坡）	中国工商银行卢森堡有限公司（子行）
2007	中国工商银行（印度尼西亚）有限公司、中国工商银行（莫斯科）股份公司；交通银行澳门分行；中国银行南洋商业银行有限公司	中国银行（英国）有限公司、（卢森堡）有限公司；交通银行法兰克福分行；招商银行纽约分行
2008	中国工商银行中东有限公司、多哈分行、南非标准银行（合资）；中国银行韩国九老分行、印尼泗水分行	中国银行悉尼分行、瑞士有限公司子公司、多伦多万锦分行；中国工商银行纽约分行、悉尼分行
2009	中国建设银行胡志明市分行；中国工商银行澳门股份有限公司；中国农业银行香港农银国际控股有限公司；中国银行麻坡分行、槟城分行、巴西有限公司	中国银行有限公司鹿特丹分行；中国建设银行纽约分行、伦敦分行

续表

年份	发展中国家或地区机构名称	发达国家或地区机构名称
2010	中国工商银行河内分行、泰国股份有限公司、阿布扎比分行、马来西亚有限公司；中国银行金边分行、中国银行集团保险有限公司、巴生分行、新山分行；交通银行胡志明分行	中国银行墨尔本分行、杜赛尔多夫分行、布鲁塞尔分行；中国建设银行悉尼分行、中国建设银行全资拥有美国国际信贷（香港）100%股权（独资）
2011	中国工商银行孟买分行、卡拉奇分行、伊斯兰堡分行、万象分行、金边分行；交通银行胡志明市分行；中国农业银行首尔分行	中国工商银行金融服务有限责任公司（美国）、加拿大有限公司、巴黎分行、布鲁塞尔分行、阿姆斯特丹分行、米兰分行、马德里分行；交通银行旧金山分行、悉尼分行、（英国）有限公司；中国银行神户分行、博士山分行、多伦多密西沙加分行、卡尔加里分行；中国农业银行（英国）有限公司、中国农业银行悉尼分行
2012	中国工商银行秘鲁有限公司、巴西子行、利雅得分行、科威特分行；中国建设银行约翰内斯堡分行、首尔分行、胡志明市分行；中国银行中东（迪拜）有限公司、罗勇分行、台北分行	中国银行波兰分行、斯德哥尔摩分行、温哥华烈治文分行、华沙分行；中国农业银行纽约分行；中国建设银行墨尔本分行
2013	中国建设银行俄罗斯分行、迪拜分行及台北分行	中国工商银行新西兰子行；中国建设银行欧洲有限公司、卢森堡分行、大阪分行（二级分行）；中国银行卢森堡有限公司、里斯本分行；中国农业银行东京分行和法兰克福分行
2014	中国工商银行墨西哥子行和缅甸仰光分行；中国建设银行澳门分行、布里斯班分行（二级）；中国银行匈牙利分行、阿联酋阿布扎比分行、泰国子行；中国农业银行俄罗斯子行	中国工商银行伦敦分行；中国建设银行多伦多分行、伦敦分行*和新西兰子行；中国银行新西兰子行；中国农业银行卢森堡子行和悉尼分行

注：*2014年中国建设银行伦敦分行、中国建设银行（欧洲）下设的巴黎分行、阿姆斯特丹分行和巴塞罗那分行申请正式获得批准。

就进入的东道国（地区）而言，如表3-19所示，9年多以来，中资银行在发达国家或地区与发展中国家或地区新设的分支机构数目大致平分秋色，且在发展中国家或地区的数目要多1家。特别是从2009年开始，中资银行进入新兴市场国家的速度加快，2009~2012年间进入发展中国家或地区的机构数目占据了整个统计期间的60.4%。仅2011年这一年期间，中资银行在发达国家或地区设立的海外机构数目就占统计期间的27%左右。

表3-19　2006~2014年中资商业银行新设海外分支机构的进入时机　　单位：家,%

年份	发展中国家或地区		发达国家或地区		合计	
	数量	占比	数量	占比	数量	占比
2006	2	3.8	1	1.9	3	2.9
2007	4	7.5	4	7.7	8	7.6
2008	4	7.5	5	9.6	9	8.6
2009	7	13.2	3	5.8	10	9.5
2010	9	17.0	4	7.7	13	12.4
2011	6	11.3	14*	26.9	20*	19.0
2012	10	18.9	6	11.5	16	15.2
2013	3	5.7	8	15.4	11	10.5
2014	8	15.1	7	13.5	15	14.3
合计	53	100.0	52	100.0	105	100.0

注：*表示不含中国银行在印度尼西亚、哈萨克斯坦、匈牙利、赞比亚等国家增设的二级机构。
资料来源：根据各银行网站资料计算所得。

3.2.2 并购进入模式

由于并购并不增加目标市场的供给，在东道国（地区）市场竞争激烈、市场增长率较低时，更适合以跨国并购的形式进入。经济不景气或金融危机时，也是并购的好时机，可用目标市场银行业总资产的增长率或占GDP的比重来衡量目标市场的银行业的生命周期现状。20世纪90年代以来，跨国并购已成为欧美银行青睐的国际化方式，采取新建和并购同时并重的战略。

除了国有控股的几家大银行之外，我国商业银行的总体实力较弱，缺乏相应的国际市场经营经验，加之一些国家和地区对外资银行的进入采取了较为严格的审查监管与限制政策，通过新设投资的方式进入相应市场阻力更大。而采取并购模式进入，有助于银行较快地获得所有权优势。在1998年中国工商银行联合（香港）东亚银行合资收购国民西敏银行的下属机构西敏证券亚洲有限公司之后，我国商业银行以此为标志，不断将其国际经营模式向多元化发展，使用并购方式对外投资的案例逐年增加。出于不同目的，被并购的对象既有银行等金融业，也有非金融业，表3-20概况了中资银行海外并购的典型案例，由于本书主要对商业银行的国际化行为进行关注，因此有关政策性银行或其他金融机构的并购不在本书考察之列。

如表3-20所示，以并购模式进入海外市场的案例中，中国工商银行占了约

表 3-20　中资银行海外并购一览

时间	并购方	目标方	东道国（地区）	交易金额或收购股权份额
1998年9月	中国工商银行	西敏证券亚洲公司①	中国香港	1 200万美元，60%
2000年7月	中国工商银行	香港友联银行②	中国香港	2亿美元，53.24%
2003年12月	中国工商银行（亚洲）有限公司	华比富通银行③	中国香港	3.24亿美元，100%
2005年1月	中国工商银行	华商银行	中国香港	9 600万美元，100%
2007年9月	中国工商银行	印度尼西亚哈利姆银行	印度尼西亚	1 150万美元，90%
2007年9月	中国工商银行	香港IEC投资公司	中国香港	1 800万美元，40%
2008年1月	中国工商银行	澳门诚兴银行④	中国澳门	5.71亿美元，79.93%
2008年2月	中国工商银行	标准银行集团⑤	南非	55亿美元，20%
2009年6月	中国工商银行	加拿大东亚银行	加拿大	7 300万美元，70%
2009年9月	中国工商银行	泰国ACL银行	泰国	1.06亿美元，19.26%
2010年4月	中国工商银行	泰国ACL银行	泰国	37.18亿元，97.24%
2011年8月	中国工商银行	阿根廷标准银行	阿根廷	6亿美元，80%
2012年7月	中国工商银行	东亚银行	美国	1.4亿美元，80%
2013年4月	中国工商银行	台湾永丰银行	中国台湾	20%
2015年2月	中国工商银行	标准公众有限公司	南非	7.7亿美元，60%
2015年5月	中国工商银行	土耳其TEKSTIL银行	土耳其	3.16亿美元，75.5%
1994年4月	中国建设银行	香港工商银行	中国香港	40%

续表

时间	并购方	目标方	东道国（地区）	交易金额或收购股权份额
2002年2月	中国建设银行	香港建新银行⑥	中国香港	1 300万美元，100%
2006年8月	中国建设银行	昆士兰联保保险有限公司⑦	中国香港	25.5%
2006年8月	中国建设银行	美洲银行（亚洲）⑧	中国香港	97.1亿港元，100%
2007年11月	中国建设银行	丽新发展华力达	中国香港	13.69亿港元，40%
2009年8月	中国建设银行	美国国际信贷（香港）⑨	中国香港	5.43亿港元，100%
2009年12月	中国建设银行	荷兰国际集团⑩	荷兰	1.44亿美元，50%
2011年3月	中国建设银行	桑坦德银行	西班牙	合资成立农村银行
2014年8月	中国建设银行	巴西工商银行	巴西	16亿雷亚尔，72%
1984年9月	中国银行	澳门大丰银行	中国澳门	5 800万澳元，50%
2001年8月	中国银行	印度尼西亚中央亚细亚银行	印度尼西亚	51%
2001年12月	中国银行	南洋商业银行	中国香港	100%
2001年10月	中国银行	集友银行	中国香港	100%
2006年12月	中国银行香港（控股）有限公司	新加坡飞机租赁有限公司	新加坡	9.65亿美元，100%
2007年11月	中国银行	东亚银行	中国香港	500万美元，4.94%
2008年7月	中国银行	瑞士何瑞达基金管理公司⑪	瑞士	6 000万人民币，30%
2008年9月	中国银行	洛希尔银行⑫	法国	2.363亿欧元，20%
2002年11月	中国中信银行国际金融	香港华人银行	中国香港	42亿港元

第3章 我国银行业国际化的特征分析　77

续表

时间	并购方	目标方	东道国（地区）	交易金额或收购股权股份额
2007年10月	中国民生银行	美国联合银行	美国	6.8亿元人民币，4.90%
2008年3月	中国民生银行④	美国联合银行	美国	25亿元，增持到9.90%
2008年6月	招商银行	永隆银行	中国香港	24.78亿美元，53.1%
2009年10月	中信银行	中国中信银行国际金融控股有限公司	中国香港	135.63亿港元，70.32%
2010年1月	交通银行	澳大利亚联邦银行	澳大利亚	51%⑭
2009年10月	交通银行	汇丰银行	英国	成立合资信用卡公司
2014年2月	浦发银行	香港南亚投资管理公司	中国香港	850万港元，100%

注：①后组建为中国工商银行东亚金融控股有限公司。②后更名为中国工商银行（亚洲）的全资附属银行，并改名为华比银行。③华比富通银行成为中国工商银行（亚洲）的全资附属银行。④2009年7月11日起，中国工商银行澳门分行与澳门诚兴银行股份有限公司合并，更名为中国工商银行（澳门）股份有限公司。⑤南非标准银行是非洲最大的金融机构之一。2007年10月，中国工商银行以423.1亿元收购南非标准银行的20%股权，成为后者的单一最大股东。⑥已经持有70%股份的中国建设银行从香港银行大新银行购得30%的股份。⑦混合并购，通过全资子银行建设亚洲间接持有股份。⑧中国建设银行在我国香港地区设立的有限制持牌银行，主营业务，并购后更名为中国建设银行（亚洲）股份有限公司。⑨AIGF是美国国际集团（AIG集团）在我国香港地区设立的有限制持牌银行，主营信用卡、个人无担保贷款和汽车贷款等业务。AIG是一家以美国为基地的国际性跨国保险及金融服务机构集团，集团亚洲总部设于香港。建设银行股份最终协议并购成额为7 000万美元，约合5.43亿港元。⑩中国国际集团是综合性财政金融集团。2009年12月，建设银行收购荷兰国际集团持有的太平洋安泰51%的股份，建设银行将持有太平洋安泰51%的股权，交易完成后，建设银行是综合性财政金融集团是一家拥有瑞士银行业管理委员会颁发的基金管理执照的专业资产管理公司。⑪瑞士利达基金管理公司创建于1953年，主要在法国和欧洲其他国家成立，从事私人银行和资产管理业务。在全世界拥有30多家分支机构。2008年9月18日，中国银行在法国宣布以2.363亿欧元其20%的股权。⑫洛希尔银行创建于法国，并购失败，中国银行业监督管理委员会年报。⑬2007年收购4.9%的股份。2008年增持到9.9%。但是由于联合银行高层欺诈行为，并购失败。⑭与中国银行业监督管理委员会年报。

资料来源：全球银行与金融机构分析库（BankScope），各银行年报，中国银行业监督管理委员会年报。

40%。作为规模最大的银行,为了实现其以最快的速度进行海外扩张的国际化战略,中国工商银行借鉴了桑坦德银行和汇丰银行的经验,坚定地走境外并购路线全力推进国际化经营发展,近年来进行了十几次海外并购,实现其全球化的布局。

剔除多次并购同一公司的重复案例(如对泰国 ACL 银行的并购一共进行了 2 次)和失败案例①(2008 年 3 月和 8 月中国民生银行对美国联合银行的并购由于联合银行高层欺诈行为而失败、2009 年 4 月中国银行对洛希尔银行的并购被宣布失败),一共有 41 起并购案例。由于 2000 年前的并购只有 2 起,在下面的分析中,仅对 2000 年以来的并购案例进行阐述。39 起并购案例中,中资银行股权大于或等于 50% 以上的有 25 起,占比 64.1%。其中拥有 100% 以上的有 8 起(见表 3-21),主要集中在我国香港地区,而股权低于 50% 以下的并购只有 14 起,说明中资银行的并购具有追求控股股权的特征。

表 3-21　　　　　　中资银行拥有 100% 股权的并购案例　　　　　单位:%

时间	并购方	目标方	东道国(地区)	收购股份
2003 年 12 月	中国工商银行(亚洲)有限公司	华比富通银行	中国香港	100
2005 年 1 月	中国工商银行	华商银行	中国香港	100
2002 年 2 月	中国建设银行	香港建新银行	中国香港	100
2006 年 8 月	中国建设银行	美洲银行(亚洲)	中国香港	100
2009 年 8 月	中国建设银行	美国国际信贷(香港)	中国香港	100
2001 年 12 月	中国银行	南洋商业银行	中国香港	100
2001 年 1 月	中国银行	集友银行	中国香港	100
2006 年 12 月	中国银行	新加坡飞机租赁有限公司	新加坡	100
2014 年 11 月	上海浦东发展银行*	香港南亚投资管理公司	中国香港	100

注：* 已经获得了香港证监会的批准。

3.2.3　两种模式的对比

3.2.3.1　规模对比

由于我国商业银行国际化发展启动较晚,缺乏跨国并购的相关经验,其海

---

① 2007 年 7 月,中国国家开发银行以 22 亿欧元(28 亿美元)收购巴克莱银行(Barclays Bank)3.1% 的股权,并且在 2008 年 6 月宣布拟对英国巴克莱银行 1.36 亿英镑(2.02 亿美元)的新一轮增持计划。但是,国家开发银行向巴克莱银行的投资已形成巨额亏损,中国部分买家也已撤资。在当时,中国国家开发银行还属于政策性银行,因此并未统计进来。

外拓展主要采取新建的进入模式。如表 3-22 所示，从总量来看，2000~2011 年间以新建投资模式建立的一级分支机构约有 86 家左右，而同期银行发生的并购案例总共只有 33 起，远远低于新建的数目。

表 3-22　　2000~2011 年 6 大商业银行新建数目与并购数目之对比　　单位：家，起

年份 进入模式	2000	2001	2002	2003	2004	2005	2006	2007	2008	2009	2010	2011	合计
新建	2	4	5	6	2	4	3	8	9	10	13	20	86
并购	1	3	3	1	0	1	3	4	4	6	2	5	33

注：2011 年中包含了 2012 年上半年的 2 起并购。

从 2006 年以来各主要银行以新建和并购两种模式的存量对比来看，即便是海外并购最活跃的中国工商银行，自主申设至今仍是其海外发展的主要方式，如表 3-23 所示。2011 年底其以新建模式进入的有 34 家，而以并购模式进入的只有 12 家。中国银行的差别更大。

表 3-23　　2006~2011 年 6 大商业银行海外一级分支机构数目
与海外并购数目（存量）　　单位：家

年份	中国银行		中国工商银行		中国建设银行		交通银行		中国农业银行		招商银行	
	NE	M&A	NE	M&A	NE	M&A	NE	M&A	NE	M&A	NE	M&A
2006	59	5	14	6	7	3	5	0	3+3*	0	2+1*	0
2007	53	6	16	6	8	5	7	0	3+3*	0	2+1*	0
2008	63	7	21	8	8	6	7	0	3+3*	0	4+1*	1
2009	68	7	22	10	10	6	7	1	4+5*	0	4+2*	1
2010	76	7	27	11	12	8	8	2	4+6*	0	4+2*	1
2011	89	8	34	12	12	10	11	2	6+4*	0	4+3*	1

注：①一级分支机构数目一般只包括从事实体业务的分行和子行/子公司两种形式，考虑到中国农业银行与招商银行国际化起步较晚，其海外机构数目中也统计了代表处数目，用 * 标示的表示海外代表处数目；
②NE 表示以新建模式进入的数目；M&A 表示以并购模式进入的数目。
资料来源：根据中国银行业监督管理委员会各年报（http://www.cbrc.gov.cn/index.html）、各银行年报相关资料整理所得。

而且与新建模式相比，与国际同行相比，目前中资银行的跨国并购规模较小，远远低于国际上银行跨国并购的平均规模。以美国为例，美国 2000~

2008年共发生了43次银行并购,其中交易金额达到100亿美元以上的并购就有11次。以2006年的数据为例,全球银行业跨境并购是3 954亿美元,其中发达国家2 738亿美元,而中国银行业的并购总额约为13亿美元,总额仅为非发达国家的1.5%,发达国家的0.5%。

在以新建模式进入的分支机构类型中,中资银行又采取了分行主导、子行渐进的模式。到2011年止,中资银行在国外设立的分行有105家,子行只有52家。正是基于这一现实背景,本书对中资银行的进入模式研究中,主要对其以新建模式进入的分、子行模式选择展开研究。

3.2.3.2 主体对比

就新建模式来看,其进入主体中,中国银行与中国工商银行是最活跃的主力军。如表3-24所示,在2006~2011年上半年间,中国银行和中国工商银行这两家巨头新设的海外机构数目占据了6大样本银行的76%左右,其中中国银行设立了27家海外机构,占比41%左右,中国工商银行设立了23家海外子、分行,占比1/3多一点。仅2011年1月,中国工商银行就在欧洲开设了5家分行。同样是在2011年,中国银行加大了对新兴市场的渗透,在印度尼西亚、哈萨克斯坦、匈牙利、赞比亚等国家增设了二级机构。交通银行的机构扩张数目排名第三,招商银行排名最后。

表3-24　2006~2012年上半年以来大型国有商业银行海外分、子行分布

单位:家,%

银行	东道国(地区)类型	发展中国家或地区		发达国家或地区		合计	
		数量	占比	数量	占比	数量	占比
中国工商银行		14	41.2	9	28.1	23	34.8
中国银行		13	38.2	14*	43.8	27	40.9
中国建设银行		1	2.9	3	9.4	4	6.1
交通银行		3	8.8	4	12.5	7	10.6
中国农业银行		3	8.8	1	3.1	4	6.1
招商银行		0	0.0	1	3.1	1	1.5
合计		34	100.0	32	100.0	66	100.0

注:*表示不含中国银行在印度尼西亚、哈萨克斯坦、匈牙利、赞比亚等国家增设的二级机构。

资料来源:根据各银行网站资料计算所得。

如图 3-1 所示。并购主体中，从参与程度来看，自 2000 年以来，中国工商银行最多，达到 16 起，中国建设银行 11 起，中国银行 8 起（其中并购洛希尔银行的 1 起失败），中信银行、交通银行各 2 起，招商银行 1 起。其中中国工商银行的并购经历在中资银行中是可圈可点的。中国工商行非常注重拓展亚洲、拉美和非洲等高成长性市场，持续强化其在新兴市场的市场地位和竞争实力。从并购策略选择来看，中国工商银行有意识地选择了文化与中国相似的地区首先进行并购，例如我国香港、澳门地区及东南亚地区。2009 年 6 月，中国工商银行收购加拿大东亚银行 70% 的股权，为进一步拓展北美地区奠定了基础。2012 年 7 月，中国工商银行完成了收购美国东亚银行 80% 股权交易的交割，实现了中资银行对美国银行业机构的第一次控股权收购。在已经发生的 12 次并购中，除了南非标准银行和我国香港地区 IEC 投资公司未控股外，中国工商银行其余的收购均以控股形式完成。因此，波士顿咨询公司对其国际化扩张战略进行了积极评价，认为中国工商银行"采用了主动的国际并购战略"，而其他中资银行则仅仅是"将海外并购视为有机增长战略的一种补充"。

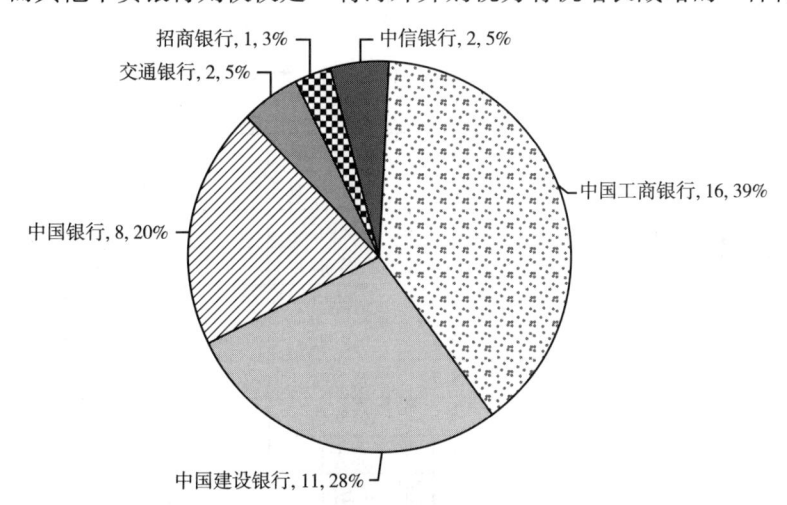

图 3-1 2000~2014 年来各主要商业银行海外并购情况（单位：起,%）

综上可知，从海外投资主体来看，5 大国控银行和招商银行是中资银行外向国际化的主力军，也是国际化活动最活跃、国际化程度最高的几家银行，能代表中资银行海外扩张的现状，因此本书主要以这 6 大银行作为样本进行相关研究。从海外市场进入模式来看，七成以上的海外进入是以新建的模式进入的，本书对银行海外进入模式的关注主要集中在其新建模式上。

3.3 区位选择的多元化与集中化

3.3.1 新兴市场国家或地区与发达国家并重

无论是以新建模式进入还是以并购模式进入的东道国（地区）选择中，新兴市场的重要性日益突出。

在以并购模式进入的东道国（地区）中，2000~2012年初以来发生的30多起并购主要集中在8个发达国家和7个发展中国家或地区，其中我国香港地区18起（占比51.4%），印度尼西亚2起（5.7%），我国澳门地区2起（5.7%）。其他东道国（地区）有南非、加拿大、泰国、阿根廷、美国、荷兰、新加坡、德国、瑞士、意大利、澳大利亚、英国。

就新设模式来看，截止到2012年初，中资银行主要在以下23个国家或地区设立了经营性的分支机构（见表3-25），其中在发达国家或地区的分支机构有66家，发展中国家或地区的有73家，基本是平分秋色。

表3-25 中资银行海外分支机构在主要东道国（地区）的分布状况（存量）

单位：家,%

区位分布	分行	子行	合计	占比	区位分布	分行	子行	合计	占比
中国香港	5	24	29	18.5	印度尼西亚	2	1	3	1.9
英国	5	6	11	7.0	泰国	2	1	3	1.9
澳大利亚	10	1	11	7.0	中国澳门	2	1	3	1.9
加拿大	8	2	10	6.4	南非	2	1	3	1.9
美国	8	1	9	5.7	法国	3	0	3	1.9
韩国	9	0	9	5.7	比利时	2	0	2	1.3
新加坡	5*	2	7*	4.5	俄罗斯	0	2	2	1.3
日本	7	0	7	4.5	意大利	2	0	2	1.3
马来西亚	6	1	7	4.6	巴西	0	1	1	0.6
德国	6	0	6	3.8	阿根廷	0	1	1	0.6
卢森堡	2	3	5	3.2	赞比亚	0	1	1	0.6
越南	4	0	4	2.5					

注：①由于本表只统计了一级营业机构数目，表中的 * 表示该地区还另设有支行等二级机构，但没有统计进来；

②占比＝各东道国分支机构总数/所有海外分支机构总数。

资料来源：根据各银行网页资料整理而得。

3.3.2 区位分布的非均衡性

截至2013年底,中资银行的海外机构已覆盖到了包括我国香港、澳门和台湾地区在内的51个经济体。如表3-26所示,以海外新设经营性机构数目作为衡量指标,6家样本银行的海外分支机构主要集中在我国港、澳地区和亚太地区(占比61.8%);其次为欧洲地区,分支机构占比达到21.7%。除了这两个主要地区之外,其他地区的分支机构分布较少,仅占17%左右,呈现出不平衡性特征。如非洲地区占比最低,仅2.5%,大洋洲的覆盖国家也只有澳大利亚与新西兰。就境外分支机构采取的组织形式来看,选择分行形式的机构设置最多,占比达66.9%,子行的形式占比略少,为33.1%。

表3-26 6大中资银行海外分支机构地区分布状况(存量) 单位:家,%

地区	子行	分行	代表处	合计	比例
我国港、澳地区	25	7	4	32	20.4
亚太地区	10	55	6	65	41.4
美洲地区	4	18	3	22	14.0
欧洲地区	11	23	-	34	21.7
非洲地区	2	2	1	4	2.5
合计	52	105	17	157+17*	100
比例	66.9	33.1	-	-	

注:*合计中只统计了经营性分支机构数目,不包括17家代表处数目,数据截止至2011年底。
资料来源:本书根据各大银行网站及年报综合整理。

如图3-2所示,就海外新设机构的国别分布来看,截止到2011年底,中资银行2/3的海外机构数目主要集中在十大东道国(地区),其中我国香港地区的分支机构数目最多,有29家;其次是英国、澳大利亚、加拿大,各有10家;美国、韩国各9家,马来西亚、新加坡、日本各7家、德国6家。这十大东道国(地区)中有6个为发达国家,占有34.4%的海外机构;4个为发展中国家或地区,占有33.2%的份额。

就各银行的海外机构覆盖率来看,目前只有3家银行(中国银行、中国工商银行与中国建设银行)在非洲设立了分支机构,其中中国银行的覆盖率最高,分别在赞比亚设有一家子行、在南非设有一家分行,在肯尼亚和安哥拉也设立了代表处。在美洲,6家样本银行都在美国设立了海外机构,但仅有中

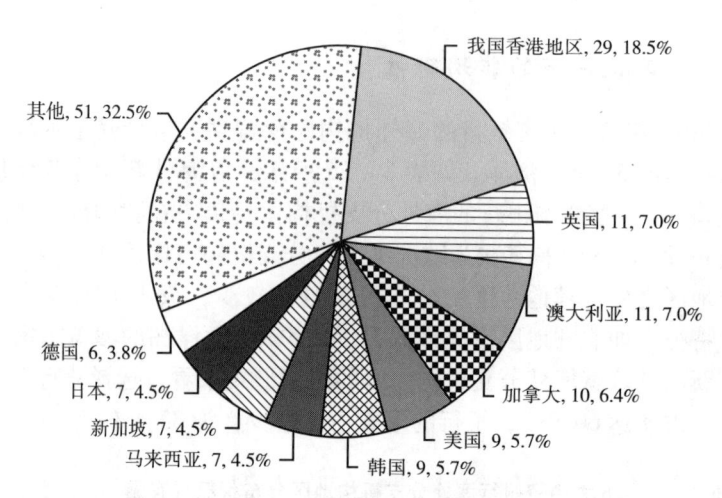

图 3-2　前十大东道国（地区）机构数目占比（单位：家，%）

注：只统计了经营性分支机构数目，不包括代表处数目；数据统计截至 2011 年底。

资料来源：本书根据各大银行网站及年报综合整理。

国银行、中国工商银行和中国建设银行 3 家银行进入了南美区域。招商银行的海外覆盖率是最低的，仅覆盖了中国香港、新加坡、美国与伦敦 4 个国家及地区。

3.4　本章小结

综上所述，我国银行业的国际化有以下特征：（1）经历了内向国际化向外向国际化的演化路径。就内向国际化来看，伴随着引资战略的不断深化，外资银行的整体渗透率从 2003 年的 1.8% 迅速增加到 2005 年的 8.88%，到 2006～2008 年基本维持在 10% 的水平，2009 年后略有下降。就外向国际化程度来看，与国际大型金融集团相比差距仍然较大，说明我国银行业尚处于国际化的初级阶段。（2）快速而激进的国际化扩张行为，其行为特征与新兴国家 MNCs 相似，但迥异于发达国家 MNBs 国际化初期的行为特征。即使在不具有所有权优势的前提下，中资银行也可以通过一系列激进的冒险行为，从成熟的跨国银行手中获取战略性资源；区位选择中除了进入新兴市场以外，也直接进入了欧美等发达市场，并以控股并购或建立全资机构的高卷入度模式进行扩张。这种激进的国际化进程与 Child & Rodrigues（2005）对中国企业的实证结论是相符的。

基于以上特征，本书拟对以下问题进行研究：（1）从理论基础上来说，既然传统的 OLI 范式不能对 EMNCs 的国际化动因与行为进行充分完整的解释（Li，2007），那么基于"学习观"视角的理论流派是否对中国企业的国际化更具说服力是本书将要关注的问题之一。（2）既然中资银行具有与 EMNCs 一致的国际化行为特征，本书将基于新兴国家企业国际化理论的关注视点，对以下问题进行思考：国际化经验（含内向国际化经验）是否对中资银行的国际化进程产生影响？其作用路径是什么？导致中资银行在全球范围内区位分布差异性的原因是什么？学习动因是否对中资银行区位选择决策产生影响？其作用机理与影响效应是什么？不同的银行寡头之间是否有模仿学习效应？基于对这些问题的思考，本书试图重点关注经验知识、学习动因与学习行为等变量对银行国际化行为的影响。

第4章 银行国际化进程的经验效应

本章以学习观为视角,分析内向国际化经验和外向国际化经验对我国银行国际化进程的影响及其传导机制。

4.1 经验知识作用于国际化进程的机理分析

4.1.1 内向国际化经验对银行国际化程度的影响

外资溢出效应方面的研究成果表明,与外资企业的合作有助于提升企业本身的技术和管理水平(Buckley, Clegg & Wang, 2002, 2007; Wang & Kafouros, 2009; Wang et al., 2011)。企业的内向国际化行为在很大程度上帮助并促进了其接下来的外向国际化行为(Luo & Tung, 2007),通过在国内与外国合作者合作,企业转移并学习了来自合作伙伴的技术知识、组织管理经验(Levitt & March, 1988)。企业一旦获得了这类知识、经验,将会加快其对国际市场与资源的渗透(Penning et al., 1994),进而促进企业进一步的海外投资行为。

由于外资企业通常都是国际化程度高的企业,具有丰富的在国际市场运作的经验,这些经验也会帮助企业更快地克服"外来者"成本。企业的内向化经验所包含的很重要一部分内容就是对外国市场的了解(Melin, 1992),而对国外市场的了解能有效地降低企业海外运作时由"心理距离"导致的困难(Herrmann et al., 2002; Meyer & Klans, 2001),缩短与东道国的差距,快速吸收并适应新的经济、政治、法律、文化环境(Beamish, 1988)。内向国际化经验的一个重要结果是国际社会网络的构建,通过内向国际化行为,熟悉并与顾客、供应商、合作伙伴、国外政府等建立起了各种关系(Miller & Chen, 1994, 1996),降低了企业运营中的不确定性(Sambharya, 1996)。邓宁(Dunning, 1986)的投资周期理论(Investment cycle theory)也表明,通过引进具有国际化经验的战略投资者而获得国际化知识和专业技能,有助于促进本土企业外向 FDI 的产生。本土企业在吸引外资战略投资者或向外资学习的过程中，加深了对于国际化风险的识别与了解，减少了对外投资所产生的不确定性，由此促进了对外投资的产生（Dixit & Pindyck，1994）。

大量有关新兴市场的研究论证了引进战略投资者的内向国际化模式对其外向国际化具有促进作用。EMNCs 通过构建新的国际联系（Mathews，2006），从与它们构建了网络关系的企业（Network firms）中获取国际化的经验（Elango & Pattnaik，2007），以获取有关东道国市场的学习机会。其中通过吸引外资的战略投资来构建本土企业能力便是一种有效的选择。这一方式对于那些在国际化过程中因缺乏内部化优势而属于风险厌恶型的企业尤其有用。西蒙（Simonin，2004）、齐耳德（Child）和罗德里格斯（Rodrigues）(2005) 指出，合作联盟和合资企业的内向国际化模式，使得新兴市场的企业能更紧密地融入到国外合作伙伴的内部网络中，通过生产、分销以及获得国际竞争性标准等一系列活动，为默会知识向新兴市场企业的转移提供了高效的运行机制。巴哈米科（Bhaumik）、德里菲尔德（Driffield）和姆帕勒（Pal)(2010) 认为引进战略投资者是 EMNCs 获取国际化知识与经验的替代渠道。经验对于处于国际化初期的新兴国家企业来说尤为重要，直接影响其实施国际化战略的意愿。实证研究也证明有国际化经验（包括内向国际化经验）的企业会更倾向于对外扩张。如马克罗·姆提尼（Macro Mutineli，2001）的研究也证实了银行的国际经营经验（包括内向国际化经验）会对银行的海外扩展有着重要影响。

有关中国的实证研究也证明了这一点。如格思里（Guthrie，2005）指出，与发达国家 MNCs 建立的内向伙伴关系，是中国 MNCs 获取现代国际化实践经验，从而增强其国际竞争力和外向国际化扩张行为的一种有效模式。尤其是通过 OEM、ODM 或 OBM 的合作安排，帮助中国企业获得了国际认知度和声誉，实现了规模经济效应。杨（Young，2001）等通过案例研究发现，很多中国企业一开始并不能很好地实施国际化战略，只有在国内市场上与外资企业建立合作关系并借此获得足够的国际化经验后才能很好地实现其向海外市场的扩张。罗（Luo，2007）等指出，中国企业通过在国内市场上与外资企业合作，获取了大量技术知识、组织技能及财务资产。这种经验优势能够减少中国企业未来在海外市场上的外国身份劣势以及与国际化相关的交易成本。陈岩、熊吉娜（2011）的研究表明，与外资企业合作可以提升新兴经济体企业在各个方面的优势，弥补其国际市场经验的不足。当企业中外资所占的股份比较高时，可以适当加速其国际化进程。李自杰、李毅和陈达（2010）的研究发现，与主流的折衷理论范式相比，以约翰森（Johanson）和威伦（Vahlne）(1977，1990)为代表的国际化进程论能更好地解释中国企业的对外直接投资行为。中国企业通过逐步进入的方式来积累国际化经验，而经验在其对外直接投资行为中起到至关重要的作用。企业过去的国际化经验会推动企业国际化卷入程度的增加。

具体到中国银行业而言，内向国际化的作用效应体现在，跨国银行的进入打破了原有的行业壁垒，促进国内银行的技术进步和竞争，产生一定的"鲶鱼效应"。伯杰（Berger）、哈桑（Hasan）和周（Zhou）(2010)对中国银行业的实证研究表明，银行的多元化经营（产品多元化和地理区域的多元化）会使其利润减少、成本增加。但外资股权的参与（无论是多数股权还是少数股权）及与大型集团的联营，可以减轻这一效应，验证了"鲶鱼效应"的存在。曾俭华（2005）的研究结果表明国际化使得中资银行学习了好的经营管理技术，适应海外监管要求，强化风险控制，开发满足监管要求的新产品，进而对商业银行全要素生产率指数提高产生正面影响。

中资银行的好几起海外并购与扩张，离不开其战略投资者的有效促进。如高盛担任了中国工商银行收购南非标准银行的财务顾问，并在并购的台前幕后起了重要作用。美国银行促成了中国建设银行对美银亚洲的成功收购。中国银行对新加坡飞机租赁公司的收购，正是在其战略投资方苏格兰皇家银行的建议下进行的，而招商银行对永隆银行的收购，也离不开摩根大通的推荐与支持。北京银行首家海外机构阿姆斯特丹代表处的成立，是与ING集团进一步加强战略合作的结果。交通银行通过引进战略投资者汇丰银行，提升了其在国际金融市场中的公信力，其在香港联交所全球挂牌上市时，受到了保荐人高盛和汇丰的推荐，得以比较理想的价格成功上市。综上，本书形成以下假设：

H_1：在其他因素不变的情况下，中国银行业的对外开放度越高，中资银行所积累的无形性资源就越多，其国际化程度（国际化水平）就越高。

4.1.2 外向国际化经验对银行国际化之影响

大多数国际化的理论都在某种程度上强调了经验知识的重要性，认为特定市场经验和一般性国际化经验对企业在国外市场竞争优势的形成至关重要，但究竟哪种经验更重要，学者们的意见却并不一致，且国际化背景下有关经验知识的实证研究依然不多（Knight & Liesch, 2002）。

在这为数不多的文献中，埃里克森（Eriksson）、约翰逊（Johanson）、马佳德（Majkgard）和夏尔马（Sharma）(1997，2000）的研究尤为突出，他们认为企业拥有的一般性经验知识在其国际化进程中具有决定作用，它不仅决定了特定市场经验的获取能力，还正向地影响了企业所从事国际化活动的多样性。而帕德马纳班（Padmanabhan）和卓（Cho）（1999，2001）等的研究指出，相对于一般性的经验，决策者对于特定经验更加重视。克拉克（Clark，2015）等有关国际化经验对海外市场选择及后续进入模式选择的影响研究认为，市场特定知识并不是企业有用信息的唯一来源，随着企业的国际化进程深化，企业关于国际化过程的知识也得以发展，因此必须考虑一般化的国际知识在海外市场机构安排中的作用。约翰逊和威伦（Vahlne）（2003）的研究也认为，特定的市场经验是很难在不同市场之间转移或共享的，而国际化经验是与企业在国际化发展中对不同运营模式选择有关的经验（Eriksson et al.，1997），更容易在不同的市场转移。因此，企业的国际化扩张不能仅仅依靠特定市场知识，还包括与国际化活动相关的各方面的知识。

马克罗·姆提尼（Macro Mutineli，2001）等的研究则证实了银行的国际经营经验会对银行的海外扩展有着重要影响。萨米·巴利（Sami Basly，2007）的研究也证明，国际化知识对企业国际化程度产生正向影响。这些研究基于企业层面视角的实证研究，论证了国际化经验对企业国际化的促进作用，认为经验和知识的积累，降低了企业对国际化困难的感知，促进了其国际化水平的增加。基于此，本书提出假设：

H_2：银行所积累的一般性国际化经验越多，其国际化程度也越高。

4.1.3 母国制度对银行国际化的影响

作为国家"创造性资产"的一个重要组成部分，制度相对于"自然资产"而言，对FDI所起的作用越来越重要（Narula & Dunning，2000），因此在FDI区位选择的研究方面，有关"制度环境"的研究备受关注。从研究视角来看，主要集中在三个层面：（1）东道国制度环境对ODI的影响；（2）母国制度环境对ODI的影响；（3）母国与东道国环境差异（即相对制度环境）对ODI的影响。本章主要考虑母国制度环境对中国银行业ODI的影响。其他两个层面对ODI的影响将在第5章中予以讨论。

邓宁（Dunning，2006）指出，在企业国际化的影响变量中，母国制度环境也须作为重要的因素加以考虑。对于中国这样的新兴经济体，母国制度环境的影响尤为重要（DaPhne et al.，2007）。如绪论中所述，母国的一系列正式制度安排为中国企业国际化提供了便利（Child，2005），具体而言可以体现在以下两个方面：(1) 政府制定的相关优惠措施与鼓励政策，对中国企业的国际化进程起到了促进作用（Young et al., 1996；Child, 2005；Buekley et al., 2007；苏启林和欧晓明，2003；章伟坤，2008）。如1999年中国政府推出了"走出去"政策，并在随后的"十五"、"十一五"、"十二五"规划中得到了进一步的规范与强调，鼓励和促进了中国企业的国际化进程（Buekley et al., 2007，Luo Yadong, 2007）。(2) 政府在政治、金融及其他方面所提供的扶持，有助于企业消除其国际化进程中的所有权劣势和区位劣势（Buckley, 2007）。

对于中国银行企业来说，由政府主导推出的国有银行股改政策，以及由此而生的境外战略投资者的引进，无疑对其外向国际化起到了促进作用（Buekley et al., 2007）。自2004年起，伴随着工、中、建、交等银行先后完成股份制改造，并陆续在境内外公开发行上市，中国商业银行的国际化步伐明显提速（曾俭华，2011）。

鉴于数据的可获得性，本书主要从政策变化视角对母国制度环境变量进行考察。借鉴巴克利（Buekley, 2007）等的观点，母国制度环境对银行对外投资行为的影响，可以从中国银行业的股改进程及对外开放政策变化与银行企业ODI数量或区位分布之间的相关性得到证实，故提出以下假设：

H_3：母国制度环境对银行业外向国际化程度具有正向促进作用。

H_{3-a}：银行的股改进程对其外向国际化程度具有正向影响作用。

H_{3-b}：银行业的对外开放政策对其外向国际化水平具有正向影响作用。

4.1.4 所有权优势对银行国际化的影响

按照邓宁的观点，拥有独特的所有权优势是企业国际化经营的必要条件。所有权优势影响了企业对区位优势和内部化优势的考量。大量研究也证实了所有权优势在银行企业国际化中的重要性。如佛卡利（Focarelli）和普佐罗（Pozzolo）(2000) 从银行专业技术优势的效率和利润率水平，马克罗·姆提尼（Macro Mutineli）等 (2001) 从国际经营经验，特斯克吉尔（Tschoegel, 1983）、莎贝（Sabi, 1988）、法雷尔（Focarelli）和波佐洛（Pozzolo）(2001) 从银行规模，尤萨奇（Ursacki）和维丁森（Vertinsky）(1992) 等从网络分布，阿卡哈文（Akhavein, 1997）从利润效率的角度验证了所有权优势对银行ODI的影响。因此，就银行企业而言，所有权优势可以指银行的知识资产优势，由各种联络外国客户的途径、专业技能、融资途径、网络分布、商誉和研发能力等无形资产组成，也可以是由于企业规模的扩大而产生的规模经济优势或基于国际化程度、产品多样化程度或盈利能力而产生的竞争优势（Parkhe & Miler, 1998）。

就中国银行业的实际来看，由于其国际化的进程并不长，所积累的国际化经验也很有限，受制于国内分业经营的格局，其在金融产品创新与差异化方面，也远不及外国银行。根据《银行家》所公布的相关数据，中国银行业的所有权优势主要体现在特定母国制度环境下所形成的银行规模、资金实力与盈利水平，为中资银行的国际化发展带来了一定的优势。因此本书主要从银行规模和盈利能力的视角对其所有权优势进行考量。

就文献研究来看，大量研究论证了银行规模与盈利能力对其国际化的影响。施莱格尔（Tschoegel, 1983）及莎贝（1988）等的研究认为，规模大的银行能以相对低的成本将其规模效益转移到国外市场。法雷尔和波佐洛（2001）的研究表明，日韩两国市场的外资银行数目与银行规模成正比例关系，说明大银行更倾向于海外扩张；同样，银行利润率水平对银行业的海外扩张具有重要影响。谢（Hsieh）、申（Shen）和李（Lee）(2010) 的研究表明，银行的规模越大，或者净利息收益越高，越倾向于采取高控制度的进入模式。亨特（Hunter, 1986）、伯杰（Berger, 1991）、克拉克（Clark, 1996）等提出，收益效率与规模经济对银行国际化经营的影响同样重要，故提出以下假设：

H_4：所有权优势对中资银行的外向国际化程度具有正相关的作用。

H_{4-a}：银行规模对中资银行的外向国际化程度具有正相关的作用。

H_{4-b}：银行盈利能力对中资银行的外向国际化程度具有正相关的作用。

4.2 内向国际化的经验效应：基于行业层面的检验

4.2.1 实证研究模型的构建

本实证研究模型主要从宏观层面衡量中国银行业对外开放度对银行业FDI规模的影响。基于以上讨论，特提出以下研究模型：

$$TOA_t = \alpha_0 + \alpha_1 MacroOD + \theta \sum Control + \varepsilon_{it} \qquad (4.1)$$

式（4.1）中 TOA_t 为被解释变量，表示中国银行业第 t 年的海外机构总资产在中国银行业总资产中所占的比重，衡量的是我国银行业外向国际化的程度。MacroOD 为解释变量，是指中国银行业宏观层面的开放度，用来代表中国银行业的内向国际化程度。控制变量 Control 由两个变量构成：（1）母国制度变量,用哑变量 D 表示,用来表示银行业对外开放政策对其国际化程度的影响;(2)基于行业的所有权优势(ADVANTAGE),用来度量银行所有权优势对其外向国际化程度的影响。α_0 为常数项,ε_{it} 为随机干扰项,t 表示时间下标。由于对外直接投资效应带有很强的滞后性特征,国外学者在对其进行研究时通常采用前一年的数据来进行证明,本书也沿用这种方法,用 t－1 表示滞后期,用来说明银行国际化与各影响变量之间的跨期关系和滞后影响。在计量时,除哑变量外,本书所有的解释变量或控制变量均相对于被解释变量取 t－1 年的数据,以下不再赘述。

4.2.2 变量界定与数据来源

4.2.2.1 被解释变量

被解释变量 TOA_t = 中资银行海外机构总资产/中国银行业总资产,本书借鉴张钦(2011)的做法,用国内金融机构境外总资产替代银行海外机构总资产指标。据此计算出来的各年数据详见表 4－1。

表 4－1　　　　2002~2011 年中国银行业国际化程度　　　　单位:亿元,%

年份	国内金融机构境外总资产	银行业总资产	银行业国际化程度 TOA
2002	5 301.60	237 177.8	2.24
2003	8 933.66	276 583.8	3.23
2004	12 565.72	315 989.8	3.98
2005	16 461.50	374 696.9	4.39
2006	19 632.11	439 499.7	4.47
2007	18 523.74	525 982.5	3.52
2008	20 572.53	623 876.3	3.30
2009	17 245.80	787 690.5	2.19
2010	21 600.00*	953 053.0	2.23
2011	25 954.20	1 133 000.0	2.30

注:*根据 2011 年 2 月 18 日的《人民日报》文章,截至 2010 年底,中国银行业海外资产已超过了 2 700 亿美元,根据 2010 年人民币汇率中间价换算而得。

资料来源:Wind 资讯、《中国金融年鉴》相关数据整理,并参考张钦在《中国银行业开放度对商业银行经营效率影响研究》一文中数据。

4.2.2.2 解释变量

解释变量 MacroOD =（外资银行在华机构总资产 + 外资拥有或控制的中资银行资产）/中国银行业总资产，衡量的是中国银行宏观层面的开放度。其数据见第 3 章的表 3 – 12。

4.2.2.3 控制变量

本书使用以下变量来控制其他因素对于银行业国际化程度的影响，以保证内向国际化经验的效应。

（1）控制变量 1：母国制度变量 Inst。Inst 用哑变量 D 表示，用来衡量对外开放政策对中国银行业国际化的影响。考虑到中国金融开放具有明显的阶段性特征，借鉴张小波（2012）、张金清和刘庆富（2007）等人的做法[①]，本书将中国银行业的对外开放分为两个阶段，其中 D = 0 对应的是 2001 ~ 2006 年入世后的过渡阶段；D = 1 对应的是 2007 ~ 2011 年的全面对外开放阶段（见表 4 – 2）。

表 4 – 2　　　　　　　2001 ~ 2011 年中国银行业的对外开放

年份 制度变量	2001	2002	2003	2004	2005	2006	2007	2008	2009	2010	2011
D	0	0	0	0	0	0	1	1	1	1	1

（2）控制变量 2：中国银行业的所有权优势（ADVANTAGE）。钱（Qian）和德里奥斯（Delios）(2008) 对 21 家日本银行在 1980 ~ 1998 年期间的国际化扩张的实证研究中，用各银行在《银行家》中的排名来度量其在无形资产方面的所有权优势，具体做法是对 21 家日本银行按照《银行家》中的排名进行排序，排名第 1 的得分为 0，排名第 21 的得分为 1，按此数据计算的排名与银行 FDI 的组织机构数目负相关。曹衰阳、刘敏、张宏伟（2010）以国有商业

[①] 他们将银行业的对外开放历程分为三个阶段：第一阶段为 1979 年 1 月 1 日至 2001 年 12 月 10 日的尝试性阶段；第二阶段为 2001 年 12 月 11 日至 2006 年 12 月 10 日入世过渡期中的实质性对外开放发展阶段；第三阶段为 2006 年 12 月 11 以后的全面对外开放阶段。

银行世界500强总体排名平均值来代替市场竞争力。① 借鉴这些做法,本书以6家样本银行在《银行家》的总体排名的平均值,来表示基于行业层面的中国银行业的所有权优势。

6家样本银行在《银行家》杂志所公布的"世界银行1000强"(Top 1000 World Banks)中按一级资本的排名如表4-3所示。表4-3中平均值(Average)这一行所列数据是按照6家样本银行总体排名而计算出的平均值,以此代表中国银行业的所有权优势。

表4-3 2001~2011年各银行在"世界银行1000强"中的排名(按一级资本排)

年份 银行	2001	2002	2003	2004	2005	2006	2007	2008	2009	2010	2011
中国工商银行	10	16	25	32	16	7	8	8	7	6	3
中国建设银行	28	37	21	25	11	14	13	12	15	8	6
中国银行	11	15	29	11	17	9	10	11	14	9	9
中国农业银行	23	25	36	37	60	65	65	24	28	14	10
交通银行	94	102	101	105	65	68	54	49	49	35	30
招商银行	273	187	214	198	173	101	99	87	81	60	56
平均值	73	64	71	68	57	44	42	32	32	22	19

资料来源:根据《银行家》的数据整理所得。

4.2.3 本节检验结果分析

4.2.3.1 样本数据的描述性统计

本节被解释变量TOA和解释变量MacroOD的数据均根据万得(Wind)资讯、《中国金融年鉴》相关数据整理。由于2010年以后和2002年以前的数据不可获得,缺失数据采用 Naïve 趋势模型"$Y_{t+1} = Y_t + (Y_t - Y_{t-1})$"、利用数据平滑的方法得到。控制变量 Advantage 的数据根据《银行家》的相关资料整理所得。本节数据跨度为2001~2011年,样本数目为10,观测值为40个。

表4-4记录了样本数据的描述性统计特征,其中样本的均值、最大值、

---

① 曹衰阳等(2010)有关国有商业银行世界500强名次的数据来源于美国《财富》杂志每年公布的《世界500强公司名单》。

最小值反映的是数据集中趋势的指标；而标准差是衡量一个样本波动大小的量，即样本标准差越大，样本数据的波动就越大。表4-4的数据表明，变量Advantage的标准差最大，说明银行业在不同年份按照一级资本规模的排名出现了较大波动，这与中资银行的实际是相符的，因为从时间序列来看，股权改革大大地改善了各上市银行的资本结构和规模，从而导致银行股改前后一级资本规模发生了较大的变化；而从6家样本银行的截面数据来看，2001~2011年底各银行在《银行家》的排名差别较大，排在第一阵营的是中国银行和中国工商银行，11个统计年间排名始终相对稳定，而排在第三阵营的是招商银行和交通银行，分别从2001年的第273名和94名跃居到2011年的第56名和30名。

表4-4　　　　　　　　　　样本数据的描述性统计

变量	样本数	均值	标准差	最小值	最大值
TOA	10	3.582857	0.790015	2.19	4.47
MacroOD	10	7.521428	3.512518	1.8	10.67
Inst	10	0.4285714	0.5345225	0	1
Advantage	10	49.42857	16.12304	32	71

4.2.3.2 回归结果分析

表4-5反映的是本节回归结果，从中国银行业内向国际化程度的代理变量MacroOD的回归结果看，回归系数在0.16~0.31之间，且在10%或15%的统计水平上显著，拟合度指标R^2也在0.58以上，说明中国银行业的对外开放度对其外向国际化水平具有一定的正向影响，假设H_1得到验证，也论证了彭宁（Penning，1994）、马修斯（Mathews，2006）、罗（Luo）和童（Tung）(2007)与兰帕特（Ramamurti，2009）有关新兴市场跨国企业或中国企业的内向国际化对外向国际化促进效应的观点。这一方面表明，随着中国银行业对外开放度的不断增加，外资银行的进入与境外战略合作者的引进不仅为中国银行业带来了竞争、示范、学习和制度创新效应，而且为中资银行带来了国际化网络的连接与构建机会，由此产生的对外向国际化的促进效应逐步显现；另一方面也表明，目前内向国际化的促进效应还比较小，尚有较大的提升空间。

表 4 – 5   内向国际化对外向国际化之影响分析

变量 \ 回归模型	(1)	(2)	(3)
MacroOD	0.1572 (2.51)*	0.3131 (2.85)**	0.2534 (2.73)*
Inst	1.6145 (3.92)**		1.050 (1.84)
Advantage		0.0772 (3.22)	0.0378 (1.32)
Adj – R^2	0.69	0.58	0.87
F 值	27.74	21.23	6.70

注：①括号中的数据是指 t 值；②** 和 * 分别表示在 5% 和 10% 的统计水平上显著；③常数未列出。

从母国制度变量的代理变量 Inst（银行业对外开放的时间变量）来看，回归系数都为正，且在 1.0 以上，在模型（1）中在 5% 的统计水平上显著，但在模型（3）中未通过显著性检验，因此，无法判断银行业对外开放政策对银行国际化程度是否具有正向的促进效应，本书假设 H_{3-a} 未得到完全验证。这可能与考察期较短、对外开放政策的效应未能完全释放出来有关。

从银行所有权优势的代理变量平均值 Advantage 的回归结果来看，回归系数都为正，但在统计水平上均不显著，说明银行一级资本排名对其外向国际化程度的影响不显著。因此，H_4 没有得到验证。这一结果与"优势论"观点不符，但支撑了新兴市场跨国公司的相关理论，切瑞蒂（Cerutti）、阿里恰（Ariccia）和马缇·尼斯·皮瑞亚（Mart'nez Per'a）(2007) 对世界最大的 100 家银行的研究结论一致，并解释母行规模对银行国际化扩张没有影响的原因，可能与每家样本银行的资本规模都足够大这一特征有关。而本书中这一结论的存在还可能是有其他非经济因素影响了银行规模对其外向国际化的影响，如政府导向的投资行为，在一定程度上影响了本书中的统计效果。

4.3 外向国际化的经验效应：基于企业层面的检验

4.3.1 实证研究模型的构建

本实证研究模型主要从企业层面衡量银行外向国际化经验对其外向国际化

水平的影响。基于本章 4.1 节的相关讨论，特提出以下研究模型：

$$DOI_{j,t} = \beta_0 + \beta_1 SCOPE + \theta Control + \varepsilon_{it} \tag{4.2}$$

式（4.2）中 $DOI_{j,t}$ 为被解释变量，表示银行 j 在第 t 年的国际化程度。SCOPE 为解释变量，表示银行进入的海外市场数目，用来度量银行跨国经营的一般性经验。控制变量 Control 也由两个变量构成：母国制度变量和银行所有权优势。母国制度变量同样用哑变量表示，用来表示各银行股改时间对其国际化程度的影响；银行所有权优势细分为 2 个维度，即银行规模 SCALE 和资产收益率 ROA。β_0 为常数项，ε_{it} 为随机干扰项。t 表示时间下标。如前所述，本书用 t-1 表示滞后期。

4.3.2 变量界定与数据来源

4.3.2.1 被解释变量

学者们对国际化程度的度量并未形成统一的标准，其中 FATA 指标（海外资产/总资产）是使用的频率较高的指标（如 Morck & Yeung，1991；Delios & Beamish，1999 等）。鉴于中资银行的国际化尚处于初期阶段，本书用资产指标来度量 6 家样本银行的国际化程度，即被解释变量 $DOI_{j,t}$ =（海外资产/总资产）×100%，数据详见表 4-6。

表 4-6　2002~2011 年中国银行业跨国经营指数　　　　　　　单位：%

银行＼年份	2002	2003	2004	2005	2006	2007	2008	2009	2010	2011
中国银行	23.20	23.21	23.19	23.22	23.16	23.28	24.77	16.67	21.46	22.39
中国工商银行	3.32	3.36	3.28	3.45	3.10	3.80	4.00	2.30	3.11	4.30
中国建设银行	1.52	1.53	1.52	1.54	1.50	1.57	1.61	2.44	2.52	3.61
中国农业银行	0.73	0.73	0.73	0.73	0.73	0.72	0.55	0.46	0.80	1.07
交通银行	6.05	6.03	6.07	6.00	6.15	5.84	5.56	5.48	6.58	7.20
招商银行	2.52	2.43	2.62	2.24	3.00	1.47	1.53	1.53	2.00	2.00

资料来源：根据各商业银行各年年报整理而得。

4.3.2.2 解释变量

借鉴埃拉米利（Erramilli，1991）、钱（Qian）和安德鲁（Andre）(2008)、

谢（Hsieh，2010）等的做法，外向国际化经验主要由"特定市场经验"和"一般性国际化经验"组成。本节主要考虑一般性经验对各银行国际化程度的影响，有关特定市场经验对银行国际化的影响将在第 6 章进行分析。因此解释变量 $SCOPE_{j,t}$ 表示银行 j 在 t 年的海外机构所覆盖的国家或地区数目。

就银行微观层面来看，6 家样本银行海外分支机构的区位覆盖数如表 4-7 所示。可以看出，中国银行的分支机构分布最广泛，已经遍布全球 35 个国家和地区。紧跟其后的是中国工商银行，全球 33 个国家和地区都有其海外分支机构的布局。中国建设银行和交通银行属于第二方阵的，其区位覆盖率仅有中国银行和中国工商银行的 1/3 左右。中国农业银行和招商银行的海外业务拓展区域较少。

表 4-7　　2001~2011 年各银行海外分支机构覆盖的国家或地区数目　　单位：个

银行 年份	中国银行	中国工商银行	中国建设银行	交通银行	中国农业银行	招商银行
2001	24	12	6	7	5	2
2002	25	12	6	7	5	2
2003	26	12	7	7	5	2
2004	27	12	8	7	5	2
2005	27	12	8	8	5	2
2006	27	12	8	8	5	2
2007	29	13	9	8	5	2
2008	29	15	9	8	5	2
2009	31	20	9	9	7	3
2010	33	24	10	11	8	3
2011	35	33	13	11	8	4

注：表中海外机构数目包括了海外分行、子行/子公司或代表处。
资料来源：根据各银行网站及其年报综合整理。

4.3.2.3　控制变量

同样，本节使用以下变量来控制其他因素对于国际化程度的影响，以保证国际化程度的变化确实是由于外向国际化经验的变化而导致。

（1）控制变量 1：银行所有权优势。

① 银行规模 SCALE。《银行家》每年评选的全球 1 000 家大银行排行榜主

要把一级资本作为衡量银行大规模贷款和承受冲击能力的指标。因此，本书也借用此做法，用一级资本来表示银行规模（见表4-8）。

表4-8　　　　2001~2011年按一级资本衡量的银行规模　　　　单位：亿美元

年份 银行	2001	2002	2003	2004	2005	2006	2007	2008	2009	2010	2011
中国银行	220.9	219.2	185.8	348.5	313.5	525.2	562.1	649.6	736.8	945.8	1 111.7
中国建设银行	145.2	129.6	225.1	235.3	356.0	422.9	523.0	631.1	719.8	958.3	1 191.4
中国工商银行	231.1	215.3	206.0	n.a	316.7	591.7	662.7	795.4	911.2	1 133.9	1 400.3
中国农业银行	159.7	164.4	164.4	n.a	98.6	114.2	121.3	397.9	495.6	792.8	964.1
交通银行	39.2	39.3	49.1	n.a	895	106.5	164.5	193.4	226.3	343.2	418.2
招商银行	11.2	18.8	18.8	n.a	29.5	68.03	87.2	104.5	129.3	193.2	248.2*

注：*2011年底招商银行核心资本为1 563.48亿元，按照1∶6.3的汇率换算而得。
资料来源：根据《银行家》数据库数据整理而得，http://www.thebanker.com/Banker-Data。

② 资产收益率ROA。盈利能力作为银行所有权优势的具体表现，其度量指标也有好几种，其中ROA是使用得比较广泛的指标之一，如古德诺（Goodnow，1985）、特普斯特拉（Terpstra）和余（Yu）(1988)、钱（Qian）和德里奥（Delio）(2008)、谢（Hsieh）、申（Shen）和李（Lee）(2010) 都用这一指标来衡量银行所有权优势。国内学者李双杰和宋秋文（2010）、伍志文和沈中华（2009）、汤振邦（2010）等也使用了这一指标。基于此，本书也采用ROA来度量银行的盈利能力指标，其数据来源于《银行家》杂志公布的"世界银行千强榜"（Top 1000 World Banks）的相关数据，如表4-9所示。同样，在计量时，ROA相对于被解释变量取$t-1$年的数据。

表4-9　　　　2001~2011年各主要商业银行资产收益率　　　　单位：%

年份 银行	2001	2002	2003	2004	2005	2006	2007	2008	2009	2010	2011
中国银行	0.32	0.38	0.26	0.81	1.14	1.28	1.51	1.24	1.27	1.36	1.43
中国建设银行	n.a	0.14	0.01	1.29	1.21	1.21	1.53	1.58	1.44	1.62	1.78
中国工商银行	0.14	0.14	0.05	0.05	0.92	0.96	1.33	1.49	1.42	1.60	1.76
中国农业银行	0.01	0.10	0.10	0.19	0.17	0.23	0.54	0.75	0.75	1.17	1.35

续表

年份 银行	2001	2002	2003	2004	2005	2006	2007	2008	2009	2010	2011
交通银行	n.a	0.20	0.02	n.a	0.9	1.01	1.47	1.34	1.16	1.26	1.42
招商银行	n.a	0.69	0.69	n.a	0.9	1.08	1.61	1.70	1.08	1.15	1.39*

注：*用平均总资产收益率（ROAA）替代。
资料来源：根据《银行家》数据库数据整理而得，http://www.thebanker.com/Banker-Data。

（2）控制变量2：母国制度变量。本章将各银行股改时间（T）作为母国制度变量的代理变量，以各银行H股IPO时间作为度量标尺，引用虚拟变量D，银行IPO以前（含IPO当年）的年份，被视为银行股改前，D=0；IPO的次年开始，则D=1。具体如表4-10所示。

表4-10　2001~2011年根据各银行H股IPO时间界定的虚拟变量D

年份 银行	2001	2002	2003	2004	2005	2006	2007	2008	2009	2010	2011
中国银行	0	0	0	0	0	0	1	1	1	1	1
中国建设银行	0	0	0	0	0	1	1	1	1	1	1
中国工商银行	0	0	0	0	0	0	1	1	1	1	1
中国农业银行	0	0	0	0	0	0	0	0	0	0	1
交通银行	0	0	0	0	0	0	1	1	1	1	1
招商银行	0	0	1	1	1	1	1	1	1	1	1

4.3.3　数据分析及结果阐述

本节被解释变量DOI和解释变量SCOPE的数据均从各银行网站及其年报综合的相关数据整理而得。由于中国金融业的ODI统计数据始于2006年，2006年前的DOI数据采取"Mean of nearly point"方法取得。而控制变量SCALE和ROA的数据均来源于《银行家》数据库，本节数据跨度为2001~2011年。

4.3.3.1　样本数据的描述性统计

如表4-11所示，10个时间序列的变量观测值均为60个。从标准差看，ROA的标准差最小，说明变量的时间序列总体平稳，除此之外，DOI的标准差较小,说明变量的时间序列总体波动性较小。变量 SCALE 的标准差最大,说明不同银行在不同年份的一级资本规模波动大,SCOPE 的标准差波动也较大,这与中资银行的实际是相符的。银行股改前后一级资本规模都发生了较大的变化,6 家样本银行间的海外分支机构的区位覆盖数目差别也较大,排在第一阵营的中国银行和中国工商银行覆盖数目均在 33 个国家或地区之上,而中国农业银行和招商银行分别只覆盖到 8 个和 4 个国家或地区。

表 4 – 11　　　　　　　　样本数据的描述性统计

变量	样本数	均值	标准差	最小值	最大值
DOI	60	0.047	0.061	0.003	0.203
SCOPE	60	12.619	9.902	2.000	35.000
SCALE	60	515.496	363.481	29.500	1 400.300
ROA	60	0.012	0.004	0.002	0.018
T	60	0.714	0.457	0	1

4.3.3.2　行业层面的回归结果

从表 4 – 12 的回归结果来看,国际化经验的代理变量 SCOPE 的回归系数大多在 0.018 ~ 0.028 之间,且在 1% 或 5% 的统计水平上显著,说明国际化经验对中国银行业的外向国际化程度具有一定的正向影响,假设 H_2 得到验证。但国际化经验的影响效应并不大,造成这一结果的原因,从统计学角度来说,或许与考察期较短、样本容量有限这一因素有关;从现实考察来看,或许与中国银行业国际化历程较短、国际化经验的作用效应还有待慢慢释放这一特征有关。相关实证研究也表明,许多新兴经济体企业通常是在并不具备所有权优势的前提下就开始进行对外投资,由于缺乏经验,新兴经济体企业需要额外的支出来弥补"新加入者成本"和"外来者成本"。而这些经验效应在国际化初期可能显现并不明显(Lu & Beamish, 2001)。

表 4 – 12　　国际化经验对国际化程度影响因子回归结果(行业层面)

变量	模型 (1) 随机效应	模型 (2) 随机效应	模型 (3) 随机效应	模型 (4) 随机效应
SCOPE	0.028 (3.27)***	0.001 (0.21)*	0.024 (2.78)***	0.018 (2.11)**

续表

变量	模型（1）随机效应	模型（2）随机效应	模型（3）随机效应	模型（4）随机效应
SCALE	0.00004 (3.03)***		0.00005 (2.78)***	0.00004 (2.45)**
ROA		-0.4344 (-0.48)	1.2217 (1.01)	1.1951 (1.02)
T				0.0014 (0.16)
R^2	0.85	0.28	0.82	0.79
Wald chi^2（2）值	11.5***	0.23	9.28**	6.61

注：①括号中的数据是指 t 值；② ***、** 和 * 分别表示在 1%、5% 和 10% 的统计水平上显著；③常数未列出。

从银行所有权优势的代理变量之一 SCALE 的回归结果来看，回归系数基本上都只略大于 0，并都在 1% 或 5% 统计水平上显著，说明银行一级资本规模对其外向国际化程度几乎没有影响。这一结果及其可能的原因与本章 4.2 节的基本一致，因此，H_{4-a} 没有得到验证。

从银行所有权优势的代理变量之二 ROA（银行盈利能力）的回归结果来看，回归系数为正，但也有出现负值的部分，并都在 15% 统计水平上不显著，难以判断其对银行国际化程度的影响。出现这一结果的原因，从统计学的角度来说，也许是因为可供实证验证的样本年限较短；从银行业的实际考察来看，或许是有其他非经济因素影响了银行盈利能力对其外向国际化的影响，如政府导向的投资行为。因此，H_{4-b} 没有得到验证。

从银行股权改革进程的代理变量 T 来看，回归系数只略大于 0，且在 15% 的统计水平上不显著，这可能与考察期较短、股权改革的效应未能在完全释放出来有关。因此，本书假设 H_{3-a} 没有得到验证。

4.3.3.3 银行层面的回归结果

如表 4-13 所示，从银行层面来看，中国银行国际化经验的代理变量 SCOPE 的回归系数大多在 0.036~0.071 之间，整体高于整个行业层面的回归结果，且都在 1% 或 5% 统计水平上显著，说明国际化一般经验对中国银行的国际化程度具有正向影响，具有较明显的学习效应。而中国工商银行的回归系数显著为正，但回归系数明显比中国银行的要小，也低于基于行业的回归系数，说明国际化经验对中国工商银行的影响不如中国银行的明显。中国建设银行的回归系数基本都只略大于零，并且在统计上也显著，说明中国建设银行的学习效应不明显。其他3家银行的回归结果系数大多只略大于0，且大多在统计上不显著，这可能3家银行的国际化历史短、在海外市场的覆盖率低，受限于样本年限与容量问题，无法判断其学习效应是否存在。因此，从6家银行国际化经验的回归结果可以看出，国际化历程越久的银行，学习效应越明显。而刚刚开始国际化的三家银行，其学习效应无法判断，这一结果也基本印证了基于行业层面的分析结果，因此 H_2 部分得到验证。

表4-13　　　　　　国际化程度影响因子回归结果（银行层面）

变量	中国银行			中国工商银行			中国建设银行		
SCOPE	0.036 (7.51)[b]	0.067 (9.71)[a]	0.071 (7.66)[b]	0.011 (9.21)[a]	0.001 (7.38)[b]	-0.002 (-0.83)	-0.00001 (-0.01)	0.0005 (7.56)[b]	0.0005 (6.28)[c]
SCALE	-0.0001 (-1.34)			0.00004 (1.70)			-0.00002 (-0.2)		0.0003 (0.02)
ROA		8.3327 (4.32)[b]	8.1066 (3.77)[c]		1.4049 (3.43)[b]	2.6358 (2.72)[c]		-0.9029 (-1.05)	-0.9097 (-0.83)
T			0.0045 (0.69)			-0.0055 (-1.37)			
Adj-R^2	0.86	0.97	0.98	0.75	0.9	0.97	0.5	0.71	0.67
F值	9.42	47.81	26.4	21.90	23.1	20.51	6.12	25.10	27.31
变量	交通银行			中国农业银行			招商银行		
SCOPE	0.0103 (1.07)	-0.0047 (-1.36)	0.0075 (0.45)	0.0011 (0.63)	0.0006 (0.50)	0.0008 (0.58)	0.0171 (3.02)[c]	0.0007 (0.26)	0.0132 (1.90)
SCALE	-0.0002 (-1.74)		-0.0002 (-0.75)	-0.0056 (-0.77)			-0.0002 (-2.82)[c]	-1.3797 (-1.68)	-0.0001 (-1.88)
ROA		-4.0596 (-1.36)	-1.1642 (-0.23)		-0.3304 (-0.69)	-0.5767 (-1.08)			-0.6884 (-0.97)
T						0.0032 (1.02)			
Adj-R^2	0.69	0.61	0.69	0.18	-0.42	0.43	0.58	0.23	0.58
F值	3.27	2.33	1.51	0.32	0.26	0.52	4.56	1.73	3.31

注：a、b、c、d 分别表示在 1%、5%、10% 和 15% 的统计水平上显著，常数未列出。这里的 SCOPE 是从各银行视角统计，指某年中某银行进入海外市场的数目。

从银行所有权优势的代表变量之一银行规模 SCALE 的回归结果来看，6家样本银行的回归系数基本接近于 0，极个别的还出现了负值，且在统计水平上都不显著，因此无法判断银行规模对其国际化程度的影响，H_{4-a} 未得到验证。

从银行所有权优势的代理变量之二 ROA（银行盈利能力）的回归结果来看，只有中国银行和中国工商银行的回归系数都显著大于 1，但中国银行的回归系数更高，说明这 2 家银行的盈利能力对其国际化程度具有显著的正向影响，且对中国银行的影响效应要明显大于中国工商银行的。但其他 4 家银行的回归系数都出现了负值，而且在统计水平上不显著，因此无法判断盈利能力的影响效应。因此，H_{4-b} 部分得到验证。

从银行股权改革进程的代理变量 T 来看，因 T 变量数据缺失原因，在对交通银行和招商银行回归时剔除了该变量。而从其他 4 家银行的回归结果来看，与行业层面的结果基本一致，即回归系数基本都接近于 0，且在 15% 的统计水平上不显著，因此，本书假设 H_{3-a} 没有得到验证。

综上，结合行业层面和银行层面的分析结果可以看出，国际化的一般经验对中国银行业的国际化程度有一定的正向影响，但回归系数并不高；且国际化历程越悠久的银行，其学习效应越明显，相信随着银行国际化进程的不断推进，这一效应会日趋明显，因此 H_2 得到验证。银行所有权优势的代理变量 ROA 除了在中国银行和中国工商银行得到验证外，其他都没有得到验证。银行规模和银行股改进程对国际化程度的影响都没有得到验证。而且从银行层面的研究结果来看，国际化进程短的 3 家银行，F 值显示方程整体上都不显著，说明受限于样本年限与容量问题，其计量结果在统计上都不理想。这一现象希望能随着银行国际化进程的不断推进而得到改善。

4.4 本章小结

本章基于学习观视角，探讨了国际化经验作用于我国银行业外向国际化水平的两种传导途径：一是通过银行业的对外开放而获取的内向国际化经验，有助于缩短银行与东道国的"心理距离"，从而促进其国际化卷入度；二是银行外向国际化所获取的国际化经验，有助于帮助其更好地识别国际市场的机会，迅速地走向国际化。并据此提出了 6 个假设命题。

如表 4-14 所示，基于行业和企业两个层面的实证检验结果表明，内向国际化经验和外向国际化经验对银行外向国际化进程具有正向的促进作用，假设 H_1 和 H_2 得到验证。而 4 个控制变量中，仅有银行业的对外开放政策这一哑变量对外向国际化水平的作用机理（H_{3-b}）得到了验证；其他 3 个变量——银行规模、盈利能力和股改进程对外向国际化进程的促进效应没有得到验证，假设 H_{3-a}、H_{4-a} 和 H_{4-b} 被拒绝。

表 4-14　　　　　　　　本章实证检验结果一览

	国际化经验对银行国际化进程之作用机理	回归系数符号假设	假设验证情况
H_1	中国银行业的对外开放度越高，其国际化程度（国际化水平）就越高	+	支持
H_2	银行所积累的一般性国际化经验越多，其国际化程度也越高	+	行业层面支持；银行层面部分支持
H_3	母国制度环境对银行业外向国际化程度具有正向促进作用	+	部分支持
H_{3-a}	银行的股改进程对外向国际化程度具有正向影响作用	+	不支持
H_{3-b}	银行业的对外开放政策对外向国际化水平具有正向影响作用	+	支持
H_4	所有权优势对中资银行的外向国际化具有正相关的作用	+	行业层面不支持；银行层面部分支持
H_{4-a}	银行规模对中资银行的外向国际化程度具有正相关的作用	+	不支持
H_{4-b}	银行盈利能力对中资银行的外向国际化程度具有正相关的作用	+	行业层面不支持；银行层面部分支持

第5章 基于学习效应的银行区位选择行为

第3章对中国银行业区位选择的现实观察表明,其海外区位选择具有多元化与集中化并存的特征,既有进入发达国家市场,也有进入新兴国家市场,但主要集中于亚太地区。就银行主体来看,中国银行的分支机构分布最广泛,中国工商银行紧随其后。而中国农业银行和招商银行的海外业务拓展区域最少。说明我国银行海外机构分布从行业视角看,存在区域差异性,从企业层面看,不同银行间的差异也很大,导致这种区位分布格局产生的原因是什么,是本章想要解决的主要问题。

5.1 理论假设与实证建模

对于新兴市场的跨国公司来说,在进入一个新市场时会面临很多不确定性,既有来自于市场层面的不确定性,如不熟悉东道国的文化、法规、竞争状况,也有来自于企业自身层面的不确定性,如缺乏国际化的经验和所有权优势(Henisz & Delios, 2001; Lu, 2002)。我国银行业的国际化历程不长,缺乏明显的所有权优势,海外经营的经验更少(Yeung, 1994; Nachum, 2004),因此来自于企业层面的不确定性对其区位选择的影响更大。在此背景下,本书主要从企业动机层面,从学习观视角对我国银行业的海外区位选择行为进行研究。

5.1.1 学习动因与银行区位选择

有时候企业国际化是为了满足战略特性的要求,以获得诸如"国家禀赋的差异"、"全球学习及知识转移"(Ghoshal, 1987; Gupta & Govindarajan, 2000)、"经营自由"(Kogut, 1985)等在内的潜在国际化利益。雅玛克(Yamak)、彭(Peng)和迪斯(Deeds)(2008)认为,企业国际化是为了获取国外先进的知识、经验、信息以及技能,从而提出了基于学习动因的国际化,并认为这一动因对 EMNCs 来说尤为重要。

与发达国家不同的是，EMNCs 会在国际化之后把所有权优势的获得当作一个战略动机来执行，这种动机已成为近年来有关 EMNCs 国际化文献的研究焦点（Li，2007）。在小规模技术理论和演进理论看来，这种动机是为了获取东道国的前沿技术信息，并通过跨国架构企业边界在内部进行学习、吸收、再创新，从而形成本企业的获得性技术优势。因此 EMNCs 会通过一系列激进的冒险行为，通过获取学习效应以弥补其竞争劣势、克服其作为后来者的劣势。

马修斯（Mathews，2002）的 LLL 理论认为，EMNCs 对外直接投资的主要目的是通过学习来积累经验，从而获取竞争优势，实现赶超战略，从资源基础理论的视角论证了 EMNCs 的学习动因。罗（Luo）和唐（Tung）（2007）的"跳板论"也认为，EMNCs 是将国际化扩张作为一种跳板，以获取相应的经验、战略资源、减少其在母国所面临的制度和市场因素方面的限制。

作为来自新兴经济体的中国企业，其国际化战略更是出于组织学习的需要，以获取国外先进的技术以及市场相关的知识（UNCTAD，2003），企业学习的能力和欲望推动了企业的对外直接投资（Daphne et al.，2007）。

邓（P. Deng，2004）也认为中国企业国际化经营的主要动因是获取战略性资源，获取发达国家的技术和管理能力等。肖文、周君芝（2014）的研究表明，自 2003 年以来，中国 ODI 区位选择稳定地集中在三类国家或地区，分别为自然资源丰裕但具备一定经济风险的国家或地区、廉价劳动力丰裕的发展中国家或地区以及技术先进的发达国家。东道国或地区是否具备相应的学习资源，成为战略资产丰裕东道国或地区吸引中国战略资产寻求型 ODI 的关键因素。齐耳德（Child）和罗德里格斯（Rodrigues）（2005）与邓（Deng，2007）也指出，获取知识或战略性资产以弥补其竞争劣势是中国企业国际化极其重要的动因之一。据此提出以下假设：

H_5：学习动因对银行海外区位选择具有积极的正向影响。

为了更好地获得技术溢出效应，跨国企业在进行海外区位选择时倾向于与其他竞争对手集聚在一个地理空间之内（孟执芳、陈梦媛和刘楠，2011）。Teffe（1992）基于硅谷的实证研究也证明了，知识密集型企业一般会在地理空间上集聚在一起，以便跨国企业从竞争对手那里获得技术溢出效应、从而维持自身的竞争优势。包括银行业在内的服务业 FDI 的相关研究也发现，国际金融中心对跨国银行的区位选择具有吸引力，尤其是发展中国家的跨国银行更愿意选择国际金融中心进行 FDI。布里厄利（Brealey）和卡普拉尼（Kaplani）（1996）的实证研究就表明国际金融中心的集聚效益对外资银行的跨国直接投资有很大的吸引力。国际金融中心所具有的产业集聚效应、溢出效应和品牌效应，吸引了中资银行的进入（欧明刚，方方，2015）。多数中资银行在海外开设分支机构时通常都会首选纽约、伦敦、东京等国际金融中心（侯钧，2014）。从学习观的视角来看，国际金融中心因集聚了大量金融机构和相关服务产业，有助于为新兴国家跨国银行战略性资源的获取提供各种资源联系（Linkages）；其基于业务分工和区域分工的优势互补能够产生外部经济性，从而为跨国银行的国际化学习提供机会与渠道。

因此，新兴国家的跨国银行将进入国际金融中心作为其海外市场区位选择的动因之一，是为了实施其国际化学习与追赶的战略。因此，本书形成以下假设：

H_{5-a}：东道国拥有国际金融中心，对银行区位选择具有积极的正向影响。

对很多中国企业而言，在并不具有比较竞争优势的情况下进行国际化，也可能是为了规避其在国内市场上遭遇的政策管制，寻求制度资源（包括高效的政府治理、宽松的政策、公平的竞争等）。比如肖文和周君芝（2014）的研究就发现，中国早期的 ODI 大多出于制度规避动机而偏好流向于制度完善的发达经济体，尤其是"避税天堂"、欧美发达国家等。因此，东道国的制度特点对跨国银行 FDI 的区位选择有着关键性的影响。对于银行业来说，东道国的制度优势体现在银行体系发展水平与银行业管制程度等方面（Claessens & Horen, 2008；Paladino, 2007）。由于我国银行业实行分业经营、分业监管政策，限制了银行业务活动的全面化。因此，通过在允许混业经营的国家开展全能性银行业务，不仅可以有效规避国内的制度劣势，而且可以积累混业经营的经验，满足银行学习导向的国际化动因。布赫（Buch）和李波妮（Lipponer）(2007)的研究表明，德国银行在风险低、距离近的东道国的国际化活动更活跃，而在金融管制较严的东道国，则倾向于用跨境服务替代 FDI 活动。据此，提出以下假设：

H_{5-b}：东道国的监管环境越严格，银行企业越倾向于在该国建立分支机构。

5.1.2 其他动因与银行区位选择

有关银行业的实证研究表明，顾客追随动因和市场寻求动因也是影响银行区位选择的主要动因。

5.1.2.1 顾客追随动因

追随客户的动机可以分为"贸易追随"论和"投资追随"论两种，国内外很多以银行业为对象的研究都证明了这两种追随动机的存在。

如第 2 章 2.2 节所述，贸易追随动因已经得到了广泛的认可与支持，如戈德伯格（Goldberg）和乔纳森（Johnson）(1990) 对外国在美国银行业 FDI 的研究、米勒（Miller）和帕克（Parkhe）(1998) 以及亚莫瑞（Yamori, 1998）对美国和日本银行在东道国 FDI 的研究、姆提尼（Mutienlli）和露西亚·皮思齐特罗（Lucia Piscitello）(2001) 对意大利银行业 FDI 的研究、托林·威塞（Torsren Wezel, 2005）对德国银行业在新兴市场国家 FDI 的研究，都证明了贸易追随效应的存在。刘艾莉（2007）、邓一星（2008）、黄启瑞等（2010）对中资银行国际化的实证研究发现，制造业 FDI 和双边贸易额与我国银行的国际化存在着正相关关系。贾旭（2010）的实证研究结果表明，追随客户是中资银行海外并购的主要动因。中资银行国际化的实践，也支撑了这一观点。因此提出以下假设：

H_6：银行在一国或地区的分支机构数目与双边贸易正相关。

莎贝（Sabi, 1988）对来自 23 个发展中国家的跨国银行在 1975～1982 年间的国际化行为进行研究的结果表明，母国跨国公司在一个国家的设立对跨国银行在该国家的拓展有很大推动作用。拉夫（Raff）和鲁尔（Ruhr）(2001) 则从企业国际化时所面临的各种障碍，说明了银行服务业 FDI 具有跟随本国下游制造业 FDI 流动到东道国的倾向。克拉克（Clarke）等（2002）指出，银行机构对外直接投资与非银行机构对外直接投资存在正相关关系。鲁尔（Ruhr）和赖安（Ryan）(2005) 通过日本企业 1970～2000 年在 18 个欧洲国家的 FDI 数据所做的实证研究表明，银行的确是追随客户进入海外市场。大多数国内学者对外国银行进入我国市场的动机和区位选择行为所进行的实证研究，基本支持跨国银行"客户追随"动机的观点（如谢安忆、范志刚等、苗启虎、王海鹏）。凌婕（2010）对 1986～2008 年来自 10 个国家的跨国银行在我国金融直接投资进行实证分析，发现"客户追随"和"追求利润"的动机都得到实证数据的支持。综上所述，特提出以下假设：

H_7：银行在一国或地区的分支机构数目与母国在该国的 FDI 总量正相关。

5.1.2.2 市场寻求动因

市场学派认为，东道国市场规模及增长潜力是影响企业区位选择的主要决定因素（Buckley et al., 2007）。企业出于开辟新市场、提高销量、降低成本、获取廉价的或是稀缺的资源、发展规模经济等市场相关动机，采取国际化行为。国外针对发达国家银行业的实证研究大多验证了市场寻求动因的存在，如米勒和帕克（1998）的研究发现，发达国家银行进入发展中国家更多的是为了追逐利润和市场机会；经济增长率高和当地银行规模小的地区（Focarelli & Pozzolo，2000），或低税率和高人均收入的地区（Claessens et al.，2000），更容易吸引外资银行进入。

泰勒（Taylor，2002）、张（Zhang，2003）、邓（Deng，2004）、贝克利（Buckley，2006）等的研究指出，主动性市场寻求动机日益成为中国跨国企业的国际化动机，这将导致中国企业更加青睐市场规模庞大或发展水平高的东道国。在实践中，谢（Hsieh）、申（Shen）和李（Lee）(2010)、切鲁蒂（Cerutti）等（2007）、卓依（Choi）、特斯左格尔（Tschoegal）和余（Yu）(1986)、古德诺（Goodnow，1985）选取东道国 GDP 增长率或人均 GDP 指标来代表银行的市场寻求动因。由于人均 GDP 可以表明东道国的发展水平与现实购买力，本书特提出以下假设：

H_8：若东道国的人均 GDP 较高，则我国商业银行倾向于在该地区设立分支机构。

5.1.3　区位优势与银行区位选择

5.1.3.1　市场相似性与银行区位选择

东道国与母国经济文化的一体化程度（如 Horen，2007；Moshirian，2001，2004）是银行 FDI 的动机之一和区位选择中考虑的主要因素。厄瑞米莉（Erramilli，1991）在对有关市场选择的文献进行综述后发现，大量文献都专注于"市场相似性"这一影响因子，从"心理距离、文化距离和地理距离"等角度进行阐述。而切鲁蒂、阿里恰和马缇·尼斯·皮瑞亚（2007）用是否有"共同语言或共同的宗教信仰、双边贸易、两国距离"来度量市场相似性对银行国际化区位选择的影响。

综上所述，本书从语言或文化相似性、经济发展水平的相似性与区域贸易一体化程度三个维度，对母国与东道国之间的市场相似性进行考量。很多有关中国 FDI 的研究都证实了，文化相似性是影响中国 ODI 的重要因素。与海外华人之间经济联系的紧密性以及关系在商务活动中的重要性，在一定程度上影响了中国 ODI 的模式（Luo，1997；Standifird & Marshall，2000；Tong，2003）。此外，基于民族和家族的关系网络形成了中国跨国企业的特定所有权优势，从而帮助其识别国外商业机会、减少商业风险和交易成本（Sung, 1996；Braeutigam, 2003；Erdener & Shapiro, 2005）。这些网络优势有助于弥补中国跨国企业在国际市场上的后进劣势（Li, 2003），因此中国企业大多投向了海外华人集聚程度高的地区或国家，比如亚洲。

大量研究还表明，与制度质量和经济发展水平都很高的发达国家相比，发展中国家或新兴市场对于中国来说，也具有独特的区位优势。如中国与东盟地区建立了自由贸易区协议，再加上东盟地区与我国文化相近、进入壁垒较低、更容易获得"相对制度环境"优势，海外扩张的市场机会较多。综合上述研究分析，本书提出以下假设：

H_9：若东道国与我国的文化距离较近，则我国商业银行倾向于对该地区进行直接投资。

H_{10}：若东道国与我国的经济发展水平较近，则我国商业银行倾向于对该地区进行直接投资。

H_{11}：若东道国与我国同属一个区域贸易体系，则我国商业银行倾向于对该地区进行直接投资。

5.1.3.2　东道国制度环境与银行区位选择

本章 5.1.1 节从行业层面对东道国制度特征作用于区位选择行为进行了分析，本节则从东道国宏观层面对制度环境作用于银行区位选择行为进行探讨。有关制度理论的文献显示，制度环境决定了企业投资区位和模式的选择。拥有良好制度质量的国家总是在吸引 FDI 上做得更好（Anghel, 2005；Du et al., 2008）。张宏、王建（2009）利用 114 个东道国截面数据的实证研究结果发现，东道国制度质量对中国 ODI 流量影响显著。周建、肖淑玉和方刚（2010）以我国在 2007 年对外投资的 97 个东道国的经验数据所做的实证研究发现，东道国制度环境质量与我国 ODI 流量显著正相关。

完善的法制系统为投资者保护提供了有效的渠道，东道国可靠、有效的信息披露准则，有助于减少跨国企业在东道国经营的信息不对称。而缺失的制度特征（如产权保护不力）和政治经济的不稳定、公众对外资企业的怀疑，都会影响企业 FDI 的意愿（Meyer & Peng, 2005）。贾沃斯克（Javorcik, 2004）研究了东欧和苏联等转型国家的产权保护水平与跨国企业投资之间的关系，发现产权保护的缺乏阻碍了外国投资者在技术密集型行业的投资。我国企业从事跨国经营的经验较少，背景资源也有限，为规避风险，企业需要寻找制度环境

良好的地区进行投资。基于此,本书特提出以下假设:

H_{12}:我国银行企业在某东道国的分支机构数目与其制度质量成正比,即东道国的制度水平越高,银行的海外分支机构数目越多。

5.1.4 实证计量模型

为了更好地检验所提出的假设,本书从学习观和制度理论的视角将影响银行区位选择的变量整合起来,考虑到统计数据的可获得性,最终选定的实证计量模型如下:

$$Bn_{i,t} = \gamma_0 + \gamma_1 \text{Learning-oritentation} + \gamma_2 \text{Customer-following} + \gamma_3 \text{Market-seeking} + \theta \text{Control} + \varepsilon_{it}(行业层面) \quad (5.1)$$

式(5.1)中$Bn_{i,t}$为被解释变量,表示中国银行业第t年在东道国i建立的海外分支机构数目,以此来衡量银行的区位选择行为。三个解释变量是指银行国际化的三个动机,其中Learning-oritentation代表学习动因;Customer-following为顾客跟随动因;Market-seeking表示市场寻求型动因。控制变量Control主要由东道国的区域优势变量构成,包括东道国-母国的市场相似性与东道国制度环境两方面内容,其中市场相似性变量进一步细分为三个子维度:语言或文化相似性;发展水平相似性;区域贸易一体化程度。制度环境的代理变量为法治水平RL。γ_0为常数项,ε_{it}为随机干扰项。i表示国家下标,i = 1,2, …, 22;t表示时间下标,t = 2002,2003, …, 2011。与前面章节一样,本节用t-1表示滞后期。

本章的机理模型(见式(5.1))不仅考虑了东道国区位优势对中国银行业海外区位选择的影响,还从学习观视角对银行区位选择行为进行研究,更适合解释像中国这样的EMNCs的FDI行为,因此具有一定的创新性。

5.2 行业检验:基于学习效应的银行区位选择行为

本节基于整个行业的视角,探讨为什么我国银行业在不同的东道国或区域的海外机构数目有差异。

5.2.1 变量界定与数据选取

5.2.1.1 被解释变量

本书选取了2002~2011年6大商业银行在22个东道国(地区)的分支机

构数目作为样本数据,共获得有效观测值220个,详见表5-1。

表5-1 2002~2011年中资银行在主要东道国(地区)的海外分支机构数目(存量)

单位:家

年份 东道国(地区)	2002	2003	2004	2005	2006	2007	2008	2009	2010	2011*
中国香港	21	22	23	23	23	24	26	28	29	29
美国	4	4	4	4	4	5	6	7	7	9
英国	6	6	6	6	6	6	7	7	9	11
日本	5	6	6	6	6	6	6	6	7	7
德国	4	4	4	4	4	5	5	5	6	6
澳大利亚	1	1	1	2	2	2	6	6	8	11
新加坡	5	5	5	5	6	6	6	6	6	7
中国澳门	1	1	1	1	1	2	2	3	3	3
加拿大	3	3	3	3	4	4	6	6	7	10
马来西亚	2	2	2	2	2	2	2	4	7	7
越南	1	1	1	1	1	1	1	2	3	4
韩国	3	4	5	6	7	7	8	8	8	9
泰国	1	1	1	1	1	1	1	1	2	3
卢森堡	3	3	3	3	3	4	4	4	4	5
俄罗斯	1	1	1	1	1	2	2	2	2	2
意大利	1	1	1	1	1	1	1	1	1	2
南非	1	1	1	1	1	1	3	3	3	3
比利时	0	0	0	0	0	0	0	0	1	2
法国	1	1	1	1	1	1	1	1	2	3
巴西	0	0	0	0	0	0	0	1	1	1
印度尼西亚	1	1	1	1	1	2	3	3	3	3
赞比亚	1	1	1	1	1	1	1	1	1	1

注:*2011年的数据中已经包含了2012年上半年来的分支机构数目。
在俄罗斯、巴西和赞比亚没有分行的组织形式,而在意大利、南非、法国、比利时则没有子行的组织形式,美国、马来西亚2010年起才有子行形式的机构,日本、德国、越南、韩国则只有分行的组织形式。0表示中资银行在该地区没有任何分支机构,即在2007年以前,中资银行在比利时没有任何组织机构;在2008年前,在巴西没有任何分支机构。
资料来源:根据各银行网页资料整理而得。

5.2.1.2 解释变量

(1) 解释变量1：学习动因（Learning-oritentation）。如前假设所述，本书用两个代表变量来测度学习动因：

一是东道国（地区）是否有国际金融中心（FREE）。借鉴布里厄利（Brealey）和卡普纳尼斯（Kaplanis）（1996）以及钱（Qian）和德里奥斯（Delios）（2008）的做法，将有国际金融中心的东道国赋值为1，反之，则赋值为0。依据伦敦金融城开发并发布的全球金融中心指数（Global Financial Centres Index）[①]数据，除了将全球前五大国际金融中心纽约、伦敦、中国香港地区、新加坡和东京作为国际金融中心进行选取之外，同时将新兴的国际金融中心德国法兰克福、法国巴黎加入其中（见表5-2）。

表5-2 各东道国（地区）国际金融中心情况

东道国(地区) 虚拟变量	中国香港	中国澳门	新加坡	澳大利亚	印度尼西亚	日本	马来西亚	泰国	韩国	越南	加拿大
D	1	0	1	0	0	1	0	0	0	0	0
东道国(地区) 虚拟变量	南非	法国	赞比亚	俄罗斯	英国	德国	卢森堡	巴西	意大利	美国	比利时
D	0	1	0	0	1	1	0	0	0	1	0

注：D取值为1，代表东道国含有国际金融中心；D取值为0，代表东道国没有国际金融中心。
资料来源：Global Financial Centres Index 2012.

二是东道国（地区）监管环境的松紧程度（JG）。与米勒和帕克（1998），赛鲁迪、戴尔·阿里恰、马缇勒·裴妮亚（2007）不同的是，本书有关监管水平的度量基于两个标准：

① 东道国（地区）对外资银行组织模式的限制。按照世界银行数据库中有关"银行监管和监督的规定"（Bank Regulation and Supervision），东道国对

[①] 由伦敦金融城开发并发布的 Global Financial Centres Index（GFCI），是全球最具权威的国际金融中心地位的指标指数，其评价体系涵盖人员、商业环境、市场准入、基础设施和整体竞争性五大指标。2012年3月公布的"The Global Financial Centres Index 2012"中，稳居前四的是伦敦、纽约、中国香港、新加坡，随后是东京、苏黎世、芝加哥、上海、首尔、多伦多、波士顿、旧金山、法兰克福。其中伦敦、纽约、中国香港、新加坡、东京是具较高国际公认度的全球性金融中心城市。

外资银行组织模式（市场准入条件）的限制主要如表5-3所示。凡没有限制的，赋值为0；有任何形式限制的，赋值为1。表5-3中并购所占比例的最高限赋值为"0"的表示并购没有最高限，可以获得100%的控股权。

表5-3　　　　东道国（地区）对外资银行组织模式的限制

东道国(地区) 限制性	中国香港	美国	英国	日本	德国	中国澳门	新加坡	澳大利亚	加拿大	意大利	赞比亚
以并购形式进入	0	0	0	0	0	0	0	0	0	0	0
并购比例最高限	0	0	0	0	0	0	1	1	1	0	0
以子行形式进入	0	0	0	0	0	0	0	0	0	0	0
以分行形式进入	0	0	0	0	0	0	0	0	0	0	1

东道国(地区) 限制性	韩国	泰国	南非	法国	巴西	印度尼西亚	俄罗斯	马来西亚	比利时	卢森堡	阿根廷
以并购形式进入	0	1	0	0	0	0	1	0	0	0	0
并购比例最高限	0	1	0	0	0	0	1	1	0	1	0
以子行形式进入	0	1	0	0	0	0	0	0	0	0	0
以分行形式进入	0	1	0	0	0	0	1	0	1	0	0

资料来源：Bank Regulation and Supervision（updated June 2008）[OL/DB]. http://econ.worldbank.org/WBSITE/EXTERNAL/EXTDEC/EXTRESEARCH/0,contentMDK：20345037 ~ pagePK：64214825 ~ piPK：64214943 ~ theSitePK：469382,00.html.

② 东道国（地区）对银行经营活动的限制。依据巴恩（Barth, J.）、卡普里奥（Caprio, G.）和莱文（Levine, R.）（2001）《有关世界各地的银行监管与规制：一个新的数据库》（The regulation and supervision of banks around the world：a new database）的相关研究，各主要东道国对银行经营相关业务给予的限制，如表5-4所示。

表5-4　　　各主要东道国（地区）对银行业务范围的限制

东道国(地区) 业务范围	阿根廷	澳大利亚	比利时	巴西	加拿大	法国	德国	中国香港	印度尼西亚	意大利	日本	卢森堡
经营证券业务	0	1	0	1	1	0	0	0	3	1	1	0
经营保险业务	2	2	2	1	2	2	3	2	3	2	1	2
投资不动产	3	2	0	2	1	2	0	0	3	3	3	2

续表

东道国(地区) 业务范围	菲律宾	马来西亚	墨西哥	中国台湾	俄罗斯	英国	南非	中国澳门	泰国	新加坡	美国	韩国
经营证券业务	0	1	0	2	1	0	1	0	3	0	1	1
经营保险业务	1	2	1	2	1	0	2	2	2	2	1	1
投资不动产	1	2	0	3	1	0	2	3	2	2	3	2

注：不受限制类=0，是指银行可以任何形式涉足指定目录内的所有业务；许可类=1，是指银行只能以分支机构的模式涉足制定目录类的所有业务；限制类=2，是指银行只能涉足一部分制定的业务；禁止类=3，是指银行不能以任何形式进行的业务。

米勒和帕克（1998）和赛鲁迪，戴尔·阿里恰，马缇勒·裴妮亚（2007）将东道国是否允许外资银行直接从事综合性业务作为标准，把东道国监管环境划分为较低的（允许外资银行直接从事综合性业务）以及适度的（允许综合性业务的展开，但只能通过其下属的子公司或附属公司展开）两个等级。我国学者罗岚（2011）在我国商业银行国际化的研究中也引用了其划分标准。本书也借鉴这种做法，将表5－4中有"禁止类"业务（Prohibited）的东道国，视为监管环境较为严格的那一类。将有"不受限制类"（Unrestricted）、"许可类"（Permitted）、"限制类"（Restricted）业务的东道国，视为监管环境较宽松的那一类。

综合考虑东道国（地区）对外资银行组织模式和银行业务范围的限制情况，将监管环境作为一个哑变量（D）引入，并定义凡对组织模式没有限制且对银行活动没有禁止性规定的东道国（地区），D取值为0，代表监管环境较为宽松；反之，D取值为1，代表监管环境较为严格。由此得出如表5－5所示的数据。

表5－5　　　　各东道国（地区）金融业监管环境宽松程度

东道国(地区) 哑变量	中国香港	法国	新加坡	澳大利亚	印度尼西亚	日本	卢森堡	泰国	韩国	越南	赞比亚
D	0	1	1	1	1	0	1	1	0	1	1

东道国(地区) 哑变量	中国澳门	德国	俄罗斯	马来西亚	巴西	英国	意大利	美国	比利时	南非	加拿大
D	1	1	1	1	0	0	1	0	1	1	0

资料来源：Bank Regulation and Supervision（updated June 2008）.

(2) 解释变量 2：顾客追随动因（Customer-following）。在有关顾客追随动因的研究中，马克·翁·德鲁尔（Marc Von Der Ruhr）和米迦勒·瑞安（Michael Ryan）(2005) 的做法是最值得借鉴的。他们在对日本企业 1970 ~ 2000 年在 18 个欧洲国家的 FDI 数据（包含银行、制造业、批发/零售业和商业服务四个行业）所做的实证研究中，在验证追随客户效应时，从行业层面是按行业计算 FDI 在各东道国的平均进入年份，看是否存在追随效应；从企业层面则按照各银行进入的初始年份，依次统计以下三方面数据：先于银行投资的客户/银行客户的比例；先于银行进入的客户投资额/银行客户总投资额；先于银行进入的投资额/总投资额（所有行业）——来验证追随效应或引导效应的存在。这种方法能够比较全面而准确地对银行的顾客追随动因进行验证，值得借鉴，然而该方法对各银行、各企业在各东道国的 FDI 数据统计方面的要求很高。由于数据的可获得性，本书无法借鉴这种做法，只能借鉴谢、申和李（2010）的做法，将顾客追随动因细分为贸易追随型动因和投资追随型动因两种，分别用"BT/GDP"与"ODI/GDP"来度量银行企业的两种顾客追随动因。

① 贸易追随型动因（BT）。贸易追随型动因用中国与东道国（地区）双边贸易额占中国当年 GDP 的比重（BT/GDP）来衡量，取 t − 1 年的数据。2001 ~ 2010 年中国与 22 个主要东道国（地区）的双边贸易额及中国各年的 GDP 总额详见附表 1 和附表 2，据此计算出来的贸易密度值（BT/GDP）作为贸易追随型动因的代理变量，其数据详见表 5 − 6。为消除数据中存在的异方差，保证计量数据的稳定性，在计量时取自然对数形式。

表 5 − 6　2001 ~ 2010 年中国对各东道国（地区）的贸易密度（BT/GDP）　单位:%

区位	年份	2001	2002	2003	2004	2005	2006	2007	2008	2009	2010
中国港澳地区	中国香港	4.20	4.80	5.30	5.80	6.10	6.20	6.10	4.60	3.60	3.90
	中国澳门	0.10	0.10	0.10	0.10	0.10	0.10	0.10	0.10	0.00	0.00
亚太地区	新加坡	0.80	1.00	1.20	1.40	1.50	1.50	1.40	1.20	1.00	1.20
	澳大利亚	0.70	0.70	0.80	1.10	1.20	1.20	1.30	1.40	1.20	1.80
	印度尼西亚	5.10	0.50	0.60	0.80	0.70	0.70	0.70	0.60	0.50	0.70
	日本	6.60	7.00	8.10	8.70	8.30	7.70	7.30	6.10	4.70	5.10
	马来西亚	0.70	1.00	1.20	1.40	1.40	1.40	1.40	1.20	1.10	1.30

续表

区位	年份	2001	2002	2003	2004	2005	2006	2007	2008	2009	2010
亚太地区	泰国	0.50	0.60	0.80	0.90	1.00	1.00	1.10	0.90	0.80	0.90
	韩国	2.70	3.00	3.90	4.70	5.00	5.00	4.90	4.20	3.20	3.50
	越南	0.20	0.20	0.30	0.30	0.40	0.40	0.50	0.40	0.40	0.50
非洲地区	南非	4.20	0.20	0.20	0.30	0.30	0.40	0.40	0.40	0.30	0.30
	赞比亚	0.10	0.00	0.00	0.00	0.00	0.00	0.00	0.00	0.00	0.00
欧洲地区	法国	0.59	0.60	0.80	0.90	0.90	0.90	1.00	0.90	0.70	0.80
	俄罗斯	0.81	0.80	1.00	1.10	1.30	1.20	1.50	1.30	0.80	0.90
	英国	0.78	0.80	0.90	1.00	1.10	1.10	1.10	1.00	0.80	1.10
	德国	1.78	1.90	2.50	2.80	2.80	2.90	2.90	2.60	2.20	3.30
	卢森堡	0.01	0.00	0.00	0.00	0.10	0.10	0.10	0.10	0.10	0.10
	比利时	0.32	0.30	0.40	0.50	0.50	0.50	0.50	0.50	0.30	0.40
	意大利	0.59	0.60	0.70	0.80	0.90	0.90	1.00	0.90	0.60	0.80
美洲地区	美国	6.07	6.70	7.70	8.80	9.50	9.80	9.30	7.60	6.10	6.60
	加拿大	0.56	0.50	0.60	0.80	0.90	0.80	0.90	0.80	0.60	1.00
	巴西	0.28	0.30	0.50	0.60	0.70	0.80	0.90	1.10	0.90	1.10

资料来源：根据历年《中国统计年鉴》的数据换算而来。

② 投资追随型动因（FDI）。银行投资追随动因用母国对东道国（地区）的ODI存量占母国GDP的比重（ODI/GDP）来度量，取 t-1 年的数据。2001~2010年中国对22个主要东道国（地区）的ODI存量详见附表3，并根据附表3和附表2的数据计算出投资密度（ODI/GDP），作为投资追随型动因的代理变量（详见表5-7）。同样，为消除数据中存在的异方差，保证计量数据的稳定性，在计量时取自然对数形式。

表5-7　2001~2010年中国与各东道国（地区）的投资密度（ODI/GDP）　单位:%

区位	年份	2001	2002	2003	2004	2005	2006	2007	2008	2009	2010
中国港澳地区	中国香港	1.26	1.23	1.50	1.57	1.63	1.58	2.12	2.63	3.35	3.39
	中国澳门	0.02	0.03	0.03	0.03	0.03	0.02	0.03	0.04	0.04	0.04

续表

区位	年份	2001	2002	2003	2004	2005	2006	2007	2008	2009	2010
亚太地区	新加坡	0.16	0.16	0.01	0.01	0.01	0.02	0.04	0.08	0.10	0.10
	澳大利亚	0.03	0.03	0.03	0.03	0.03	0.03	0.04	0.08	0.12	0.13
	印度尼西亚	0.01	0.01	0.00	0.01	0.01	0.01	0.02	0.01	0.02	0.02
	日本	0.33	0.29	0.01	0.01	0.01	0.01	0.02	0.01	0.01	0.02
	泰国	0.01	0.01	0.01	0.01	0.01	0.01	0.01	0.01	0.01	0.02
	韩国	0.16	0.19	0.01	0.03	0.04	0.04	0.04	0.02	0.02	0.01
	马来西亚	0.02	0.03	0.08	0.11	0.13	0.23	0.34	0.34	0.16	0.05
	越南	0.00	0.00	0.00	0.01	0.01	0.01	0.01	0.01	0.01	0.02
非洲地区	南非	0.00	0.00	0.00	0.00	0.00	0.00	0.01	0.07	0.05	0.07
	赞比亚	0.00	0.00	0.00	0.01	0.01	0.00	0.01	0.01	0.02	0.02
欧洲地区	法国	0.000	0.000	0.001	0.001	0.001	0.002	0.004	0.004	0.004	0.004
	俄罗斯	0.000	0.000	0.004	0.006	0.021	0.035	0.044	0.042	0.045	0.047
	英国	0.000	0.003	0.005	0.006	0.007	0.007	0.029	0.019	0.021	0.023
	德国	0.000	0.002	0.005	0.007	0.012	0.018	0.026	0.019	0.022	0.026
	卢森堡	0.000	0.000	0.000	0.000	0.000	0.000	0.000	0.002	0.051	0.098
	比利时	0.000	0.000	0.000	0.000	0.000	0.000	0.001	0.001	0.001	0.002
	意大利	0.002	0.001	0.001	0.001	0.001	0.003	0.004	0.003	0.004	0.004
美洲地区	美国	0.012	0.023	0.030	0.035	0.037	0.046	0.058	0.054	0.068	0.083
	加拿大	0.002	0.003	0.003	0.003	0.004	0.005	0.039	0.029	0.034	0.034
	巴西	0.000	0.001	0.003	0.004	0.004	0.005	0.006	0.005	0.007	0.016

资料来源：根据历年《中国对外直接投资统计公报》的数据计算而得。

（3）解释变量3：市场寻求型动因（Market-seeking）。谢、申和李（2010），切鲁蒂等（2007），卓依、特斯卓格尔和余（1986），古德诺（1985）用经济发展水平指标来代表银行的市场寻求动因，选取东道国（地区）GDP增长率或人均GDP指标代表东道国（地区）的市场规模。人均GDP代表了东道国（地区）的发展水平与发展机会（如Buch，2000；Claessens et al.，2000；Focarelli & Pozzolo，2005；Goldberg & Johnson，1990），因此，本书也借鉴这种做法，选取东道国（地区）人均GDP来度量一国的市场规模和需求水平。

各东道国（地区）在 2001~2010 年的人均 GDP 指标如表 5-8 所示。在计量时取 t-1 年的数据，取自然对数形式。

表 5-8 各东道国（地区）2001~2010 年人均 GDP 总量 单位：美元

区位	年份	2001	2002	2003	2004	2005	2006	2007	2008	2009	2010
中国港澳地区	中国香港	14 796	24 285	23 559	24 454	26 092	27 699	29 900	30 865	29 882	31 758
	中国澳门	24 812	15 592	17 251	21 820	24 493	29 533	35 716	39 978	40 121	51 999
亚太地区	新加坡	22 027	21 691	22 690	26 241	28 953	31 609	36 707	34 465	35 274	41 987
	澳大利亚	19 597	20 210	23 544	30 580	34 149	36 226	40 672	49 379	42 101	50 746
	印度尼西亚	742	893	1 058	1 143	1 258	1 586	1 859	2 172	2 273	2 952
	日本	32 716	31 236	33 691	36 442	35 781	34 102	34 095	37 972	39 473	43 063
	马来西亚	3 872	4 114	4 398	4 875	5 286	5 890	6 905	8 099	6 902	8 373
	泰国	1 808	1 963	2 182	2 442	2 644	3 078	3 643	3 993	3 835	4 614
	韩国	10 655	12 094	13 451	15 029	17 551	19 676	21 590	19 028	16 959	20 540
	越南	416	441	492	558	642	731	843	1 070	1 130	1 224
	印度	460	480	558	643	732	820	1 055	1 028	1 127	1 375
欧洲地区	法国	21 812	23 494	28 794	32 785	33 819	35 457	40 342	43 992	40 477	39 170
	俄罗斯	2 101	2 375	2 976	4 109	5 337	6 947	9 146	11 700	8 616	10 481
	英国	24 880	27 168	31 231	36 771	37 867	40 342	46 123	42 935	35 129	36 186
	德国	22 840	24 326	29 367	33 040	33 543	35 238	40 403	44 132	40 275	39 852
	卢森堡	45 748	50 605	64 562	74 420	80 960	90 032	106 902	118 219	104 354	104 512
	比利时	22 601	24 465	30 039	34 707	36 011	37 919	43 255	47 376	43 849	42 833
	意大利	19 722	21 435	26 291	29 833	30 479	31 777	35 826	38 563	35 073	33 788
非洲地区	南非	2 638	2 440	3 648	4 695	5 235	5 468	5 930	5 613	5 738	7 272
	赞比亚	348	348	400	486	626	911	957	1 183	1 006	1 253
美洲地区	美国	35 912	36 819	38 225	40 292	42 516	44 623	46 349	46 760	45 192	46 702
	加拿大	23 017	23 425	27 335	31 012	35 088	39 250	43 246	45 100	39 656	46 212
	巴西	3 130	2 812	3 042	3 610	4 743	5 793	7 197	8 629	8 392	10 993

资料来源：根据历年《中国统计年鉴》、世界银行网站数据整理而得。

5.2.1.3 控制变量

本书使用以下变量来控制其他因素对于银行区位选择的影响,以便保证银行区位决策确实是由于国际化动因的变化而导致。

(1)控制变量1:文化的相似性(CUL)。用哑变量 D 表示。D=1,表示与中国文化相近的国家(地区),主要包括东南亚地区;其余国家(地区)则 D=0,如表5-9所示。

表5-9　　　　各东道国家(地区)与中国的心理距离

东道国(地区) 哑变量	中国香港	中国澳门	法国	俄罗斯	英国	德国	卢森堡	比利时	意大利	美国	南非
D	1	1	0	0	0	0	0	0	0	0	0

东道国(地区) 哑变量	马来西亚	澳大利亚	印度尼西亚	加拿大	日本	泰国	韩国	新加坡	赞比亚	巴西	越南
D	1	0	1	0	1	1	1	1	0	0	1

资料来源:2011年《世界经济统计报告》。

(2)控制变量2:发展水平的相似性(DEV)。参考邓明在《制度距离、"示范效应"与中国 OFDI 的区位分布》一文中的做法,用哑变量 D 表示。D=1,表示与中国同属于发展中国家或地区;其余国家则 D=0,如表5-10所示。

表5-10　　　各东道国家(地区)与中国发展水平的相似性

东道国(地区) 哑变量	中国香港	中国澳门	法国	俄罗斯	英国	德国	比利时	意大利	美国	加拿大	澳大利亚
D	1	1	0	1	0	0	0	0	0	0	0

东道国(地区) 哑变量	韩国	日本	印度尼西亚	新加坡	越南	泰国	卢森堡	南非	巴西	赞比亚	马来西亚
D	0	0	1	0	1	1	0	1	1	1	1

(3)控制变量3:区域贸易一体化。参考徐春祥、吴志力(2011)的做法,本书主要考虑"亚太经济合作组织"等区域性组织对银行国际化行为的

影响，用哑变量表示，具体阐述如下：

变量 APEC 反映样本中伙伴国（地区）与中国是否同属于"亚太经济合作组织"成员①。当东道国（地区）与中国同属于"亚太经济合作组织"成员时，APEC 赋值为 1；反之，APEC = 0，如表 5 – 11 所示。

表 5 – 11　与中国同属于"亚太经济合作组织"的东道国（地区）

东道国（地区） 哑变量	中国香港	巴西	法国	俄罗斯	德国	卢森堡	比利时	意大利	美国	加拿大	澳大利亚
APEC	1	0	0	1	0	0	0	0	1	1	1
东道国（地区） 哑变量	中国澳门	印度尼西亚	日本	赞比亚	泰国	韩国	越南	南非	英国	新加坡	马来西亚
APEC	1	1	1	0	1	1	1	0	0	1	1

变量 HK 表示样本中东道国（地区）是否为我国香港地区，是则赋值为 1，否则为 0。

（4）控制变量 4：全球治理指标（RL）。本书借鉴周建、肖淑玉、方刚（2010），邓明（2012）等做法，对于法治制度的度量，使用考夫曼等（Kaufmann，2010）编制的"全球治理指标"，选取法治水平指标 RL 进行分析，反应的是东道国在法治方面的水平，尤其是在契约履行效率、知识产权保护、法警治理等方面的质量，其数据如表 5 – 12 所示。

表 5 – 12　法治水平指标 RL 指标

年份 国家（地区）	2000	2002	2003	2004	2005	2006	2007	2008	2009	2010
中国	35.4	43.5	40.2	40.7	40.2	37.8	40.7	44.7	45.5	44.5
澳大利亚	95.2	95.7	96.2	95.7	94.7	95.2	94.3	95.2	95.3	95.3
巴西	43.5	44.5	39.2	39.2	37.8	42.6	43.1	43.3	50.2	55.5
比利时	88.0	88.5	89.5	89.0	87.6	88.5	89.0	88.9	88.6	88.6

---

① 中国于 1991 年 11 月加入，APEC 现有 21 个成员，分别是澳大利亚、文莱、加拿大、智利、中国、中国香港、印度尼西亚、日本、韩国、马来西亚、墨西哥、新西兰、巴布亚新几内亚、秘鲁、菲律宾、俄罗斯、新加坡、中国台湾、泰国、美国、越南（1998 年）。

续表

国家(地区) \ 年份	2000	2002	2003	2004	2005	2006	2007	2008	2009	2010
加拿大	94.7	94.3	94.7	94.3	93.8	96.2	96.2	96.2	96.7	96.2
法国	90	85.2	90.4	91.9	90.4	90.4	90	90.4	90	90.5
德国	93.3	93.3	93.3	93.3	93.3	93.3	93.8	93.3	92.9	92.4
中国香港	75.6	84.7	91.9	92.8	92.8	91.9	90.9	90.9	90.5	91
印度尼西亚	27.8	20.1	20.6	26.8	24.9	26.8	29.2	31.7	34.1	31.3
意大利	75.1	70.8	69.4	65.6	62.7	60.3	61.2	60.1	62.1	62.6
日本	89.5	83.7	84.7	87.6	88	90	89.5	89.4	88.2	88.2
韩国	77.5	77	72.7	76.1	81.3	72.2	82.3	76.4	81	81
卢森堡	99	97.6	95.7	96.7	96.7	93.8	94.7	96.6	97.6	97.6
中国澳门	56.9	69.9	86.1	90.9	73.7	64.6	60.3	63	69.2	70.1
马来西亚	61.7	65.1	64.6	67.5	66	65.6	65.6	63.5	63.5	65.4
俄罗斯	16.3	23	18.7	19.6	19.6	16.3	16.3	20.2	24.2	26.1
新加坡	87.6	90.4	93.8	94.7	95.7	92.8	92.3	92.8	91.9	93.4
南非	55	55.5	53.6	56.5	56	58.4	57.4	54.8	57.3	57.8
泰国	67.5	63.2	56	55.5	54.1	53.6	52.6	51.9	47.4	49.8
英国	93.8	93.8	94.3	93.8	91.9	94.7	93.3	92.3	94.3	94.8
美国	92.8	91.9	92.8	91.4	91.4	91.4	91.9	91.8	91.5	91.5
越南	42.1	36.4	40.7	42.1	45.9	43.1	42.6	41.3	40.8	38.9
赞比亚	34	41.6	35.4	36.4	36.4	33.5	35.9	38	38.9	38.4

注：得分从 0~100 分，其中 0 表示最低分，100 为最高分。

资料来源：The Worldwide Governance Indicators, 2011 Update [OL/DB]. http://info.worldbank.org/governance/wgi/resources.htm.

5.2.1.4 变量描述小结

综上所述，本章各变量描述及其数据来源如表 5-13 所示。

表 5-13　　回归模型变量描述与数据来源

变量名		定义	资料来源	变量类型	回归系数符号假设
区位选择	$Bn_{i,t}$	我国银行 t 年在 i 国的海外机构数目	各银行年报、网页资料	被解释变量	
动机构面	BT/GDP	母国与东道国的双边贸易额占母国 GDP 的比重	历年《中国统计年鉴》	解释变量	+
	ODI/GDP	母国在东道国的 ODI 存量占母国 GDP 的比重	历年《中国对外直接投资统计公报》	解释变量	+
	AGDP	东道国人均 GDP	Worldbank database，历年《中国统计年鉴》	解释变量	+
	FREE	D=1，有国际金融中心；D=0，没有国际金融中心	Global Financial Centres Index	解释变量（哑变量）	+
	JG	D=0，监管环境较宽松；D=1，监管环境较为严格	Bank Regulation and Supervision on worldbank website	解释变量（哑变量）	-
区位优势构面	CUL	D=1，与中国文化相近的国家（地区）；否则 D=0	2011 年《世界经济统计报告》	控制变量（哑变量）	+
	DEV	发展水平的相似性，D=1，表示与中国同属于发展中国家；其余国家则 D=0	2011 年《世界经济统计报告》	控制变量（哑变量）	+
	APEC	APEC=1，与中国同属于 APEC 成员；否则，APEC=0	百度网页	控制变量（哑变量）	+
	HK	HK=1，中国香港地区；否则 HK=0	百度网页	控制变量（哑变量）	+
	RL	法治水平指标	The Worldwide Governance Indicators	控制变量	+

5.2.2　研究方法与样本界定

由于样本数据为平行面板数据，回归分析中根据相应的 Hausman 检验或 BP 检验结果以确定回归模型是采用固定效应模型还是采用随机效应模型。Hausman 检验结果表明（详见表 5-15 和表 5-16），在给定显著性水平 1% 的情况下，Hausman 检验或 BP 检验支持随机效应模型，故样本分析采用随机效应进行估计。因为 GLS 的估计过程（Random-effect GLS regression）对变量的自相关性和横截面数据的异方差进行了修正，增加了估计结果的准确性（Frank et al., 2006），本节选用 GLS 方法进行回归。

本书样本时间段取自 2001~2011 年的数据。考虑到数据本身的一致性和连贯性，银行企业的数据来自于各银行历年年报及其网页，BT 来自历年《中国统计年鉴》，ODI 来自于历年《中国对外直接投资统计公报》，其他数据均来自于世界银行数据（Worldbank database）和历年《中国统计年鉴》的数据库。

5.2.3 数据分析及结果阐述

5.2.3.1 变量的描述性统计

首先运用 STATA10.0 软件对变量进行描述性统计（见表 5-14）。从变量的观测值看，10 个时间序列的变量观测值均为 220 个。从标准差看，除了虚拟变量之外，logBT、logFDI、logAg 的标准差较小，说明变量的时间序列总体波动性较小；而变量 RL 的标准差最大。而 Bn 的标准差较大，说明银行在不同年份所开设的海外分支机构数目波动较大，这与中资银行的海外扩张特征是相符的，符合存量指标值的一般趋势与特点。

表 5-14 样本数据的描述性统计 单位：个

变量	变量含义	样本数	均值 Mean	标准差 Std. Dev.	最小值	最大值
Bn	银行分支机构数量	220	4.08	5.18	0	29
logBT	双边贸易规模取对数值	220	5.44	1.61	0	8.26
logFDI	对外直接投资取对数值	190	-8.55	1.70	-11.51	-3.38
logAg	人均国内生产总值 GDP 取对数值	220	9.47	1.41	5.85	11.68
FREE	金融自由化水平	220	0.31	0.47	0	1
JG	金融监管环境	220	0.68	0.47	0	1
CUL	文化的相似性	220	0.36	0.48	0	1
DEV	经济发展水平的相似性	220	0.45	0.50	0	1
APEC	是否为《亚太经济合作组织》成员	220	0.59	0.49	0	1
HK	是否与我国香港地区为贸易伙伴关系	220	0.05	0.22	0	1
RL	国家的法治水平	220	71.51	24.54	16.30	99

5.2.3.2 回归分析

在进行计量回归分析过程中,考虑到客户跟随(Customer-following)变量的代理指标采用了双边贸易密度、我国与各东道国的FDI密度,并且贸易与投资之间由于通常存在有互补和替代的关系,因此,为避免由此而带来的多重共线性等问题,在具体计量回归过程中分别单独进行检验。

从计量回归的结果(详见表5-15和表5-16)来看,在贸易引导和投资引导模型中,模型(5)和模型(11)的拟合度(R^2值)都是最高的,说明对模型的解释效果最明显。

(1) 3个解释变量的实证检验结论。从学习导向(Learning-oritentation)变量的回归结果看,无论是在贸易引导还是在对外投资引导维度下,金融自由化FREE对于我国银行业选择"走出去"到目标市场设立分支机构具有正向影响,且在模型1和模型2中均通过了显著性水平检验。尤其是在投资引导模型下,FREE的回归系数为1.73~1.99,拟合度指标也在0.47以上,当东道国是我国香港地区时,拟合度甚至达到了0.78,说明学习导向对银行FDI的促进作用明显。但在贸易引导模型下,回归系数为正,但存在部分统计上的显著性不强的现象,原因可能与本书的样本选择有关。而金融监管环境JG越严格对我国银行机构"走出去"设立分支机构有显著的阻碍作用,并且在模型1和模型2中基本都通过了1%统计水平的检验,说明学习动因对银行区位选择的影响(H_{5-a})基本得到验证。尤其是在投资引导型模型下,JG变量的回归系数都在-2.7至-4.5之间,且拟合度指标均在0.41至0.78之间,假设H_{5-b}得到验证。

就客户跟随(Customer-following)构面的回归结果来看,无论是双边贸易规模还是我国与各东道国的FDI,都对我国银行在境外相应地区或国家设立分支机构或参控股银行机构都有正向促进效应,并且在统计上显著,因此,我国与东道国之间的贸易或投资关系是影响我国银行业"走出去"的一个重要影响因素。假设H_6、H_7得到验证。但相对而言,双边贸易的相关系数比FDI的更高,说明贸易对中国银行业国际化的促进作用,目前比ODI要更大。这也许与中国目前尚处于"走出去"的初级阶段,贸易导向型的作用暂时比投资引导型的效应更大。伴随着越来越多的企业进入国际市场,ODI对银行国际化的促进作用在未来有望不断增加。

从市场寻求(Market-seeking)变量的代理指标人均国内生产总值(GDP)的对数值看,其回归系数值为正且大多在1%的统计水平上显著,说明东道国

表 5-15 贸易引导型回归结果

模型 变量	(1) 随机效应	(2) 随机效应	(3) 随机效应	(4) 随机效应	(5) 随机效应	(6) 随机效应	(7) 随机效应	(8) 随机效应	(9) 随机效应	(10) 随机效应	(11) 固定效应	(12) 随机效应
logBT	0.771 (3.35)^a	0.746 (3.20)^a	0.868 (3.77)^a	0.787 (3.39)^a	1.004 (5.40)^a	0.725 (3.14)^a	0.758 (3.33)^a	0.687 (2.95)^a	0.849 (3.72)^a	0.779 (3.37)^a	0.933 (5.03)^a	0.672 (2.92)^a
logAg	1.011 (2.35)^b	1.135 (2.51)^b	0.778 (1.78)^b	0.963 (2.23)^b	0.547 (1.81)^c	1.131 (2.52)^b	0.988 (2.33)^b	1.199 (2.66)^b	0.776 (1.79)^c	0.939 (2.18)^b	0.592 (2.04)^b	1.192 (2.69)^b
FR	0.213 (0.19)^c	0.895 (0.79)^d	0.112 (0.10)	0.325 (0.29)	1.365 (1.59)^d	0.636 (0.57)^d						
JG							-3.068 (-1.54)^d	-4.270 (-2.17)^b	-3.089 (-1.49)	-3.060 (-1.45)^d	-2.499 (-2.56)^c	-3.617 (-2.03)^b
CUL	3.485 (1.75)^c					2.722 (1.53)	3.225 (1.65)^c					2.347 (1.36)
DEV		3.216 (1.62)^c				3.964 (1.94)^c		3.869 (1.94)^c				4.602 (2.31)^b
RL			0.024 (1.11)^d			0.041 (1.84)^c			0.019 (0.91)			0.039 (1.77)^b
APEC				2.286 (1.16)						1.786 (0.88)		
HK					5.970 (4.70)^a						5.887 (4.66)^a	
R^2	0.33	0.42	0.25	0.28	0.60	0.50	0.40	0.43	0.32	0.34	0.60	0.54
Wald chi^2 值	90.59^a	89.68^a	88.16^a	88.20^a	116.9^a	97.82^a	93.94^a	95.48^a	91.18^a	91.09^a	125.74^a	103.8^a
Hausman-chi^2 值	2.20	6.79	3.39	3.49	3.14	6.79	0.22	0.81	1.64	0.40	162.56	3.46

注：①括号中的数据是指 t 值；②a、b、c、d 分别表示在 1%、5%、10% 和 15% 的统计水平上显著；③常数未列出。

表5-16 投资引导型回归结果

模型 变量	(1) 随机效应	(2) 随机效应	(3) 随机效应	(4) 随机效应	(5) 随机效应	(6) 随机效应	(7) 随机效应	(8) 随机效应	(9) 随机效应	(10) 随机效应	(11) 随机效应	(12) 随机效应
logFDI	0.521 (3.93)[a]	0.463 (3.43)[a]	0.584 (4.36)[a]	0.539 (3.99)[a]	0.881 (6.64)[a]	0.413 (3.10)[a]	0.522 (3.98)[a]	0.441 (3.31)[a]	0.581 (4.39)[a]	0.556 (4.14)[a]	0.877 (6.73)[a]	0.401 (3.04)[a]
logAg	1.967 (6.17)[a]	2.366 (6.60)[a]	1.771 (5.21)[a]	1.855 (5.84)[a]	1.112 (4.40)[a]	2.374 (6.65)[a]	1.874 (6.3)[a]	2.342 (6.65)[a]	1.702 (5.09)[a]	1.740 (5.61)[a]	1.083 (4.65)[a]	2.338 (6.65)[a]
FR	0.823 (0.78)	1.993 (1.85)[c]	1.116 (1.02)	1.164 (1.11)	1.730 (2.15)[b]	1.275 (1.16)[d]						
JG							-3.143 (-2.29)[b]	-4.475 (-3.23)[a]	-3.591 (-2.56)[a]	-3.207 (-2.37)[b]	-2.702 (-3.35)[a]	-3.828 (-2.70)[a]
CUL	3.856 (2.78)[a]					2.955 (2.03)[b]	3.596 (2.68)[a]					2.644 (1.91)[c]
DEV		5.057 (3.19)[a]				5.486 (3.02)[a]		5.224 (3.45)[a]				5.783 (3.33)[a]
RL			0.003 (0.13)[d]			0.036 (1.55)[d]			0.001 (0.07)			0.035 (1.53)[d]
APEC				2.580 (1.92)[c]						1.970 (1.52)[d]		
HK					6.994 (5.45)[a]						7.077 (5.66)[a]	
R^2	0.41	0.47	0.35	0.37	0.78	0.51	0.48	0.50	0.41	0.43	0.78	0.57
Wald-chi² 值	87.71	91.07[a]	76.76[a]	82.08[a]	152.08[a]	99.49[a]	94.89[a]	101.46[a]	84.55[a]	88.63[a]	176.72[a]	109.55[a]
Hausman-chi² 值	10.02	2.16	-41.12	22.42	138.37	153.96	-10.12	-64.26	468.72	4.50	128.13	4.90
BP-chi²(1) 值	398.62		398.62	363.47	96.36	457.26	395.64	390.08	379.20	301.32	77.79	432.95

注：①括号中的数据是 t 值；②a、b、c、d 分别表示在1%、5%、10%和15%的统计水平上显著；③常数项未列出。

经济发展程度是我国银行业选择"走出去"到目标市场的影响因素之一。由此假设 H_8 得到验证。且在投资引导模型下,人均国内生产总值(GDP)的回归系数普遍比贸易引导模型下的要高,说明东道国(地区)人均国内生产总值(GDP)水平对中国对外投资的影响要比对外贸易的影响更大。

(2) 4 个控制变量的实证检验结论。文化的相似性(CUL)变量在两种情况下的回归系数均显著大于零,在投资引导模型中,CUL 的回归系数在 2.6~3.9 之间波动,拟合度在 0.41~0.5 之间波动,且在统计上都显著;而在贸易引导模型下回归系数稍低,在 2.3~3.5 之间波动,可能因为样本选择的问题,存在个别在统计上不显著的情形,但总体来看,假设 H_9 基本得到验证。

经济发展水平的相似性(DEV)变量在贸易引导型情况下的回归系数值在 3.2~4.7 之间波动,明显大于零,并且在 5% 或 10% 统计水平上显著,拟合度指标 R^2 为 0.54;在投资引导型情况下的回归系数值处于 5~5.8 之间,并且在 1% 水平上统计显著,而且拟合度指标 R^2 为 0.57,说明经济发展相似性对于促进我国银行"走出去"设立分支机构具有重要正向影响,而且在相同的相似水平下,通过对境外投资方式比双边贸易渠道更能带动我国银行业到东道国(地区)设立分支机构;由此假设 H_{10} 得到验证。

在考察区域贸易一体化控制指标的影响时,在样本国(地区)为《亚太经济合作组织》成员情况下,回归系数表明存在明显的正向影响,但在贸易引导型的回归结果统计上不显著;而在投资引导型的结果中表现出较好的统计性显著,说明东道国(地区)为《亚太经济合作组织》成员会由于引资行为积极带动我国银行设立境外分支机构;但对贸易引导型的影响不确定,这可能是因为亚太经济合作组织(APEC)成员数目较多,而且各国(地区)之间发展水平差异大而造成的。值得注意的是,与我国香港地区存在贸易伙伴关系的回归系数值大于 5.8,并且都在 1% 水平上统计显著,而且拟合度指标 R^2 为 0.6,表明东道国(地区)与我国香港地区存在贸易伙伴关系对于我国银行业设立境外分支机构具有重要促进作用。在投资引导型模型中,我国香港地区的回归系数值在 7.0~7.1 之间波动,并且都在 1% 水平上统计显著,而且拟合度指标 R^2 为 0.78,说明在我国香港地区的 FDI 会比贸易渠道更能促进我国银行设立境外分支机构;因此假设 H_{11} 部分得到支持。

如表 5-17 所示,对于东道国(地区)制度质量的代理变量 RL,两种情况下的回归系数值基本都大于零,但由于样本原因,部分模型出现了在统计上不显著的现象，无法判断东道国（地区）的法治水平对于银行境外分支机构的设立是否有影响。但结合中国银行国际化扩张的实际来看，表 5-17 是根据相关数据计算出来的中国与各主要东道国（地区）的相对制度距离和中资银行在这些东道国（地区）的机构数目情况，从中可以看出，具有相对质量优势的东道国（地区），如越南、巴西、赞比亚、泰国、印度尼西亚、南非等，并不是中资银行海外分支机构密集的国家，相反，与中国制度距离相差较大的发达国家，如英国、澳大利亚、加拿大、美国等，反而是海外机构比较多的国家。这说明了，东道国（地区）绝对制度水平[①]对我国银行业的区位选择行为的影响还是较大的。RL 指标均值在 90 左右及以上的东道国（地区）中，仅有法国的机构数量偏少，而比利时和卢森堡可能因为市场容量较少的原因，机构数量也不多。由此可以得出结论：东道国（地区）绝对治理水平对中资银行的进入具有一定的正向作用，由此假设 H_{12} 得到验证。

表 5-17　　　　中国与各东道国（地区）的相对制度质量差距
（以法治水平指标度量）

制度差距 \ 东道国（地区）	越南	巴西	赞比亚	泰国	印度尼西亚	南非	俄罗斯	马来西亚	意大利	中国澳门	韩国
绝对制度水平[a]	41.4	43.9	36.8	55.1	27.3	56.2	20	64.8	65	70.5	77.8
相对制度质量距离[b]	0.1	2.6	4.5	13.8	14	14.9	21.3	23.5	23.7	29.2	36.5
在该国（地区）机构数[c]	4	1	1	3	3	3	2	7	2	3	9

制度差距 \ 东道国（地区）	日本	比利时	中国香港	法国	美国	新加坡	德国	英国	澳大利亚	加拿大	卢森堡
绝对制度水平[a]	87.9	88.6	89.3	89.9	91.8	92.5	93.2	93.7	95.3	95.3	96.6
相对制度质量距离[b]	46.6	47.3	48	48.6	50.5	51.2	51.9	52.4	54	54	55.3
在该国（地区）机构数[c]	7	2	29	3	9	5	7	6	11	10	5

注：a 根据世界银行最新发布的全球治理指标（Worldwide Governance Indicator，WGI）中的法治水平指标 RL（Rule of Law），分别计算出各国（地区）在 2000~2010 年的 RL 平均值，中国的均值是 41.3。b 再将各主要东道国（地区）的 RL 均值与中国 RL 均值相减后取绝对值，得出中国与各东道国（地区）的制度距离。其中比中国治理水平低的国家只有印度尼西亚、俄罗斯和赞比亚 3 个家；此表中的国家（地区）排名即是根据与中国的相对制度距离来排的。c 截止到 2012 年上半年以来中资银行海外分支机构在主要东道国（地区）的分布状况。

---

① 这里的制度优势，是从国家宏观层面来看的，在本书中主要体现为法治治理水平上。

5.3 本章小结

本章超越了折衷理论范式的框架，结合 EMNCs 的国际化特征，基于学习观视角着重对我国银行业的学习动因与银行区位选择的作用机理进行了分析，并提出了相关假设命题。基于行业层面的实证检验结果表明（详见表 5-18），9 个命题假设基本都得到验证。其中学习动因对区位选择的作用最显著，其次是市场寻求型动因，而顾客追随动因对区位选择的影响最小。说明我国商业银行的国际化动因具有 EMNCs 所共有的双重性特征，即不仅存在 EMNCs 所特有的学习导向型的动因，也有如发达国家 MNCs 一样的机会寻求型动因。

与区位优势相关的实证结果发现，"进程论"对中国银行业国际化具有较好的解释力。文化相似性和经济发展水平相似性变量在两种模型下的回归系数均显著大于零，说明市场相似性对于促进我国银行"走出去"设立分支机构具有重要正向影响。当东道国（地区）为亚太经济合作组织成员时，尤其是我国香港地区时，这一效应更明显。

表 5-18 本章实证检验结果一览

	国际化动因对我国银行业海外投资区位选择的影响	回归系数符号假设	假设验证情况
H_5	学习动因对银行海外区位选择具有显著影响	+	支持
H_{5-a}	东道国或地区是否拥有国际金融中心，对银行区位选择具有积极的正向影响	+	支持
H_{5-a}	东道国的监管环境越严厉，银行企业越不倾向于在该国建立分支机构	−	支持
H_6	银行在一国或地区的分支机构数目与双边贸易正相关	+	支持
H_7	银行在一国或地区的分支机构数目与母国在该国的 FDI 总量正相关	+	支持
H_8	若东道国的人均 GDP 较高，则我国商业银行倾向于在该地区设立分支机构	+	支持

续表

区位优势对我国银行业海外投资区位选择的影响		回归系数符号假设	假设验证情况
H_9	若东道国与我国的文化较近,则我国商业银行倾向于对该地区进行直接投资	+	支持
H_{10}	若东道国与我国的经济发展水平较近,则我国商业银行倾向于对该地区进行直接投资	+	支持
H_{11}	若东道国与我国同属一个区域贸易体系,则我国商业银行倾向于对该地区进行直接投资	+	部分支持
H_{12}	我国银行企业在某东道国的分支机构数目与其制度质量成正比,即东道国的制度水平越高,银行的海外分支机构数目越多	+	支持

第6章 银行国际化学习行为研究

6.1 机理分析与研究假设的提出

本章基于银行层面视角,用寡占反应(Oligopolistic Reaction)理论对银行寡头在海外区位选择与进入模式选择中的学习行为进行考察。如前所述,企业的国际化有时候也是基于竞争战略的需要,正如 Watson 所言,跨国公司进入某一海外市场并不一定出于利润动机,企业可能为了防御其竞争对手的攻击而选择不能赢利的海外市场,或采取战略跟随的战略。

6.1.1 寡占反应的机理分析

在银行业中是否存在寡占反应,学术界并未形成统一的观点。鲍尔(Ball)和特斯卓格尔(Tschoegl)(1982)发现,外国银行在东京和加利福尼亚的 FDI 行为证明了寡占反应论在银行企业国际化扩张中的适应性,认为银行进入国外市场的行为也许是因为母国其他竞争对手的国际化扩张而产生的一种寡占反应。英瓦尔(Engwall)和沃伦斯坦(Wallenstal)(1988)的研究发现,瑞典银行的海外扩张行为存在着相互复制对方战略的现象。杰克布森(Jacobsen)和特斯卓格尔(Tschoegl)(1999)等的研究则发现,北欧银行在伦敦和纽约的国际化扩张存在寡占反应现象,在其他地方则不存在这种现象。吉伦(Guillen)和特斯卓格尔(Tschoegl)(1999)认为,西班牙银行进入拉丁美洲符合寡占反应的理论。福劳斯(Flowers,1976)认为,一旦一家银行开始国际化进程,它的国内竞争对手就可能产生寡占反应、追随领先者。但也有可能采取相互忍耐战略,即当领先者在一个国家建立了分支机构时,竞争对手不在该国设立分支机构。钱(Qian)和安德鲁(Andrew)(2008)的研究表明,寡占反应这一变量对银行企业的国际化扩张至关重要,因为竞争者的海外市场进入行为为焦点银行的海外扩张提供了一种巨大的牵引力量。曾庆斌(2005)认为中国银行企业海外扩张的一个重要动机是追随对手。借鉴曾庆斌(2005)

的做法，本书从银行国际化扩张是否符合寡占反应的三大理论前提来验证其寡占效应是否成立。

6.1.1.1 是否构成寡头垄断的格局

考察市场是否是寡头市场一般采用集中率指数。如表6-1所示，无论是以资产还是以利润为统计口径，以五大商业银行为主体计算的行业集中度指数CR5值基本都在50以上。一般来说，市场集中度超过50即为过高，属于典型的寡头垄断行业特征。

表6-1   2006~2011年中国银行业的行业集中度状况   单位：%

集中度	资产份额						利润份额					
	2006年	2007年	2008年	2009年	2010年	2011年	2006年	2007年	2008年	2009年	2010年	2011年
CR5	55.15	53.66	51.58	51.31	49.20	47.3	58.44	55.20	60.72	58.86	57.30	53.09

资料来源：根据中国银行业监督管理委员会2011年报（http://www.cbrc.gov.cn/index.html）计算而得。

6.1.1.2 其海外经营行为是否具有不确定性

很多有关企业国际化的研究都证明了海外经营环境的不确定性是企业国际化中面临的主要障碍。如进程论将国际市场环境的不确定性看成企业国际化的最大障碍，认为规避国际化风险是企业进入国际市场时所需要解决的首要问题。EMNCs缺乏明显的所有权优势，海外经营的经验更少，所拥有的资源更有限（Yeung, 1994; Nachum, 2004），因此来自于企业层面的不确定性对其国际化行为的影响更大。切瑞蒂、阿里恰、马缇·尼斯·皮瑞亚（2007）引用了"国际风险导向"（International Country Risk Guide, ICRG）指标从四个方面对企业国际化经营中面临的风险进行了度量，分别是：经济风险（真实GDP、通胀率、人均GDP、预算赤字、经常项目平衡状况）、政治风险、投资组合风险（违约风险、利润征收、延迟支付风险）和国家风险。有关服务企业国际化的研究文献表明，与制造企业相比，金融服务具有无形性、异质性和不可分离性等特征，其在海外市场所面临的不确定性更高。因此，银行等服务性企业更倾向于采用FDI这一高涉入度的进入模式（Chadwick & Vandermerwe, 1989; Enderwick, 1989）。综上所述，鉴于服务的主要特征和中资银行所有权优势不明显的实际，其海外经营具有很大的不确定性。

6.1.1.3 是否属于风险厌恶型

银行是高风险的行业，对风险十分敏感，尤其是在外国市场设立的分支机构，必须采取降低风险的有效措施，对风险的厌恶，使银行常常采取降低风险的模仿措施、追随竞争对手到海外市场。

从我国银行业海外扩张的情况来看，作为中国国际化和多元化程度最高的银行，截止到 2014 年年底，中国银行已在包括中国香港、澳门、台湾地区等在内的 41 个国家和地区设有分支机构，其海外支机构数目已达 628 个，拥有 45 590.9 多亿元的海外资产。中国银行海外扩张的历史最悠久，就存量来看是当之无愧的领先者，在绝大多数区域都保持了领先者地位；中国工商银行紧随其后，这两家巨头合计占据了中资银行海外机构拓展的 76% 左右。

从中国银行业区位选择实践来看，中国工商银行、中国农业银行、中国银行、中国建设银行、交通银行这五大银行都同在美国、英国、澳大利亚、日本、新加坡、韩国、中国香港地区、德国等地区设立了海外分支机构。这符合寡占反应寡头银行在同一个国家设立分支机构的定义。其中五大银行都有进入的城市有：中国香港地区、新加坡、东京、纽约、伦敦、法兰克福、悉尼、首尔，大部分属于国际金融中心。从各银行的进入时间来看，可以认定是领先者中国银行率先进入，其他银行为了保持竞争地位追随中国银行进入这些地区。

近 10 年来，在大多数海外市场中国银行基本保持了领先者地位，中国工商银行则紧随其后，追赶势头明显。如两家银行都于 1993 年进入哈萨克斯坦；2010 年中国银行在柬埔寨设立金边分行后，2011 年中国工商银行也设立了金边分行；中国银行 1993 年在俄罗斯设立子行后，中国工商银行也于 2007 年以子行形式进入、中国建设银行 2010 年也设立代表处。近年来在某些新兴市场的开拓上，中国工商银行还充当了领导者的角色，如 2012 年前中国工商银行是率先进入巴基斯坦、卡塔尔、老挝、印度、缅甸（设立代表处）的唯一中资银行。就存量来看，2014 年末两家银行都覆盖了 41 个国家和地区，其中中国银行的境外机构数量为 628 个，中国工商银行则为 338 个。中国银行在中国香港地区、澳门地区、台湾，法兰克福，巴黎，悉尼，吉隆坡 7 家境外机构获得人民币清算行资格，中国工商银行则在新加坡、卢森堡、卡塔尔、加拿大、泰国 5 家境外机构获得人民币清算行资格（邵科，2015）。

对于大多数中资银行来说,尤其是区域性商业银行和城市商业银行长期以来一直被限定在特定的区域内经营,尽管近年来政府放松了区域经营的限制,但由于缺乏自由经营的经验,未必知道如何选取最优化的区域开发战略(Berger, Hasan & Zhou, 2010),模仿其他银行的做法,也许更符合中资银行的实际。借鉴钱和安德鲁(2008)以及坦(Tan)和迈耶(Meyer)(2011)的做法,基于数据的可获得性,本书对来自于同一母国(中国)的同一行业(银行业)的 FDI 集聚现象作为寡占反应的具体表现形式。据此形成以下假设:

H_{13}:向其他竞争对手的模仿学习行为对银行区位选择具有正向影响。

H_{14}:向其他竞争对手的模仿学习行为对银行进入模式选择具有正向影响。

6.1.2 国际化经验与进入模式选择

众多学者从不同角度对知识或经验在国际化过程中的作用及其对进入模式序列的影响展开了一系列的探索。如邓宁(Dunning, 1979; 1981)的折衷理论中将经验视为企业的某种特定所有权优势。贾提功(Gatignon, 1986)的研究证明了邓宁的观点,认为国际化经验作为企业重要的所有权优势,对其进入模式的选择产生影响。约翰逊(Johanson)和瓦尼(Vahlne)(1977)的进程论指出,有关东道国的市场知识和资源投入会影响市场进入决策。厄瑞米莉(Erramilli, 1991)通过对 151 家在美国运营的服务企业进行调研,发现经验对包括银行在内的服务企业进入模式的决策具有重要影响,服务企业的市场经验与海外市场控制力度之间存在 U 形关系。即在国际化的初期,服务企业海外市场经验不足时,会倾向于高控制度的进入模式;当经验增加时,反倒会选择控制程度低的模式;当经验更加丰富时,又会倾向于选择高控制度的进入模式。巴克马(Barkema)和范美伦(Vermeulen)(1998)从组织学习的角度,分析了银行国际化模式的选择,认为当银行具有制度、管理、专业技能等方面的所有权优势时,会倾向于采用新建的形式进入国际市场,以避开并购带来的组织学习成本,获得更高的效率;反之,在不具备所有权优势时,并购的方式则可降低投资风险,从而节约交易费用。巴克马和范美伦(1998)验证了海外经营环境的多样化对企业新建模式或并购模式的选择的影响,他们基于学习理论的研究结果表明,企业海外经营的多样化(用地理区域的多样性和产品种类的多样性表示),对企业进入模式的选择具有影响。范美伦和巴克马(2001)将进程模式的学习观点应用于探讨企业海外进入模式的选择上,发现厂商所拥有的新设备及购并之"累积次数"会影响其后续进入模式（新设厂/购并）的选择倾向，证实了在海外进入模式决策上确实存在经验性的学习效果。克拉克（Clark）等人研究了市场特定知识和一般性国际化知识对海外市场选择及后续进入模式选择的影响，认为随着企业国际化进程的深化，必须考虑一般性国际知识在海外市场机构安排中的作用，因此，研究对象不应是某一特定市场，而应系统地看待企业所进入的各个市场。吉伦（Guillen，2003）认为东道国市场经验的可获得性会对外国企业在国际市场进入时机与进入模式选择等决策上具有重大的影响。资源基础论认为企业国际化成功的必要条件就是拥有海外市场的相关信息和知识，国际化经验在国际企业市场进入方面非常重要。约翰逊和瓦尼（2003）的研究也指出，U形模型表明企业国际化的进程是在国际化学习与国际市场承诺之间的互动中演进的。有关海外市场与国际化经营的经验有助于帮助企业识别国际业务中面临的机会与问题。由于经验知识是逐渐积累的，企业的海外扩张也呈现渐进性特征。

许晖和邹慧敏（2010）的研究表明，企业的国际化经验越丰富，越倾向于选择高控制程度的市场进入模式。刘晓宁（2007）对在华外资企业的实证研究结果也证实了这一观点，即随着国际化经验的不断积累和丰富，与中方合资经营的外资服务企业越来越倾向于独资的模式。艾瑞克森（Eriksson）、约翰逊、马佳德（Majkgard）和夏尔马（Sharma）（1997，2000）的研究表明，企业所拥有的特定市场知识（制度知识和业务知识）会降低其对国际化成本的感知从而增加企业的国际化承诺度（1997），从而影响其进入模式。

综上所述，结合第2章2.4节的文献综述可知，特定市场经验和一般性国际化经验对企业国际化进入模式会产生重要影响，但这种影响是正向的还是负向的，学者们并未达成共识，据此本书特提出以下假设：

H_{15}：银行国际化经验会对其进入模式产生显著影响。

H_{15-a}：一般性国际化经验会对银行的分行比率产生显著影响。

H_{15-b}：特定市场经验会对银行的分行比率产生显著影响。

6.1.3 所有权优势与区位选择

有关所有权优势对银行国际化的影响，已经在第4章4.1节中进行了详细阐述。就文献资料来看，学者们一般选取规模、盈利能力、国际化经验等指标来度量银行层面的所有权优势。如谢（Hsieh）、申（Shen）和李（Lee）（2010）用银行规模（SCALE）、净利息收益、资产收益率 ROA（Goodnow, 1985；Terpstra & Yu, 1988）来度量银行的所有权优势。切瑞蒂、阿里恰和马缇·尼斯·皮瑞亚（2007）用"资产规模"与经营规模（用员工数量表示）对银行所有权优势进行度量。阿文·帕克（Arvind Parkhe）和斯图尔特·米勒（Stewart R. Miller）选取的银行所有权优势维度由四个指标组成：银行规模（Size）、国际化程度（Globalization）、产品多样化（Product Diversity）及特许权价值（Charter Value）。

就我国银行的实际来看，银行家公布的 2012 年世界银行五百强《Top 1000 World Banks 2012》的数据表明（见表 6-2），中国银行业在一级资本与资产规模方面，仅次于美国。而以税前利润水平衡量的指标，中国银行业更是雄踞榜首，远超美国、日本、英国等金融强国。其中以资本收益率（ROC）指标衡量的排行榜中（见表 6-3），中国的银行业全球排名第 10，其他排名前 9 的国家都是来自新兴市场的国家。中国银行的资本和资产迅速增长，其中一级资本增长达到了 28%，资产的增长也超过了 23%。就资本收益率而言，获得了高达 5.8% 的资本 - 资产比率，比西欧和日本的银行表现更好。

表 6-2　　　　　　各主要国家或区域的银行业排名　　　　　单位：10 亿美元

国家（地区）	一级资本	总资产	税前利润
美国	1 051.9	13 341.0	131.5
欧盟	1 721.6	40 895.0	2.1
中国	781.5	13 533.2	206.3
日本	600.9	13 075.5	60.0
英国	440.8	9 999.5	32.9
巴西	123.8	1 729.2	33.1

注：以上数据统计截止日期均为 2011 年 12 月 31 日。
资料来源：www.thebankerdatabase.com.

表 6-3　　以银行资本收益率衡量的前 20 强　　单位:%

排名	国家	资本收益率	排名	国家	资本收益率
1	阿根廷	42.82	11	委内瑞拉	25.97
2	秘鲁	40.41	12	澳大利亚	25.31
3	印度尼西亚	36.08	13	摩洛哥	24.39
4	巴基斯坦	35.96	14	土耳其	23.72
5	俄罗斯	30.46	15	马来西亚	23.33
6	波兰	29.89	16	泰国	23.17
7	南非	28.02	17	智利	22.80
8	越南	27.35	18	伊朗	22.75
9	巴西	26.74	19	卡塔尔	22.39
10	中国	26.39	20	哥伦比亚	22.38

注：以上数据统计截止日期均为 2011 年 12 月 31 日。
资料来源：www.thebankerdatabase.com.

就银行层面来看，在以一级资本规模衡量的全球 10 大银行榜中，中国和美国都有 4 家银行位居其中。其中中国工商银行取代汇丰银行首次进入全球银行排名前三名。中国建设银行、中国银行和中国农业银行均进入了前 10 强，分别位列第 6、第 9、第 10 名，如表 6-4 所示。

表 6-4　　以一级资本衡量的全球十大银行　　单位：百万美元

银　行	一级资本	一级资本排名	总资产	资产排名	ROA	ROA排名
美国银行	159 232.00	1	2 136 577.91	10	-0.01	923
摩根大通银行	150 384.00	2	2 265 792.00	9	1.18	409
中国工商银行	140 027.62	3	2 456 294.82	5	1.76	214
汇丰银行	139 590.00	4	2 555 579.00	3	0.86	544
花旗集团	131 874.00	5	1 873 878.00	14	0.78	580
中国建设银行	119 135.36	6	1 949 219.00	12	1.78	207
三菱 UFJ 金融集团	117 017.65	7	2 664 170.61	2	0.66	614
富国银行	113 952.00	8	1 313 867.00	22	1.77	208

续表

银　行	一级资本	一级资本排名	总资产	资产排名	ROA	ROA排名
中国银行	111 172.53	9	1 877 520.04	13	1.43	321
中国农业银行	96 413.05	10	1 853 318.89	15	1.35	351

注：以上数据统计截止日期均为 2011 年 12 月 31 日。

资料来源：www.thebankerdatabase.com.

综上所述，根据银行家历年公布的数据来看，与国外国际化程度高的跨国银行相比，中资银行所有权优势主要体现在特定母国制度环境下所形成的银行规模、母行的盈利能力方面。据此，特提出以下假设：

H_{16}：银行的所有权优势与其海外市场开拓正相关。

H_{16-a}：银行规模与其海外机构数量正相关。

H_{16-b}：银行盈利能力与其海外机构数量正相关。

此外，如第 4 章所述，依托银行股权改革所体现出来的政府扶持也被视为中国银行企业所拥有的一种特定所有权优势。由政府主导推出的国有银行股改政策，以及由此而生的境外战略投资者的引进，对银行外向国际化起到了促进作用（Buckley et al.，2007）。因此，本书假设：

H_{16-c}：银行股权改革进程与其海外机构数量正相关。

如第 5 章有关东道国制度环境的论述，东道国的限制往往成为银行进入模式选择的重要因素。帕克和米勒（1998）的研究表明，跨国银行设立子行的比例与东道国银行业管制的松紧状况呈反向关系。切瑞蒂、阿里恰和马缇·尼斯·皮瑞亚（2007）的研究结果表明，东道国的管制对跨国银行的组织形式具有重要影响。雷纳（M. Lehner，2007）的研究也表明，进入模式与东道国对外资银行进入的管制有关。结合第 5 章 5.1 节的内容，特提出以下假设：

H_{17}：东道国对外资银行组织模式的限制会对银行进入模式产生影响，即分行进入模式的限制高低与分行比率负相关。

6.2　区位选择中学习行为的验证

6.2.1　实证研究模型的构建

根据上节所提出的理论假设，特构建以下计量模型：

$$Bn_{i,j,t} = \zeta_0 + \zeta_1 OR + \theta Control + \varepsilon_{it} \tag{6.1}$$

式（6.1）主要用来回答为什么不同银行在不同的东道区域海外机构数目有差异。式（6.1）中 $Bn_{i,j,t}$ 为被解释变量，表示第 j 家中资银行第 t 年在东道区域 i 的海外分支机构数目，以此来衡量各银行的海外区位选择行为。解释变量 OR 用来解释银行间的模仿学习行为对其海外区位选择的影响。控制变量 Control 由特定所有权优势变量构成，包括：（1）母行的资本规模 SCALE；（2）资产收益率 ROA；（3）各银行股权改革进程 T。ζ_0 为常数项，ε_{it} 为随机干扰项。用 t−1 表示银行国际化行为对各变量响应的滞后性特征。

6.2.2 变量界定与数据来源

6.2.2.1 被解释变量：各银行的海外区位选择行为（Bn）

表6-5统计了6家样本银行在2001~2011年在5大区域的海外分支机构存量。如表6-5所示，中国银行属于领导者身份，在5大区域的分支机构数目都遥遥领先，中国工商银行属于紧随其后的追随者。就区位而言，非洲地区目前只有中国银行和中国建设银行设有分支机构，因此在计量模型中，其他银行在非洲地区的变量略掉不计。

表6-5　各主要中资银行海外分支机构数量一览（分行＋子公司数目）　　　单位：家

年份	中国银行					中国工商银行					中国建设银行				
	HM	AP	AM	EUR	AFR	HM	AP	AM	EUR	AFR	HM	AP	AM	EUR	AFR
2001	10	15	8	11	1	2	4	0	2	0	2	1	0	1	1
2002	12	16	8	11	1	2	5	0	2	0	2	1	0	1	1
2003	14	17	8	12	1	2	5	0	3	0	2	2	0	1	1
2004	14	17	8	12	1	2	5	0	3	0	3	3	0	1	1
2005	14	18	8	12	1	2	5	0	3	0	3	3	0	1	1
2006	14	20	9	12	1	2	5	0	3	0	3	3	0	1	1
2007	15	20	9	14	1	2	7	0	3	0	3	3	0	1	1
2008	16	25	11	15	2	3	10	1	3	0	3	3	0	1	1
2009	16	27	12	17	2	4	10	1	3	0	3	4	1	2	1
2010	17	31	12	20	2	4	14	2	3	0	3	5	1	2	1
2011	17	34	15	20	2	4	19	3	9	1*	3	5	1	2	1

续表

年份	交通银行					中国农业银行					招商银行				
	HM	AP	AM	EUR	AFR	HM	AP	AM	EUR	AFR	HM	AP	AM	EUR	AFR
2001	1	2	1	0	0	1*	2*	1*	0	0	1	0	0	0	0
2002	1	2	1	0	0	1*	2*	1*	0	0	2	0	0	0	0
2003	1	2	1	0	0	1*	2*	1*	0	0	2	0	0	0	0
2004	1	2	1	0	0	1*	2*	1*	0	0	2	0	0	0	0
2005	1	3	1	0	0	1*	2*	1*	0	0	2	0	0	0	0
2006	1	3	1	0	0	1*	2*	1*	0	0	2	0	0	0	0
2007	2	3	1	1	0	1*	2*	1*	0	0	2	0	1	0	0
2008	2	3	1	1	0	1*	2*	1*	0	0	3	0	1	0	0
2009	2	3	1	1	0	3*	2*	1*	2*	0	3	0	2*	1*	0
2010	2	3	1	1	0	3*	3*	1*	2*	0	3	0	2	1*	0
2011	2	5	2	2	0	3*	4*	1*	2*	0	4*	0	2*	1*	0

注：①HM——中国港、澳地区；AP——亚太；AM——美洲；EUR——欧洲；AFR——非洲。②考虑到招商银行和中国农业银行的国际化进程较短，其海外设立的代表处也被统计在内。其他银行则只统计了海外分行和子行/子公司的数目。考虑到非洲区域对于中资银行来说尚属于新兴的海外市场，在其设立的代表处也被统计在内。其中带 * 的数据表示已包含代表处。③表中为 0 的数据表示中资银行在该区域尚未设立任何分行、子行、代表处等分支机构。

资料来源：根据各银行年报、网站数据整理而得。

6.2.2.2 解释变量：寡占反应

本书借鉴钱和安德鲁（2008）、坦和迈耶（2011）的做法，寡占反应衡量的是一年中其他样本银行在东道国建立机构的数目（不包括焦点银行，滞后一年的数据），是否对焦点银行的区位选择产生影响，由此可以观测银行间的学习效应。由于中国银行处于领导者身份，其海外市场选择不存在寡占反应。表 6-6 以其他 5 大焦点银行为视角统计的相关数据，在回归时，取 t-1 年的数据。

6.2.2.3 控制变量：各银行所有权优势

为了最大限度保证银行进入模式的变化确实是由于寡占反应而引起的，本节选取的母行资本规模（SCALE）、资产收益率（ROA）、各银行股权改革进

表 6-6　一年中其他样本银行在东道国（地区）建立机构的数目（不包括焦点银行）

单位：家

年份	焦点银行：中国工商银行				焦点银行：中国建设银行					焦点银行：交通银行				焦点银行：中国农业银行				焦点银行：招商银行			
	HM	AP	AM	EU	HM	AP	AM	EU	AFR	HM	AP	AM	EU	HM	AP	AM	EU	HM	AP	AM	EU
2001	15	19	9	12	15	22	9	13	1	16	21	8	14	16	22	9	14	16	23	9	14
2002	18	20	9	12	18	24	9	13	1	19	23	8	14	19	24	9	14	18	25	9	14
2003	20	22	9	13	20	25	9	15	1	21	25	8	16	21	26	9	16	20	27	9	16
2004	21	23	9	13	20	25	9	15	1	22	26	8	16	22	27	9	16	21	28	9	16
2005	21	27	9	13	20	29	9	15	1	22	29	8	16	22	31	10	16	21	32	9	16
2006	21	27	10	13	20	29	10	15	1	23	29	9	16	22	31	10	16	21	32	10	16
2007	23	27	11	16	22	31	11	18	1	24	31	10	18	23	33	11	19	23	34	10	19
2008	25	32	13	17	25	39	14	19	2	27	39	13	19	26	41	14	20	25	42	13	20
2009	27	35	15	21	28	41	15	22	2	28	42	15	23	29	44	16	23	28	45	15	24
2010	28	40	15	24	29	49	16	25	2	29	51	16	26	30	53	17	26	29	54	16	27
2011	28	46	19	25	29	60	21	32	3	29	60	20	32	30	63	22	33	29	65	21	34

注：HM——中国港；AP——亚太；AM——美洲；EU——欧洲；AFR——非洲。

资料来源：根据各银行年报、网站数据整理而得。

程 T 与第 4 章 4.3 节的相同，这里不再赘述（详见表 4-8 至表 4-10）。

6.2.3 数据分析及结果阐述

根据 Hausman 检验结果可知（详见表 6-7），在给定显著性水平 1 的情况下，豪斯曼检验支持随机模型，故表 6-7 的样本分析选用 GLS 方法，采用随机效应进行估计，回归结果如下：

表 6-7　　　银行区位选择中的学习行为回归分析结果

变量	中国工商银行（随机效应）		中国农业银行（随机效应）		中国建设银行（随机效应）	
OR	0.493 (6.94)[a]	0.494 (6.88)[a]	0.032 (1.92)[c]	0.033 (1.95)[b]	0.109 (7.17)[a]	0.098 (7.05)[a]
SCALE	0.001 (0.66)	0.001 (0.74)	0.002 (2.41)[b]	0.002 (2.32)[b]	-0.001 (-1.57)[d]	-0.0004 (-1.23)
ROA	-168.44 (-2.13)[b]	-148.42 (-1.66)[c]	-49.41 (-0.90)	-53.362 (-0.95)	30.00 (2.34)[b]	32.11 (2.32)[b]
T		-0.431 (-0.50)		-0.150 (-0.38)		-0.072 (-0.42)
R^2	0.79	0.58	0.59	0.69	0.69	
Wald chi^2 值	136.71	134.04	49.02	47.99	124.65	122.56
Hausman-chi^2 值	0.91	0.92	2.27	2.15	0.06	0.06

变量	中国银行（随机效应）		交通银行（随机效应）		招商银行（随机效应）	
OR			0.064 (6.46)[a]	0.053 (3.28)[a]	-0.644 (-4.52)[a]	-0.065 (-4.47)[a]
SCALE	0.010 (6.18)[a]	0.009 (4.36)[a]	-0.0001 (-0.37)	0.001 (0.68)	0.012 (7.88)[a]	0.012 (7.76)[a]
ROA	-102.65 (-0.94)	-118.01 (-1.05)	24.796 (1.27)	-50.906 (-0.53)	-20.676 (-1.08)	-23.230 (-1.12)
T		0.778 (0.68)		0.688 (0.80)		0.075 (0.36)

续表

变 量	中国银行（随机效应)		交通银行（随机效应）		招商银行（随机效应）	
R^2	0.13	0.13	0.71	0.69	0.25	0.25
Wald chi^2 值	80.56	80.12	66.16	66.06	87.81	85.36
Hausman-chi^2 值	0.51	0.84	0.36	1.13	0.17	0.17

注：①括号中的数据是 t 值。②a、b、c、d 分别表示在 1%、5%、10% 和 15% 的统计水平上显著。③常数项未列出。

(1) 就寡占反应的代理变量 OR 的回归结果看，中国工商银行寡占反应的回归系数为 0.49 左右，且在 1% 统计水平上显著，说明其他样本银行在东道国建立机构的数目对中国工商银行在目标市场设立分支机构具有正向影响，中国工商银行具有较明显的寡占反应。中国建设银行的回归系数为 0.10 左右，且在统计上的显著性强，说明中国建设银行在海外区位选择中也存在寡占反应；但其他三家商业银行的寡占反应则不明显，交通银行和中国农业银行的回归系数在 0.03~0.05 之间，基本都只略大于零，并且在统计上也显著，说明这两家银行的寡占反应不明显。从回归结果来看，招商银行的回归系数为负值，说明其海外区位选择不仅不存在跟随效应，还具有规避其他银行海外扩张行为的趋势。鉴于招商银行的国际化历史很短，海外分支机构数目有限，所以其寡占反应是否成立的结论，还得结合其后续扩张行为才能做出。从这 5 家银行的寡占反应回归结果可以看出，国际化历程越悠久的银行，寡占反应越明显。因此 H_{16} 基本得到验证。

(2) 从银行所有权优势的代表变量之一银行规模 SCALE 的回归结果来看，6 家样本银行的结果不尽相同，其中中国银行、招商银行的回归系数基本在 0.01 左右，且在 1% 统计水平上显著，说明银行规模对其在目标市场设立分支机构具有正向影响；中国农业银行回归系数为 0.002，基本接近于 0，且在 5% 统计水平上显著，说明资本规模对其海外机构设置的影响不明显；中国建设银行的回归系数为 -0.001，也基本接近于 0，且在 15% 的统计水平上显著，说明资本规模的影响也可以忽略不计。中国工商银行和交通银行回归系数为 0.001，且统计不显著。综上，银行规模对海外区位选择行为具有正向影响，只在中国银行和招商银行的样本中得到了验证，其他 4 家银行的回归系数都接近于 0，或统计不显著，说明银行规模对区位选择基本没有影响，这一结果与第 4 章 4.3.3 的结论一致。因此，难以判断 H_{16-a} 是否得到验证。

（3）从银行所有权优势的代理变量之二银行盈利能力 ROA 的回归结果来看，只有中国建设银行的回归系数为正，且在 5% 统计水平上显著，原假设得以验证。其他的 5 家银行，要么回归系数为负，要么统计不显著。从银行所有权优势的代理变量之三股改时间 T 的回归结果来看，与 ROA 的情况大致类似，6 家样本银行中，该变量的回归系数有的为负，而且统计都不显著。原因与（2）中的类似，也许是因为可供实证验证的样本年限较短，也许是有其他非经济因素影响了银行盈利能力对其外向国际化的影响（如政府导向的投资行为），在一定程度上影响了本书中的统计效果，因此，难以判断 H_{16-b}、H_{16-c} 是否得到验证。

综上所述，本实证结果表明，中国银行业区位选择中的寡占反应行为基本得到验证，对竞争对手的模仿学习与跟随行为能在一定程度上解释中资银行的海外区位选择及集聚行为；但三个控制变量——银行规模、盈利能力与股改时间，对银行区位选择的行为几乎没有影响。

6.3　进入模式选择中学习行为的验证

本节从银行层面探讨两个问题：一是各焦点银行在海外进入模式选择中是否具有模仿学习行为；二是各银行的国际化经验是否对其进入模式选择有影响。

6.3.1　实证研究模型的构建

根据本章所提出的研究假设，考虑到数据的可获得性，最终选定的实证计量模型如下：

$$BRANCH_{i,j,t} = \eta_0 + \eta_1 OR + \eta_2 GE + \eta_3 SE + \eta_4 EBARi + u_{it}\varepsilon_{it} \quad (6.2)$$

式（6.2）中 $BRANCH_{i,j,t}$ 为被解释变量，表示银行 j 在 i 国的分行比率，以此来衡量银行在不同东道国的进入模式偏好度。解释变量主要有三个：（1）OR（Oligopolistic Reaction），用一年中其他样本银行在东道国的分行比率（不包括焦点银行）来表示，以此度量各银行（除中国银行外）在进入模式选择中是否存在寡占效应或模仿学习行为；（2）GE（General Experience）代表一般性国际化经验；（3）SE（Specific Experience）表示特定东道国（地区）的市场经验。后两个变量用来解释各银行的国际化经验对其国际化进入模式的影响。$EBAR_i$ 是控制变量,用来衡量东道国 i 对外资银行组织模式的限制。η_0 为常数项,ε_{it} 为随机干扰项。与前一节一样,本节用 t-1 表示滞后期。

6.3.2 变量界定与数据来源

6.3.2.1 被解释变量的界定

本书借鉴赛鲁迪、阿里恰和马缇勒·裴妮亚(2007)的做法,用海外分行比率($BRANCH_{i,j,t}$)来作为其进入模式的代理变量。即 $BRANCH_{i,j,t}$ = 银行 j 在 t 年间在 i 国的分行数目/(分行+子行数目)。

表 6-8 是根据此公式计算出来的 6 家样本银行在 22 个主要东道国(区域)的海外分行比率。从表 6-8 可以看出,交通银行基本是倾向于单一的分行模式;中国农业银行在海外的分支机构主要集中在亚太和美洲这两大地区,且基本以极端的方式进入;招商银行在海外的分支机构最少,且进入模式也很极端。由于这三家银行的海外分行比率并未形成一种趋势性,因此在实证分析时,剔除了这 3 家银行的样本数据。

表 6-8　各银行海外分行比率[分行/(分行+子公司数目)]　　　　单位:%

年份	中国银行					中国工商银行					中国建设银行				
	HM	AP	AM	EUR	AFR	HM	AP	AM	EUR	AFR	HM	AP	AM	EUR	AFR
2001	0	86.7	87.5	90.9	0	50.0	75.0	–	100.0	–	50.0	100	–	100.0	100
2002	0	87.5	87.5	90.9	0	50.0	80.0	–	100.0	–	50.0	100	–	100.0	100
2003	7.1	88.2	87.5	83.3	0	50.0	80.0	–	66.7	–	50.0	100	–	100.0	100
2004	7.1	88.2	87.5	83.3	0	50.0	80.0	–	66.7	–	33.3	100	–	100.0	100
2005	7.1	83.3	87.5	83.3	0	50.0	80.0	–	66.7	–	33.3	100	–	100.0	100
2006	7.1	80.0	88.9	83.3	0	50.0	80.0	–	66.7	–	33.3	100	–	100.0	100
2007	6.7	80.0	88.9	71.4	0	50.0	57.1	–	66.7	–	33.3	100	–	100.0	100
2008	6.3	84.0	90.9	66.7	50.0	33.3	60.0	100.0	66.7	–	33.3	100	–	100.0	100
2009	6.3	85.2	83.3	64.7	50.0	25.0	60.0	100.0	66.7	–	33.3	100	100	50.0	100
2010	5.9	87.1	83.3	70.0	50.0	25.0	57.1	50.0	66.7	–	33.3	100	100	50.0	100
2011	5.9	88.2	86.7	70.0	50.0	25.0	68.4	33.3	77.8	0	33.3	100	100	50.0	100

续表

年份	交通银行					中国农业银行					招商银行				
	HM	AP	AM	EUR	AFR	HM	AP	AM	EUR	AFR	HM	AP	AM	EUR	AFR
2001	100	100	100	-	-	0	100	0	-	-	0	-	-	-	-
2002	100	100	100	-	-	0	100	0	-	-	50.0	-	-	-	-
2003	100	100	100	-	-	0	100	0	-	-	50.0	-	-	-	-
2004	100	100	100	-	-	0	100	0	-	-	50.0	-	-	-	-
2005	100	100	100	-	-	0	100	0	-	-	50.0	-	-	-	-
2006	100	100	100	-	-	0	100	0	-	-	50.0	-	-	-	-
2007	100	100	100	100	-	0	100	0	-	-	50.0	-	100	-	-
2008	100	100	100	100	-	0	100	0	-	-	33.3	-	100	-	-
2009	100	100	100	100	-	33.3	100	0	0	-	33.3	-	100	0	-
2010	100	100	100	100	-	33.3	100	0	0	-	33.3	-	100	0	-
2011	100	100	100	50.0	-	33.3	100	0	0	-	33.3	-	100	0	-

注：①HM——中国港、澳地区；AP——亚太；AM——美洲；EUR——欧洲；AFR——非洲。
②"-"表示该年该行在该东道国（地区）未设立任何分支机构。
资料来源：根据各银行年报、网站数据整理而得。

6.3.2.2 解释变量的界定

（1）解释变量1：一般性经验（GE）。与第4章4.3节中"一般性经验"由各银行海外分支机构覆盖的国家或地区数目表示不同的是，这里用某年中某银行在全球的分支机构数目来作为GE的代理变量，具体数据如表6-9所示。其数据相对于被解释变量滞后1年。

表6-9　　各银行海外分支机构数量一览（分行+子公司数目）　　单位：家

年份	中国银行	中国工商银行	中国建设银行	交通银行	中国农业银行	招商银行
2001	45	8	5	4	4*	1
2002	48	9	5	4	4*	2
2003	52	10	6	4	4*	2
2004	52	10	8	4	4*	2

续表

年份	中国银行	中国工商银行	中国建设银行	交通银行	中国农业银行	招商银行
2005	55	10	8	5	4*	2
2006	56	10	8	5	4*	2
2007	59	12	8	7	4*	3
2008	69	17	8	7	4*	4
2009	74	18	11	7	8*	6*
2010	82	23	12	7	9*	6*
2011	88	36*	12	11	10*	7*

注：① 主要统计了某银行在某年的全部分支机构数目，包括分行和子行/子公司的组织模式。② 考虑到招商银行和中国农业银行的国际化进程较短，其海外设立的代表处也被统计在内。其他银行则只统计了海外分行和子行/子公司的数目。考虑到非洲区域对于中资银行来说尚属于新兴的海外市场，在其设立的代表处也被统计在内。数据上有 * 的表示已包含代表处数目。

资料来源：根据各银行年报、网站数据整理而得。

（2）解释变量2：特定东道国（地区）经验（Specific Experience）。这里的特定市场经验用各中资银行在不同区域的海外分支机构数目这一指标来衡量，详见表6-10，其数据相对于被解释变量滞后1年。

（3）解释变量3：寡占反应（Oligopolistic Reaction）。这里的寡占反应是指一年中其他样本银行在东道国（地区）的分行比率（不包括焦点银行，滞后一年的数据），由此观测各焦点银行对其他银行进入模式是否有学习模仿或寡占反应（详见表6-11）。

6.3.2.3 控制变量的界定

与第5章5.2节一样，控制变量 $EBAR_i$ 同样用虚拟变量 D 进行度量，表示东道区域 i 对外资银行分行模式的限制。根据第5章5.2.1节表的内容，将22个东道国（地区）分为5大区域。该区域内，凡有一个东道国（地区）对组织模式有限制的，则 D=1；反之，没有一个东道国（地区）有组织模式方面的限制的，则 D=0。统计结果如表6-12所示。

表6-10 各银行在不同区域的海外分支机构数量（分行+子公司数目）

单位：家

年份	交通银行				中国农业银行				招商银行				中国工商银行				中国银行					中国建设银行				
	HM	AP	AM	ER	HM	AP	AM	EU	HM	AP	AM	EU	HM	AP	AM	EU	HM	AP	AM	EU	AFR	HM	AP	AM	EU	AFR
2001	1	2	1	0	1	2*	1*	0	1	0	0	0	2	4	0	2	10	15	8	11	1	2	1	0	1	1
2002	1	2	1	0	1	2*	1*	0	2	0	0	0	2	5	0	2	12	16	8	11	1	2	1	0	1	1
2003	1	2	1	0	1	2*	1*	0	2	0	0	0	2	5	0	3	14	17	8	12	1	2	2	0	1	1
2004	1	2	1	0	1	2*	1*	0	2	0	0	0	2	5	0	3	14	17	8	12	1	3	3	0	1	1
2005	1	3	1	0	1	2*	1*	0	2	0	0	0	2	5	0	3	14	18	8	12	1	3	3	0	1	1
2006	1	3	1	0	1	2*	1*	0	2	0	0	0	2	5	0	3	14	20	9	14	1	3	3	0	1	1
2007	2	3	1	1	1	2*	1*	0	2	0	0	0	2	7	0	3	15	20	9	15	2	3	3	0	1	1
2008	2	3	1	1	1	2*	1*	0	3	0	0	0	3	10	1	3	16	25	11	17	2	3	3	0	1	1
2009	2	3	1	1	3	2*	2*	2*	3	0	2*	1*	4	10	1	3	16	27	12	17	2	3	4	1	2	1
2010	2	3	1	1	3	3*	1*	2*	3	0	2*	1*	4	14	2	3	17	31	12	20	2	3	5	1	2	1
2011	2	5	2	2	3	4*	1*	2*	4*	0	2*	1*	4	19	3	9	17	34	15	20	2	3	5	1	2	1

注：①HM——中国港、澳地区；AP——亚太；AM——美洲；EU——欧洲；AFR——非洲。②考虑到招商银行和中国农业银行的国际化进程较短，其海外设立的代表处也被统计在内。其他银行则只统计了海外分行和子行/子公司的数目。考虑到非洲区域对于中资银行来说尚属于新兴的海外市场，在其设立有设立分支机构，网其在非洲地区的数据不予统计。③鉴于中国工商银行、中国农业银行、招商银行、交通银行在非洲地区没有设立分支机构，故其在非洲地区的数据不予统计。

资料来源：根据各银行年报、网站数据整理而得。

第6章 银行国际化学习行为研究 151

表6-11 一年中其他样本银行在东道国（地区）的分行比率（不包括焦点银行） 单位：家

年份	焦点银行：中国工商银行				焦点银行：中国建设银行					焦点银行：交通银行				焦点银行：中国农业银行				焦点银行：招商银行			
	HM	AP	AM	EU	HM	AP	AM	EU	AFR	HM	AP	AM	EU	HM	AP	AM	EU	HM	AP	AM	EU
2001	13.3	89.5	88.9	84.6	13.3	86.4	88.9	92.3	0	12.5	85.7	87.5	81.3	18.8	86.4	88.9	92.9	18.8	87.0	88.9	92.9
2002	16.7	90.0	88.9	84.6	16.7	87.5	88.9	92.3	0	15.8	87.0	87.5	81.3	16.7	87.5	88.9	92.9	16.7	88.0	88.9	92.9
2003	20.0	90.9	88.9	84.6	20.0	88	88.9	80.0		19.0	88.0	87.5	81.3	20.0	88.5	88.9	81.3	20.0	88.9	88.9	81.3
2004	19.0	91.3	88.9	84.6	20.0	88	88.9	80.0		18.2	88.5	87.5	81.3	19.0	88.9	88.9	81.3	19.0	89.3	88.9	81.3
2005	19.0	81.5	88.9	75.0	19.0	79.3	88.9	80.0		18.2	79.3	87.5	81.3	19.0	80.6	88.9	81.3	19.0	81.3	88.9	81.3
2006	19.0	81.5	90.0	84.6	4.20	82.8	90.0	80.0	0	18.2	82.8	88.9	81.3	19.0	83.9	90.0	81.3	19.0	84.4	90.0	81.3
2007	21.7	85.2	90.9	75.0	22.7	80.6	90.9	72.2	50.0	17.4	80.6	90.0	72.2	21.7	81.8	90.9	73.7	21.7	82.4	90.0	73.7
2008	20	87.5	92.3	70.6	20.0	79.5	92.9	68.4	50.0	15.4	79.5	92.3	68.4	20.0	80.5	92.9	70.0	20.0	81.0	92.3	70.0
2009	22.2	88.6	86.7	61.9	21.4	80.5	86.7	63.6	50.0	17.2	81.0	86.7	60.9	21.4	81.8	87.5	65.2	21.4	82.2	86.7	62.5
2010	21.4	90.0	86.7	66.7	20.7	79.6	81.3	68.0		16.6	80.4	81.3	65.4	20.7	81.1	82.4	69.2	20.7	81.5	81.3	66.7
2011	21.4	91.3	89.4	64.0	20.7	83.3	81.0	68.8	33.3	16.7	83.3	80.0	68.8	20.7	84.1	81.8	69.7	10.3	84.6	81.0	67.6

注：①计算公式为：其他样本银行在某一区域的分行总数／其他样本银行在该区域的分支机构总数。②HM——中国香港、中国澳门地区；AP——亚太；AM——美洲；EU——欧洲；AFR——非洲。③鉴于中国工商银行、中国农业银行、招商银行、交通银行在非洲地区的数据不予统计，故其在非洲地区的数据不予统计。

资料来源：根据各银行年报、网站数据整理而得。

表 6-12　　　东道国（地区）对外资银行组织模式的限制

哑变量＼东道国（地区）	我国港、澳地区 HM	亚太地区 AP	美洲地区 AM	欧洲地区 EU	非洲地区 AFR
D	0	1	0	0	1

注：D 取值为 0，代表对外资银行采取分行或子行的进入模式没有限制；反之，对分行或/和子行进入模式有限制的，D=1。

资料来源：Bank Regulation and Supervision（updated June 2008）[OL/DB]．http：//econ.worldbank.org．

6.3.3　数据分析及结果阐述

综上所述，由于国际化历史短、海外分支机构的样本数目有限，或在海外的进入模式单一等原因，在实证分析时，剔除招商银行、中国农业银行和交通银行这三家银行的样本数据后的回归结果如表 6-13 所示。

表 6-13　　　　　　　　　进入模式回归结果

变量	中国银行	中国工商银行		中国建设银行	
	随机效应	随机效应	随机效应	随机效应	随机效应
GE	-0.065 (-3.58)^a	-0.130 (-2.70)^a	-0.139 0 (-4.79)^a	-0.319 (-3.59)^a	-0.110 (-0.14)^c
SE	-0.022 0 (-3.03)^a	-0.010 4 (0.77)	0.016 6 (1.88)^c	-0.014 4 (0.49)	-0.116 5 (-6.50)
OR		0.288 1 (0.66)^c	0.543 5 (6.06)^a	0.322 0 (2.63)^a	0.415 1 (7.27)^a
EBAR	-0.488 (-1.17)^c		-0.193 6 (-2.79)^a		-0.357 2 (-9.38)^c
R^2	0.12	0.10	0.64	0.19	0.80
Wald-chi^2 值	12.89	4.34	59.93	25.80	172.14
Hausman-chi^2 值	23.37	1.90	5.73	0.32	44.72

注：①括号中的数据是 t 值。②a、b、c、d 分别表示在 1%、5%、10% 和 15% 的统计水平上显著。③常数项未列出。

从表 6-13 的回归结果来看，国际化经验的代理变量之一 GE（一般性经验）的回归系数大多在 -0.065 ~ -0.319 之间，且在 1% 或 10% 的统计水平上显著，说明一般性经验对这3家银行的分行比率具有一定的负向影响，假设H_{15-a}得到验证。但国际化经验的影响效应并不大，造成这一结果的原因，从统计学角度来说，或许与考察期较短、样本容量有限这一因素有关；从现实考察来看，或许与中国银行业国际化历程较短、国际化经验的作用效应还有待慢慢释放这一特征有关。就这三家银行的回归结果对比来看，中国银行的国际化经验对其国际化程度的影响最微弱，几乎可以忽略不计，而中国工商银行和中国建设银行的国际化学习效应反而要显著些，形成这一结果的原因，可能与中国银行对分行进入模式的偏好有关（中国银行作为中国国际化程度最高的商业银行，除在我国港、澳地区基本以子行/子公司模式为主外，在亚太地区和美洲地区的海外机构90%左右是采取分行形式，在欧洲地区附属机构所占比率也仅为1/3左右），也可能与中国工商银行和中国建设银行采取了更激进的扩张风格或3家银行的区位分布差异等因素有关。就各银行在全球的组织模式配置来看，中国工商银行的子行比率最高（38.9%），中国银行为32.6%，中国工商银行除了在我国港、澳地区子行比率比中国银行低以外，在其他四个区域都比中国银行的子行比率高；如果再考虑并购模式（通过并购模式控股的银行通常形成了母行的附属行或子行），自2000年以来中国工商银行达15起；中国建设银行9起，中国银行8起（其中1起并购洛希尔银行的失败），因此，3家银行在这一回归系数上的差异也基本与各银行的国际化扩张实际相符。

就国际化经验的代理变量之二 SE（特定市场经验）的回归结果看，回归系数有正有负，且大多不具有统计水平上的显著性，难以判断特定市场经验对这3家银行的分行比率的影响，假设H_{15-b}没有从银行层面得到验证。究其原因，可能与国际化经验的滞后效应有关，也可能是因为母行背景下的某些特质影响了中资银行海外进入模式的选择。如弗农·伍尔泽（Vernon-Wortzel）和伍尔泽（Wortzel）(1988)、布劳色斯等（Brouthers, 2005）的研究表明，与发达国家的MNCs不同的是，发展中国家的MNCs缺乏所有权优势，当面临不确定性时，更倾向于通过模仿以前的区位选择决策模式。在地理分布上的相对集中，可以帮助发展中国家的MNCs更好地对消费者和竞争者的各种行为进行管理和学习（Grant, 1987）。林苑（Yuan）和潘加卡（Pangarkar）(2010) 的实证研究结果表明，中国MNCs的区位选择活动可以用这种惯性行为来解释。这种惯性行为，也可以用来解释中资银行对分行模式的偏好，即通过重复以前的区位决策，银行可以获取整合效应（Eisenhardt & Martin, 2000; Qian et al., 2008），因此，不管在某一东道国（地区）机构数目是多还是少，银行始终偏好以分行的形式进入，由此可以解释特定市场经验与银行分行比率不相关。

就寡占反应的代理变量 OR 的回归结果来看，中国工商银行和中国建设银行的回归系数都在 0.2881~0.5435 之间，是本书模型中三个解释变量中回归系数最高的，而且都在 1% 或 10% 统计水平上显著，说明其他样本银行在某特定东道区域的分行比率对这 2 家银行的进入模式选择有正向影响，具有较明显的模仿学习行为，研究假设 H_{14} 得到验证。就这 2 家银行的回归结果对比来看，中国工商银行的寡占反应比中国建设银行更明显，说明国际化程度越高的银行，寡占反应越明显。这一结果与本章 6.2 节相一致。

就东道国（地区）制度变量的代理变量 EBAR 来看，这 3 家银行的回归系数在 -0.194~-0.488 之间，而且都在 1% 或 10% 统计水平上显著，说明东道国（地区）对分行模式的限制与银行分行比率负相关，假设 H_{17} 得到验证。

综上所述，本实证结果表明，国际化经验与对竞争对手的模仿学习行为，都对中资银行的进入模式选择产生影响，这些影响变量中，寡占反应的回归系数最高，说明银行进入模式中的模仿学习行为显著；而一般性国际化经验对中资银行进入模式的影响要大于特定市场经验的影响。此外，东道国（地区）对进入模式的限制对银行进入模式选择有显著的影响。

6.4 本章小结

本章基于寡占反应理论，对银行寡头国际化中的模仿学习效应进行了机理分析，并从银行进入模式与区位选择两个层面，提出了相关命题（详见表 6-14）。

表 6-14　　　　　　　　本章实证检验结果一览

	研究命题假设	回归系数符号假设	假设验证情况
H_{13}	对其他竞争对手的模仿学习行为对银行区位选择具有正向影响	+	支持
H_{14}	对其他竞争对手的模仿学习行为对银行进入模式选择具有正向影响	+	支持
H_{15}	银行国际化经验会对其进入模式产生显著影响（企业层面）	不确定	支持

续表

研究命题假设		回归系数符号假设	假设验证情况
H_{15-a}	一般性国际化经验会对银行的分行比率产生显著影响（企业层面）	不确定	支持
H_{15-b}	特定市场经验会对银行的分行比率产生显著影响（企业层面）	不确定	拒绝
H_{16}	银行的所有权优势与其海外市场开拓正相关	+	不支持
H_{16-a}	银行规模与其海外机构数量正相关	+	部分支持
H_{16-b}	银行盈利能力与其海外机构数量正相关	+	不支持
H_{16-c}	银行股权改革进程与其海外机构数量正相关	+	不支持
H_{17}	东道国对外资银行组织模式的限制会对银行进入模式产生影响，即对分行进入模式的限制高低与分行比率负相关	−	支持

实证检验结果表明，在8个命题中，4个被拒绝的研究假设，包括了控制变量"银行所有权优势"的3个代理变量。在4个得到验证的命题，主要包括国际化经验和寡占反应变量，论证了寡占反应理论对中资银行国际化行为具有较好的解释效应，而且国际化程度越高的银行，效应越明显，H_{13}和H_{14}得到验证。

就国际化经验的对银行进入模式的回归结果来看，一般性经验的回归系数都为负，且在1%或10%的统计水平上显著，说明其对银行的分行比率具有一定的负向影响，假设H_{15-a}得到验证。相比较而言，特定市场化经验对进入模式的影响效应并没有得到验证，因此H_{15-b}被拒绝。此外，东道国（地区）对进入模式的限制对银行进入模式选择有显著的影响，H_{17}得到验证。所有权优势对银行海外市场开拓没有影响，H_{16}被拒绝。

第7章 研究结论与对策建议

"引进来"与"走出去",是中国深化对外开放中不可或缺的两大主题。本书立足于新兴国家企业国际化的前沿与热点问题,以对中资银行国际化扩张总体特征的现实观察为出发点,沿着银行国际化"学习效应"的理论脉络,遵循从宏观到微观的逻辑顺序,首先对学习效应作用于银行国际化进程的路径与机理进行了研究,然后进一步考察了学习效应对银行国际化区位选择行为的影响,最后对银行国际化学习行为进行了量化实证分析。不仅从宏观层面揭示了中国银行业"引进来"的政策对"走出去"进程的作用机理,而且对中资银行"走出去"的特征差异及其影响因子进行了探究,希望可以寻求对外开放与银行企业国际化之间良性互动的战略决策与对策建议。

7.1 主要结论

7.1.1 经验知识对银行国际化进程具有一定的促进效应

中国银行业经历了从内向国际化向外向国际化的演化路径,外向国际化程度整体较低、尚处于国际化的初级阶段;就其行为特征来看,中资银行即使在不具有所有权优势的前提下,也采取了快速而激进的方式进入海外市场,如直接进入发达市场、以激进的冒险行为从成熟的跨国银行手中获取战略性资源,这些国际化行为迥异于发达国家 MNBs 国际化初期的特征,而与 EMNCs 激进的国际化扩张行为相似。

本书的实证研究结果证明,银行业内向国际化程度(用银行业的对外开放度来度量)对其外向国际化水平具有正向显著影响,假设 H_1 得到验证;银行业对外开放的时间变量与外向国际化的回归系数都在 1.0 以上,但部分情况下未通过显著性检验,这可能与考察期较短、对外开放政策的效应未能完全释放出来有关。外向国际化经验对中国银行业的国际化程度有一定的正向影响,但回归系数要远低于内向国际化经验的回归系数,说明银行业对外开放所获取的内向国际化经验对其国际化程度的促进效应要比银行在海外市场所获取的外向国际化经验的促进效应明显得多。从企业层面所做的实证研究结果表明,中国银行外向国际化经验的回归系数要高于整个行业层面的回归结果,且都具有统计的显著性,而中国工商银行的回归系数明显比中国银行的要小,中国建设银行的回归系数更小,说明国际化历程越悠久的银行,其学习效应越明显,因此 H_2 得到验证。这与肖慧敏和刘辉煌(2014)的研究结论一致,即持续对外投资的企业获得了更高的生产率及技术溢价。

7.1.2 学习动因对银行区位选择行为的影响显著

就第 5 章的实证分析结果来看,在三个解释变量中,学习动因对区位选择的作用最显著,其次是市场寻求型动因,而顾客追随动因对区位选择的影响最小。说明我国商业银行的国际化动因具有 EMNCs 所显现出来的双重性特征,不仅有如发达国家 MNCs 一样的机会寻求型动因,还具有 EMNCs 的学习导向型动因。在顾客追随型动因中,贸易追随对区位选择的影响又要高于投资追随型的,这与中国目前出口导向型经济的现实是相符的,说明现阶段出口贸易对银行国际化影响要比 ODI 的影响大。但在与中国市场相似性较近的东道国(地区),境外投资方式又比双边贸易渠道更能带动中资银行到该东道国(地区)设立分支机构,尤其是当东道国(地区)为亚太经济合作组织成员或我国香港地区时,FDI 的促进效应更明显。

从控制变量的影响来看,文化相似性(CUL)变量在两种模型下的回归系数均显著大于零(回归系数都在 2.3~3.9 之间),经济发展水平相似性(DEV)变量的回归系数都在 3.2~5.8 之间,并且在统计上显著,说明市场相似性对于促进我国银行"走出去"设立分支机构具有重要正向影响。当东道国为亚太经济合作组织成员时,尤其是中国香港地区时,这一效应更明显。说明"进程论"对中国银行业国际化具有较好的解释力,这支持了黄启瑞等(2010)的观点。

7.1.3 银行国际化学习的主要途径

本书实证结果表明了中资银行进行国际化学习的三种有效途径如下:

(1)外资银行的进入及境外战略投资者的引入,为中资银行建立国际社会关系、了解国际市场、获取知识外溢效应和国际经营机会、进行制度创新等,提供了机会,使得中资银行获取了内向国际化经验。本书支持了科维略

(Coviello)和蒙罗(Munro)(1997)、科维略(Coviello)和马丁(Martin)(1999)、马哈茂德(Mahmood)和马福佳(Mahfuja)(2007)的观点,认为外资进入有利于提升银行国际化的效果。

(2)模仿主要竞争对手的行为是中资银行进行国际化学习的主要途径之一,由此支撑了保尔(Bal)和特斯卓格尔(Tschoegl)(1982)以及钱和安德鲁(2008)等的观点。本书基于寡占反应论的实证研究结果表明,中国银行是我国银行业国际化中的领导者,其他5家样本银行中,中国工商银行的寡占反应最明显,中国建设银行次之,说明国际化历程越长的银行,寡占反应越明显,H_{13}与H_{14}得到验证。由于其他3家银行国际化历程更短,样本量有限,其寡占反应是否成立,还得持续跟踪其后续扩张行为才能做出判断。本书结果在一定程度上验证了坦和迈耶(2011)所提出的新兴市场国家FDI的"集聚效应",即中资银行追随行业的领导者而进入海外市场,这为后来者获取东道国(地区)特定市场经验提供了有效的分享渠道。

(3)在海外市场所积累的国际化经验,在一定程度上促进了银行"走出去"的深度与广度。实证结果表明,一般性经验对银行分行比率的回归系数都显著为负,说明国际化经验的增加,会促使银行采取卷入程度更高的子行模式,由此H_{15-a}得到验证。但从行业和企业两次层面所做的实证分析都未能证实特定市场经验对银行的进入模式有影响,故H_{15-b}没有得到验证。究其原因,可能与国际化经验的滞后效应有关,也可能是与母行背景下的某些特征有关。如弗农·伍尔泽(Vernon-Wortzel)和伍尔泽(Wortzel)(1988)与布劳色斯等(Brouthers,2005)的研究发现,EMNCs更倾向于通过模仿以前的区位决策模式来降低国际市场的不确定性。中资银行在国际化扩张中对分行模式的偏好,是这种惯性行为的具体体现形式之一。

7.1.4 制度变量是影响银行国际化行为的重要控制变量

就其他控制变量的回归结果来看,仅有母国制度变量(代理变量为银行业的对外开放政策)和东道国制度变量(代理变量为行业进入限制EBAR和法治水平RL)的作用效应得到验证,而"银行所有权优势"的3个代理变量——银行规模、盈利能力和股改进程,对银行国际化行为的影响没有得到验证。从统计学角度来说,或许与考察期较短、样本容量有限这一因素有关;从现实考察来看,也可能是因为我国银行国际化主要是由政府主导的带有政治性的对外直接投资行为,这可从5大国控银行是我国银行业国际化的绝对主体得到间接印证。本书结论间接论证了有关新兴市场 EMNCs 的理论，即 EMNCs 即使在不具有所有权优势的前提下也可以实现快速的国际化。

综上所述，本书没有照搬主流的"优势论"，而是基于学习效应视角，对其作用于银行业国际化进程及行为的理论机理展开量化实证研究，有益地拓展了折衷理论的研究框架。但由于目前走出去的银行数目并不多，本书样本仅限于 6 家银行，这说明存在样本选择偏差，将本书的结果扩展到所有银行是需要谨慎的。

7.2 政策建议

本书实证研究表明，银行业通过"引进来"所获取的内向国际化经验对其国际化进程的促进效应比银行"走出去"所获取的外向国际化经验的效应更明显。在与中国市场相似性较近的东道国（地区），境外投资方式比双边贸易渠道更能带动中资银行到东道国设立分支机构，尤其是当东道国（地区）为亚太经济合作组织成员或我国香港地区时，在该地区的 FDI 会比贸易渠道更能促进我国银行在该区域设立分支机构。因此，本书在宏观层面的政策启示体现在：支持银行业"引进来"与中国企业"走出去"的战略决策应坚定不移地贯彻下去。在中微观层面，本书所提出的有关银行国际化的对策建议主要有以下四点：

7.2.1 追求学习效应，科学选择发达市场

正如本书研究结论所示，学习导向型动因是中资银行积极开拓发达国家市场的驱动力所在，也论证了 EMNCs 相关理论对中国银行业国际化的适用性。在 EMNCs 理论看来，与发达国家不同的是，EMNCs 并不会将所有权优势作为其国际化的前提条件，它们会把所有权优势的获得当做一个战略动机来执行。如"后进者理论"（The latecomer theory）认为，国际化是 EMNCs 用来消除竞争劣势的一种手段（Dore，1977；Matthews，2002；Wesson，1999）；罗（Luo）和童（Tung）（2007）的"跳板论"也强调了这一观点，认为 EMNCs 正在将其国际化扩张作为一种跳板，以获取战略资源、减少其在母国所面临的制度和市场因素方面的限制。李（Lee）和斯莱特（Slater）（2007）有关三星电子在国际化中的成功案例、奇图尔（Chittoor）和瑞（Ray）（2007）对印度医药集团国际化过程的研究、科林（Klein）和沃克斯（Wocke）（2007）对南

非企业在全球范围内发展其所有权优势的案例研究，都支撑了"跳板论"的观点。坎特韦尔（Cantwell）和拉露娜（Narula）(2001)，邓宁（1995，2000），罗（2000），罗和童（2007），杨（Yeung，2007）则用所有权优势获取型动因来解释企业在不具有所有权优势时进入海外市场的行为，认为其目的是为了弥补自身的战略资源/资产缺口，发展或获得有可能增加未来收益的所有权优势，实现资产增值。罗和童（2007）、马德修斯（Matthews，2006）又将此动机称为资产增值型 FDI。肖慧敏和刘辉煌（2014）针对中国企业 ODI 的研究发现，并非投资于所有地区的 ODI 都获得了技术溢出效应，投资于发达国家（或地区）的企业比仅投资于发展中国家的企业拥有更强的学习能力、获得了更多的效率改进。

因此，即使在发达国家银行业的竞争相当激烈，中资银行也不具有所有权优势，基于学习战略考量也要科学的选择文化距离较远的发达国家作为目标市场，通过国际化中的学习与知识外溢效应，获取发达国家的知识性资源和制度性资源，以赢取未来的所有权优势。我国银行业实行的分业经营、分业监管政策，限制了银行业务活动的全面化。因此，通过在允许混业经营的国家开展全能性银行业务并"迂回"至中国内陆，可以有效规避国内的制度劣势。此外，从区位优势来看，发达国家收入水平高，拥有较高现金流，对多元化金融服务会有更高的需求水平，能满足银行的市场寻求型动因；对于拥有国际金融中心的发达国家而言，区位优势尤为明显，中资银行纷纷进入纽约、伦敦等国际金融中心，有助于其学习导向与制度寻求动因的实现。

7.2.2 发挥比较优势，加大对新兴市场的拓展

与欧美高度发达的银行相比，中国境内的银行在一段时间内将难以具备竞争力，更好的战略当然是关注在中国的业务增长、同时有选择地在新兴市场扩张。新兴市场对中资银行的区位优势主要体现在以下四个方面：

（1）从比较优势的角度来看，相似的发展水平和技术能力，以及在脆弱的制度环境下的适应能力，是文献中被普遍提及的发展中国家之间 ODI 的动机（Kumar，1982；Aykut & Goldstein，2007）。因此，在新兴市场制度背景下所形成的特定所有权优势，与新兴国家特有的区位优势相结合，形成了EMNCs独特的竞争优势，使得其能比工业化国家的跨国企业更有效率的在某些领域进行竞争。如库玛（Kumar，1982）阐述的 EMNCs 在新兴市场上经营所具有的优势主要包括：更低的运营成本，更熟悉新兴市场的经营环境，以及

在新兴市场上所具有的低感知风险。艾库特和戈德斯坦（Aykut & Goldstein, 2007）有关 EMNCs 比较优势的研究结论印证了库玛（Kumar, 1982）25 年前的观点。

因此，对于中国企业来说，其进入新兴市场的战略行为是为了实现企业竞争优势与东道国行业影响因子之间的战略匹配。新兴市场中银行业的竞争水平较低，且中国企业具有在新兴市场中经营的感知优势，这也可以用来解释，在海外区位选择上，中国四大国有银行基本都遵循了先布局亚洲市场、后突破欧美市场、再完善海外整体布局的发展路线。此外，从市场可接近性的角度来看，中国与发展中国家或新兴国家的"心理距离"更近，更容易获得比较优势。本书的实证结果证明了，文化与经济发展水平的相似性，包括区域经济一体化，对中资银行进入新兴市场起到了促进作用。中国与东盟地区建立了自由贸易区协议，再加上东盟地区与我国文化相近、进入壁垒较低、并购市场机会较多，因此在未来的国际化扩张中，可以泰国、马来西亚、印度尼西亚等核心国家为重点，利用身处东南亚的地缘优势，逐步建立辐射东盟各国的银行体系。

（2）从顾客追随型动因来看，贸发会议发布的《2014 年世界投资报告》表明，随着国际生产与消费不断向发展中国家或转型经济体转移，基于效率寻求型和市场寻求型的 ODI 不断流入这些国家或地区。2010 年发展中和转型期经济体吸引的直接外资流量首次达到全球总流量的半数以上，2013 年更是高达 61%（见表 7-1）。"南南之间"以绿地投资形式进行的 FDI，在 2010 年达 60%（2004 年仅占 28%），发展中经济体在全球经济中的地位开始不断攀升。

伴随着中国与亚洲、拉丁美洲、非洲等发展中国家经济联系的加深，中国投向新兴市场的 ODI 比重在金砖四国中也是最高的。顾客追随型动因也使得新兴市场对中资银行的吸引力不断加大。如拉丁美洲已成为我国对外直接投资存量仅次于亚洲的地区，重点加强与非洲、拉美地区等主要贸易伙伴国的合作，可以充分分享中非、中拉贸易迅速增长、经济合作不断增加的果实，为银行进入这些国家提供了巨大商机。但目前中资银行在非洲和拉美地区的进入是很有限的，与正在发展的对外经贸关系并不相称。截止到 2013 年，中国在非洲的 ODI 覆盖率也高达 85.7%，而中资银行海外机构的覆盖率只有 6.7%；在南美洲的 ODI 覆盖率高达 60.4%，而中资银行的覆盖率只有 8.3%（欧明刚、方方，2015）。像华为、中兴通讯、联想等本土企业的国际化主要集中在新兴

表7-1 2011～2013年按区域分列的直接外资流量

单位：10亿美元，%

区域	直接外资流入量						直接外资流出量					
	2011年		2012年		2013年		2011年		2012年		2013年	
	总量	占比	总量	占比	总量	占比	总量	占比	总量	占比	总量	占比
全球	1700	100	1330	100	1452	100	1712	100	1347	100	1411	100
发达经济体	880	51.8	517	38.8	566	39.0	1216	71.0	853	63.3	857	60.8
发展中经济体	725	42.6	729	54.8	778	53.6	439	24.7	422	32.7	381	32.2
非洲	48	2.8	55	4.1	57	3.9	7	0.4	12	0.9	12	0.9
拉丁美洲和加勒比	244	14.3	256	19.2	292	20.1	111	6.5	124	9.2	115	8.1
西亚	53	3.1	48	3.6	44	3.0	22	1.3	19	1.4	31	2.2
南亚、东亚和东南亚	377	22.2	366	27.5	383	26.3	283	16.6	283	21.0	295	20.9
东南欧和独联体	95	5.6	84	6.3	108	7.4	73	4.3	54	4.0	99	7.0
结构弱小的经济体	58	3.4	58	4.4	57	3.9	12	0.7	10	0.7	9	0.7

资料来源：联合国贸易和发展会议. 2014年世界投资报告[OL/DB]. www.unctad.org/fdistatistics.

市场国家，我国的商业银行应追随他们的脚步，为其提供跨国金融服务。再加上新兴市场一般具有较高的经济增长，可以为跨国银行提供获得高额利润的机会（Clarke，2003），而且新兴经济体因转轨产生的制度变迁，在金融自由化和引资政策方面体现出区位优势来，无不增加了新兴市场对中国企业的吸引力。

此外，根据国际经验，积极跟随母国发展战略是跨国银行国际化战略成功实施的关键（邵科，2015）。"一带一路"战略的实施，将对我国"走出去"的规模和形态产生深远影响，也为银行国际化提供了重要契机。然而我国银行在"一带一路"地区的境外机构覆盖率大大滞后于投资贸易的覆盖面，以国际化程度最高的中国银行为例，截至 2014 年末，其仅在 16 个"一带一路"沿线国家和地区设立了营业性机构或代表处，远远低于花旗银行（32 个）和汇丰银行（27 个）的覆盖数。

（3）从东道国市场潜力来看，新兴市场国家更能满足跨国银行市场追求型动机。新兴市场国家一般具有较高的经济增长，可以为跨国银行提供获得高额利润的机会（Clarke，2003）。2008 年金融危机中，正是凭借其在新兴市场上的收益来冲抵发达市场上的损失，汇丰银行成为金融巨头中遭受金融危机整体损失相对较小的银行。按照购买力平价测算，2009 年，新兴市场 GDP 占全球 GDP 的份额由 2008 年的 48% 升至 51.87%，历史上首次超越发达经济体。另外，新兴市场对全球经济增长的贡献度亦大幅提升（2008 年达到 60% 左右）。而且新兴经济体因转轨产生的制度变迁，在金融自由化和引资政策方面体现出区位优势来，由此吸引外资到发展中国家跨国经营。

（4）新兴市场的竞争程度与行业集中度更低。发达国家如美国、西欧等国家银行的市场集中度高，本土银行的竞争优势与市场占有率较高。部分发达国家因竞争激烈而导致盈利空间狭小，如《银行家》（2011）的数据所示，爱尔兰、瑞典、西班牙、葡萄牙、瑞士、挪威等国家就排在银行盈利水平（贷款盈利率）最低排行榜上。而发展中国家或新兴经济体，金融集中度整体来说不高，银行盈利空间更大，中资银行相对更容易获得所有权优势。大量研究也证实了，东道国是发展中国家时，银行国际化绩效更高；而东道国为发达国家时，对外投资银行的效率反而要低于母国内银行的效率（De Young & Nolle，1996；Hasan & Hunter，1996；Miller & Parkhe，1999；Berger, De Young, Genay & Udell，2000）。克莱僧斯和休－曾加（Claessens & Huizinga，2000）的研究也表明，发达国家对发展中国家投资的银行比其母国银行有着更高的利差收入、更低的费用支出，但在发达国家则正好相反。因此，从追寻市场机会和利润机会的角度来看，新兴市场国家更具有吸引力。亚太、拉美、非洲等新兴市场已逐步取代北美、欧洲、日本，成为跨国银行境外拓展的首选目标和重要收入来源地。如花旗、汇丰、德意志、渣打等国际大银行近30%或更多的营业收入均来自新兴市场。随着中资银行国际化的不断深入，东道国获利机会应该成为中国银行业的主要决策依据，尤其是对于尚处于国际化初级阶段的中国银行业来说，更能发挥其比较优势。

因此，与欧美那些高度发达、根基稳固的跨国银行相比，中国境内的银行在一段时间内将难以具备竞争力。巴克莱资本数据显示，中国工商银行在中国的股本回报率约为22%，而其国外经营的股本回报率却只有约14%。说明与竞争激烈的成熟市场相比，新兴市场会带来更高的市场盈利机会。

但值得注意的是，要谨慎对待盈利水平低的新兴市场。在我国台湾与大陆之间贸易及投资依存度越来越高的情境下，大陆银行是否也应该加大到台湾的投资力度呢？汤振邦（2010）的研究结果表明，大陆银行业发展潜力巨大，具有无限成长空间。而在台湾，由于银行业的过度竞争导致存款过剩、无法实现有效放贷，市场已趋饱和，即使利差增加，银行收益也没有同向增加，建议台湾银行尽早进入大陆设点，开辟新市场。2010~2011年10月的《银行家》的数据也表明，尽管从流动性水平和资本充足率来看，台湾银行业运行健康，对全球经济的冲击具有较强的抵御能力；其不良贷款率水平也很低，但因为过度竞争，台湾银行业的盈利水平却很低，太多的银行在狭小的市场上进行竞争，导致其净利差水平（1.69%）仅高于列支敦士登（0.93%），居世界倒数第二，而世界平均水平是5.17%。由于在现有的37家银行中，国控银行占有了50%的市场份额，而其他的小银行一般属于家族性质的，因此未来通过并购整合的空间也有限。基于此，大陆银行在台湾的拓展，应该审慎对待。如果银行基于顾客追随或市场寻求进入该市场，效果是可想而知的；而如果是基于学习导向或战略资产寻求导向，则应对其市场吸引力进行深入评估。

综上，中资银行对新兴市场的拓展，要重点关注四个关键点：①以我国香港地区为基地，有利于学习和掌握自由市场经营的运行机制和技能，克服文化差异的弊端，储备国际化人才。②与东盟国家作为国际化经营目标地区，依靠自由贸易区。③对于南美洲、中东、南非等新兴市场加以关注，包含金砖五国到"Next 11"。④关注"一带一路"战略沿线的国家或地区。

我国商业银行的业务优势是在人民币业务上，人民币业务的国际化趋势，必将经历由周边化向区域化再向国际化发展的进程，从而对中资银行国际化区位选择产生深刻影响。随着人民币"走出去"进程的不断提速，中资银行将有可能在人民币代理清算、人民币跨境金融市场、人民币海外融资等领域确立全球领先优势，中资银行境外机构可以借助跨境人民币业务，拥有外资银行所不具备的独特竞争优势。本书的结果也表明了，我国港、澳地区与内地贸易来往频繁，对人民币有着高度认同，对于我国银行业设立境外分支机构具有重要促进作用。人民币结算与贸易融资等非利息业务占据了中国商业银行在我国港、澳地区业务的重要地位，如中国银行在我国香港、澳门、台湾地区，法兰克福、巴黎、悉尼、吉隆坡7家机构获得人民币清算行资格，2014年完成国际结算业务量3.92万亿美元，办理跨境人民币清算业务240.8万亿元，同比增长86.6%；中国工商银行也在新加坡、卢森堡、卡塔尔、加拿大、泰国5家境外机构获得人民币清算行资格（邵科，2015）。目前人民币在中国周边国家和地区得到了广泛的使用，在老挝、缅甸、越南等西南边境国家，中亚五国、俄罗斯地区和巴基斯坦等西北地区国家，朝鲜和蒙古国等东北地区国家，人民币实现了自由兑换。而这也意味着中资银行可以加大对亚洲发展中国家的国际化步伐。

7.2.3 合理选择组织模式，实现与国际化战略的匹配

从本书结果可以看出，6家样本银行以新建模式进入海外市场时，其约2/3的新设机构是采取分行的组织形式，论证了有关跨国银行比较优势论的相关观点。赫伯特·格鲁拜尔（Herbert G. Grubel，1977）指出，当银行因追随客户而走向国际化时，倾向于以分行或代表处的形式，以方便其利用母行的全球资源和声誉为跨国公司服务。如日本银行在国际化扩张中主要是采取分行的形式，附属于母行，利用母行的海外声誉和银行特有的所有权优势采取新建机构的形式追随客户，很少采取子行的形式。

依据阿温德·帕克（Arvind Parkhe）和斯图尔特·米勒（Stewart R. Miller）（1998）的研究结果，从所有权优势来看，我国商业银行属于"大规模—低国际化—低差异性—低特许权价值"的结构，其分支机构应以分行为主，这与中资银行国际化的现状是相符的（详见表7-2）。

表7-2　截止到2011年年底全部以分行/子行形式进入的东道国（地区）

东道国（地区）	意大利	南非	比利时	法国	日本	德国	越南	韩国	俄罗斯	巴西	赞比亚
哑变量D	1	1	1	1	1	1	1	1	0	0	0

（D=1，100的分行模式；D=0，100的子行模式）

就银行在各主要东道国（地区）的分行、子行模式分布情况来看，从表7-2的数据可以看出，全部以子行形式进入的国家是俄罗斯、巴西和赞比亚，全都属于发展中或新兴市场国家；而全部以分行形式进入的8个国家中，有6家是发达国家。

而表7-3的数据表明了，我国香港地区的子行比率最高。而以上东道国（地区）中，仅有泰国、俄罗斯、赞比亚、马来西亚4个国家对外资银行的进入模式有限制。根据格鲁贝尔（G. Grubel, 1977）的银行三分类理论，子行是比分行涉入度更高的进入模式，通常只有跨国零售业务银行倾向于以子行的形式进入。归纳本书的实证结果，东道国（地区）对银行组织模式的限制，直接决定了银行进入模式的选择范围；在没有限制的东道国（地区），影响银行组织模式卷入度的主要因素有：组织的战略导向（获得战略资产或实现全球战略意图）、文化差距（在市场相似性最高的我国香港地区，子行比率最高）、市场因素（银行系统的发展水平与竞争程度）等。

表7-3　截止到2011年年底其他主要东道国（地区）的分行比率　　单位:%

东道国（地区）	澳大利亚	美国	马来西亚	新加坡	加拿大	泰国	中国澳门	印度尼西亚	英国	卢森堡	中国香港
分行比率	90.90	88.90	85.70	71.40	80.00	66.70	66.70	66.70	45.50	40.00	17.20

7.2.3.1　组织的战略导向

从战略行为理论的视角来看，合理的进入模式选择有利用跨国企业在东道国实现战略行为的匹配性（Cui, 2009）。全资子公司（WOS）和合资企业模式（JV）都有助于企业获得所需的战略资产，但对于来自新兴经济体的企业来，对高涉入度的进入模式（如WOS）尤为青睐，而认为JV在获得战略资产方面的效果差些（Rui & Yip, 2008）。从战略意图的视角来看，WOS的模式下，母公司对子公司的控制度更强，更有利于其全球战略意图在海外分支机构的实现（Kim & Hwang，1992）。中资银行的海外组织模式形成了以新建模式为主、并购为辅的格局，而且其海外并购行为具有追求控股股权的特征。如第3章所述，2000年以来，在我国商业银行的33起并购案例中，中资银行达到控股权（股权≥50）的有20起，占比60.6%。这也证明了战略性动因主导的银行FDI，更倾向采取高空制度的进入模式。此外，在发达国家中，英国与卢森堡的子行比率是最高的，这也在一定程度上体现了中资银行在发达国家的战略导向动因。

7.2.3.2 文化差距

如在我国香港地区，子行比率最高，接近八成的机构是以更高涉入度的子行形式存在。究其原因，我国香港地区与内地特有的地缘关系和文化相似性，以及我国香港地区的国际金融中心和自由港的地位，使得其区位优势尤为明显，成为我国企业和商业银行对外扩张的第一站。因此它既能满足内地银行对外扩张的战略性动因，也能满足其顾客追随型动因，随着在该区域国际化经营经验越来越丰富，内地银行更多的选择在我国港、澳地区采取子行及合资银行的形式进入（而大多数子行模式都是以并购模式取得的），分行的比重越来越低。

7.2.3.3 市场因素

即使东道国没有任何限制，东道国的市场因素也是影响企业选择进入模式的重要变量之一。大量研究证明，在高度发达和竞争激烈的银行系统中，外资银行应尽量避免以子行的形式存在。切瑞蒂、阿里恰和马缇·尼斯·皮瑞亚（2007）的研究就证实了东道国的人均收入与子行模式负相关，说明在收入水平更高的国家，银行更不倾向以子行模式进入；认为其原因可能是银行更倾向在有扩张空间的东道国（往往是欠发达国家）以子行形式进入。特斯奇尔（Tschoegl，2002）指出，大多数有关外资银行在美国的FDI研究主要关注于对分行或代理行的研究，而有关附属行和子行的研究很少，原因是现有理论认为，一般情况下，没有理由指望外资银行会比在高度发达、竞争激烈的行业背景中生存下来的本土银行能做得更好（Tschoegl，1987；Dufey & Yeung，1993）。唯一的例外是在为来自母国的移民提供银行服务方面，尽管也有银行在利基市场上慢慢发展壮大，但对于大多数外资银行来说，这也只不过是一个利基市场而已。

7.2.3.4 东道国竞争状况

当东道国市场竞争激烈（可用目标市场银行业总资产的增长率来衡量目标市场银行业的生命周期现状）、市场增长率较低时，也适合以跨国并购的形式进入。或当东道国经济不景气时或发生金融危机时，也是并购的好时机。吉尔伯特（Gilbert）和纽伯里（Newbery）(1992) 认为在市场集中度高的行业，企业一般倾向于采用并购而非新设的方式进入。崔（Cui）和江（Jiang）(2009) 通过运用 138 个中国跨国企业的相关数据所进行的实证研究结果表明，当东道国行业竞争激烈，企业为了寻求战略资产或实现全球化战略意图时，中国跨国企业一般倾向于全资进入的模式。当东道国市场潜力巨大时，则倾向于采取合资的方式进入，实现先行者优势。当企业规模较小，或面临着较大的文化或制度障碍时，中国企业也倾向于选择 JV 的模式。

7.2.3.5 银行层面的其他因素

按照赫伯特·格鲁贝尔（1977）的跨国银行比较优势论，当银行在东道国市场上具有垄断优势时，可从事跨国零售业务银行并倾向于以子行的形式进入。而当银行为追随母国的顾客而进入东道国市场时，则倾向于以分行的形式。

因此，基于不同的情境，在东道国对进入模式没有特定限制时，银行应采取差别化的进入模式：

（1）母国与东道国经济关联度越高，越有可能通过分行来服务母国的企业，以更好地实现客户追随效应。

（2）在国际金融中心或银行业竞争激烈的市场，可考虑设立分行从事批发类业务，尽量避免以子行形式进入；或在时机成熟时，以并购模式进入竞争激烈的东道国。

（3）如银行进入某东道国市场主要是基于学习导向动因，可采取全资形式进入，有利于战略目标的实现。

（4）如银行是基于市场寻求型动因进入某东道国，则要评估银行在该国市场上是否有足够的所有权优势，如果没有，则不适合采取子行的形式进入。

（5）就并购模式而言，在中资银行国际化经验比较欠缺、跨文化整合的能力不强的情况下，不易片面追求并购规模或控股权。如果是基于获得海外市场进入机会或进入其他业务领域所产生的范围经济效应，可选发展潜力好的中小银行进行全资或控股并购。中资银行并购失败的例子说明了，当目标方规模过大、绩效较差时，整合难度加大，很难产生协同效应。在某些情况下少数股权的并购也是值得尝试的，比如并购目标是为了获取知识资源或管理技能，或积累混业经营的经验。

从上面的分析可以看出，就我国银行的实际来看，分行主导的模式也许是最佳的。其在新兴国家的进入模式选择，要在其竞争优势与东道国行业环境之间寻求平衡，在具有垄断优势或文化差异较低的区域，可以尝试以高涉入度的子行模式进入；而在战略导向的 FDI 中，银行进入模式要有助于战略资产获取的效果、知识学习效应的提升及全球化战略的实施。从汇丰银行的案例来看，1865 年 3 月汇丰银行在我国香港地区开业、1884 年在马来西亚设立分行，到1940 年于中东地区开设分行，汇丰银行在国际化的初期主要是通过开设分行来扩展业务的。在积累了足够的国际化经验后，一直到 20 世纪 50 年代汇丰银行才调整经营战略，采取新设与并购兼顾、成熟市场和新兴市场并重的发展战略。

7.2.4 拓展学习的途径

东道国特定市场知识是跨国公司无形资产租金和垄断力量的一个源泉，其重要性自然不言而喻。在中资银行国际化历程较短的情境下，本实证研究未能证实特定市场经验对银行国际化行为的影响，但伴随着我国银行业"走出去"深度与广度的增加，特定市场经验的作用效应将会不断得到释放，其对国际化进程的影响将不断深化。因此，除了在 7.1.3 节中所论证的三种国际化学习途径以外，我国银行业还可以通过以下三种途径获取特定国别知识：

其一是与本国的跨国公司集聚在一起。谭和迈耶（2011）的研究为中资银行国际化经验知识的获取提供了另一种途径，即与来自同一母国的 FDI 企业集聚在一起，可以获取有关本土商业环境的敏感性和意会性知识，弱化其作为外来者的不利地位（Johanson & Vahlne, 2009）。鉴于数据的可获得性，本书没有对中资银行向其他走出去的中国企业模仿学习的行为进行考察，但这也是未来值得关注的方向。

其二是与东道国构建网络镶嵌或关系嵌入（Relational embeddedness）来实现。高沙尔（Goshal）和巴特莱特（Barlett）(1990)、邓宁（1994, 1998）、拉露娜（Narula）和邓宁（2010）指出，关系嵌入是企业与东道国各类组织所形成的关系网络，是 MNCs 实现战略资产寻求型动机的战略组成部分，关系嵌入使得跨国企业有机会获取当地知识，从而促进企业创新绩效的提升（Figueiredo & Brito, 2011）。因此 EMNCs 必须注重利用制度因素来克服传统竞争优势的不足，如与外资企业合作，可以提升企业在各个方面的优势，特别是国际市场经验的不足（Yaprak & Karademir, 2010）。周劲波、黄胜（2009）也指出，企业还可通过利用自己的商业关系、雇用有相关国际化知识的员工等途径，获得有关国际市场的隐性知识和显性知识，从而加快其国际化发展速度。

其三是以合资银行的模式进入东道国，这也是银行获取国际化经验的有效渠道。这种合资既可以与东道国的企业合资，也可以与来自母国的企业合资。日本企业就具有与来自母国的公司在海外成立合资公司的特征（Makino & Beamish, 1998），小笠原（Ogasavara）和星野（Hoshino）(2007) 的实证研究表明，因为新型合资企业（母国企业之间在东道国的合资）的文化距离少，交易成本低，且大多数新型合资企业都是由有海外经营经验的企业之间进行，因此，日本在巴西的新型合资企业的绩效要比全资子公司和传统合资企业（母国企业与东道国企业之间的合资）的表现都要好。因此，伴随着中国"走出去"企业的不断增多以及中国跨国公司统计数据的不断完善，探讨通过中资银行与非银行类企业之间的合作而产生的学习效应，也是具有现实意义的。

此外，通过其他非股权模式构建与东道国企业网络关系，也是银行企业获取经验知识的有效途径。非股权安排在服务业 FDI 中越来越普遍，战略联盟、特许权等模式，也是银行国际化值得探讨的模式。遗憾的是，现有的企业国际化理论，基本不能对多种合作契约模式进行解释，而这有可能是企业未来国际化的主要模式。

7.3 未来研究方向

如绪论所言，本书不可避免地存在着一些不足，而这些局限性也为未来的研究路径提供了方向。东道国市场知识在企业国际化过程中尤为重要（Lord & Ranft, 2000），也正因为这样，很多学者，尤其是进程论的拥护者，将国际化扩张视为一种复杂而丰富的组织学习过程（Johanson & Vahlne, 1977; Pennings, 1994; Lorenzen & Mahnke, 2002）。然而，尽管学者们对本土知识与组织学习在企业国际化中的重要性进行了探讨，但有关组织学习的影响因素（如何学习）、经验知识的来源及学习途径（向谁学习）、不同进入模式下的学习效应等课题的研究，还鲜有论及（Lord & Ranft，2000）。本书虽然分三个专题，从宏观与微观层面对银行国际化学习效应的作用机理进行了阐述，对经典的 OLI 模型进行了有益的拓展，但并未对有关国际化学习效应的制约因素及实现路径进行深入研究，沿着"学习效应"这一主题，未来的研究有待从以下几个方面继续丰富与完善。

7.3.1 经验知识的来源及学习途径

企业国际化学习的来源主要有以下三种：

(1) 自身的经验知识。即企业可以从自身国际经营的成败经历中学习，这是企业积累经验知识的主要来源，这些经验知识在企业内部产生和传播程度（Zahra，Ireland & Hitt，2000；Zahra et al.，2000），决定了组织学习效果的大小。

(2) 网络伙伴。企业通过网络连接，可以从网络伙伴获取有关国外市场的知识（Kale，Singh & Perlmutter，2000），从而弥补 MNCs 在进入国际市场初期的知识缺乏（Schwens，2008）、克服"外来者劣势"。

(3) 行业典范。即企业通过模仿同行，或向国外市场上的标杆企业学习，以降低"外来者劣势"和进入外国市场的风险（Scott & Meyer，1992）。不同来源的知识，需要用不同的学习方式相匹配（葛鑫，2012）。如果学习的对象是竞争对手，那么知识主要通过模仿、观察、比较、竞争学习而获得，企业采取直接观察的效果较好；如果学习的对象是产业链里上下游互补的合作伙伴，比如上游的供应商或下游的渠道商，则主要通过专业化、互动、交流、合作来实现知识的溢出，采取"技术看门人"学习的效果较好。

鉴于数据的可获得性，本书对经验知识的来源或学习途径这一问题的探讨，仅限于对国内银行寡头之间的模仿学习行为进行了研究，没有论及对国外同行的模仿学习。就网络伙伴而言，银行嵌入到东道国社会关系中的组织模式还有合资的模式，我国银行既可以选择与东道国企业合资的模式，也可以选择母国在该东道国的企业进行合资的模式，而这也是值得进一步研究的课题。银行卷入到国际化网络中的途径还可以通过产业集聚来实现，随着中资银行国际化程度的不断增加，这种学习行为将日趋重要，这也是国外相关研究的前沿热点问题。如谭和迈耶（Tan & Meyer，2011）的研究就证明，境外投资者通过与其他 FDI 企业集聚在一起来获得本土化知识，而与同一行业的 FDI 企业集聚在一起，可以帮助企业获得与行业相关的特定知识（如有关行业发展前景、供应商与顾客的信息），有助于企业获取与行业相关的资源，如劳动力和供应商资源（Krugman，1991；Marshall，1920）。那么，中资银行究竟采取何种集聚的模式来获取学习效应，是值得探讨的课题。

7.3.2 学习效应的影响因素

徐旸憨（2015）认为，EMNCs的ODI可以为母国企业带来学习机会，而这种学习效应是通过两个阶段来实现的：第一阶段，跨国企业将其子公司嵌入到东道国网络中，以获取先进的技术知识和信息资源；第二阶段，跨国企业对这些知识和信息进行消化吸收、转化和再创新。因此，企业嵌入到东道国网络的能力或组织间知识接近能力、企业自身的吸收能力、母国与东道国的技术差距或文化距离这三方面的因素，对EMNCs的国际化学习效应起了决定作用。

7.3.2.1 社会资本（企业嵌入到东道国网络的能力，组织间知识接近能力）

社会资本被用来衡量本土企业接近跨国公司知识的能力（阎海峰、程鹏，2010），不同的学者从不同视角对社会资本进行测度，如普特南认为组织的社会资本可以从信任、规范和网络三个维度来界定；徐雅慧（Ya-Hui Hsu，2008）等、艾文森（Edvinsson，1997）、约翰逊（Johanson，1999）、张方华（2004）、洪茹燕和吴晓波（2006）等则从关系资本角度对社会资本进行了度量（葛鑫，2012）。综合学者们的观点，我们认为社会资本可以从网络连接度和组织间的信任度这两个维度来进行考量。

（1）网络连接度。一直以来有关组织学习的文献大多将视角集中在对企业学习能力的关注上，而鲜有对组织间知识接近问题进行研究的（许晖，王睿智和许守任，2014）。随着国际化网络理论的发展，学者们逐渐认识到企业国际化的过程也是一个网络扩张的过程，其研究视野也逐渐由"外来者劣势"向"网络劣势"转变，认为包括网络连接在内的社会资本有助于跨国企业化解其"外来者劣势"、获取关键资源。"网络观"将组织通过关系网接近海外市场知识、获得竞争优势这一路径视为外国企业克服天生局限和资源制约的最好战略对策（金泰希，2012）。如拉斯穆森（Rasmussan）和马德森（Madsen）（2001）的研究论证了在中小企业国际化过程中，网络连接这种社会资本起到了重要作用，它决定了企业在国际市场获取资源的能力，减少了企业在海外市场的文化距离和经营环境的不确定性，从而对企业国际化中的学习效应起到了促进效应。

许晖、王睿智和许守任（2014）基于"网络观"视角，将社会资本界定为以下三个维度：一是网络规模，即与焦点企业有直接合作关系的伙伴数量，标示着企业可获取的资源和知识的丰裕度；二是网络强度，即焦点企业与每个网络伙伴的连接强度，用来测度组织间联系频率的高低和企业在网络联系中资源投入度的多寡；三是成员异质性，用网络伙伴的类型数量来测度组织的网络深度。其以海信集团为案例的实证研究表明，随着企业国际化程度的推进，其社会资本和组织学习模式也在不断演进，两者共同作用促进了企业国际营销能力的升级。

（2）信任关系。在中国吸引外资的过程中，跨国公司通过其在华子公司将先进的技术经验和管理实践转移到了中国，并逐步建立起了一个包括众多中国企业在内的本土化网络，为中资企业提供了难得的学习机会。但由于大多数跨国公司都会对其核心技术与知识进行保密，因此，仅仅通过加强与对方的网络连接强度，很难实现中资企业接近并获取这些关键知识。只有赢得跨国公司的信任，才会增加其接近这些核心知识的可能性，阎海峰、程鹏等（2010）的研究表明，信任关系才是中资企业与跨国公司之间实现有效的知识转移的前提条件，双方在业务上的网络联系也只有在相互信任的基础上才能发挥作用。

7.3.2.2 文化距离与技术差距（心理距离、认知距离、技术差距）

在外向国际化进程中，战略资产获取型的 EMNCs 在其目标市场选择战略中也许并不会考虑心理距离的影响，但心理距离对其进入后的商业运作效果的影响是不容忽视的（Nordman & Tolstoy, 2014）。组织间学习的有效性在很大程度上取决于双方在知识背景、问题定义方式以及知识处理方式上的相似程度，并基于此提出了"相对吸收能力"的概念，认为组织间的相似程度越高，跨国企业识别、获取和利用国际化知识的可能性也越高（如 Lane & Lubatkin, 1998；Todorova & Durisin, 2007）。文献研究表明，这种"相对吸收能力"对学习效应的影响，既存在于中资企业的内向国际化进程中，也存在于其外向国际化的学习中。如阎海峰、程鹏等（2010）以长江三角洲地区为例的实证研究发现，中资企业的相对吸收能力对其内向国际化过程中的学习效应具有正向的作用，而且在绝对吸收能力对学习效应的影响过程中起中介作用。陈（Chen）和王（Wang）（2014）以500家具有跨国并购经验的中国企业为对象的调研结果表明，并购双方在文化、知识和声誉资源方面的相似性越强，在战略、人力和市场资源上的互补性越强，其整合的潜在成本就越低，并购方吸收技术知识的可能性就越高。

但也有学者认为，组织间的相似性并非越小就越好，因为国际合作的双方需要存在一定的认知距离或技术距离，这样才有可能产生知识的碰撞和创新；但如果双方的认知距离过大，又会产生沟通和学习障碍，因此对认知/技术距离的"度"的把握至关重要（葛鑫，2012）。母国和东道国企业之间的技术差距和ODI逆向技术溢出效应存在倒U型关系，当二者之间的技术差距过低或过高的时候，跨国公司的ODI均难获得显著的逆向技术溢出效应。如徐旸愍（2015）认为，发展中国家在发达国家的技术获取型ODI具有高技术差距、高挤出效应的特征，这种ODI的逆向技术溢出效应主要受到技术差距的第一个门槛值的调节，即EMNCs是否具备足够的吸收能力从而保证其ODI的技术学习效应大于对自主研发的挤出效应。

同理，在中资银行吸收能力给定的条件下，国别差异，特别是由此而产生的文化差异、制度距离或技术差距，必将会对银行的最终学习效果产生影响。在中国银行业的"引进来"中，采取什么标准对外资银行进行甄别；在"走出去"的进程中，根据何种标准选择目标市场、挑选学习伙伴，才能充分发挥银行的国际化学习效应，都是值得深入探讨的话题。

7.3.2.3 企业学习能力（吸收能力）

企业的吸收能力是指企业获取并利用跨国公司或东道国知识的能力，主要由学习能力和问题解决能力组成，前者是一个组织消化外部知识并进行模仿的能力，而问题解决能力是一个组织创造新知识的能力。知识获取和知识创新能力是影响企业国际化速度、进入模式和海外市场选择等行为的关键变量。为了适应不同市场上消费者的差异化需求，企业必须通过不断学习，来成功实施产品改良或创新策略（Kafouros, Buckley, Sharp, & Wang, 2008），国际化企业必须拥有卓越的创新能力来帮助其开拓不同的市场（Pla-Barber & Alegre, 2007）。企业所具有的在不同市场间对市场知识和科学技术进行转换的能力，可以促使企业更早更快地走向国际化（Grönlund, Rönnberg Sjödin & Frishammar, 2010）。内部知识分享能力对企业的跨国战略整合起到了至关重要的影响作用（Buckley & Ghauri, 2004；Michailova & Minbaeva, 2012）。

很多以中资银行为例的研究也证实了企业吸收能力对国际化学习效应的影响。如肖文和周君芝（2014）认为，战略资产寻求型中资企业ODI能否实现预期中"干中学"效果，主要取决于其是否具有对在东道国获得的战略资产进行吸收并持续运营的能力。包群等（2014）的研究揭示了由于中国出口企业长期以来采取数量扩张的模式，很多企业自身技术吸收与学习能力有限，导致出口产生的学习效应非常微弱，并未获取预期中的"干中学"效应。杨亚平和李晶（2015）的研究结果表明，中国出口企业吸收能力的提高能促进生产率提升，同时在拐点左边对出口强度与生产率的关系具有正向调节效应。刘军（2015）的研究也表明，中资企业自身较高的研发水平及对东道国知识的吸收能力，能够促进效率寻求型ODI的学习效应，因此要鼓励"走出去"的服务企业加强与组织外部的沟通水平和研发投入，以提升对外界的学习和吸收能力，进而促进自身的生产率进步。徐旸懋（2015）认为，中资企业ODI的区位选择最好与其自身的吸收能力相匹配，这样才有可能获得学习国外先进技术的机会，为此我们有必要重新对其海外区位选择战略进行定位，寻求和自身技术水平相近的地区进行投资。

对应于中资银行的国际化学习效应这一主题，其吸收能力受哪些条件制约，如何才能有效提高其国际化学习能力，目前还鲜有文献进行探讨。尽管有学者提出，组织现有的知识储备和以往经验积累是吸收能力的基础，吸收能力一般具有路径依赖和领域依赖的特征（高展军和李垣，2006），以战略资产寻求型ODI为例，在某一东道国或地区积累的国际化经验值成为该东道国吸引中资企业进入的关键因素。但经验积累作用于银行吸收能力的作用机理其实现路径如何，是值得进一步探讨的问题了。

7.3.3 不同进入模式下的学习效应分析

如前所述，中资银行在发达国家市场的ODI主要是基于学习动因的战略导向，这就要求其进入模式要有助于战略资产获取的效果、知识学习效应的提升及全球化战略的实施。

在进入模式选择的研究中，基于我国银行业以新设为主的组织模式这一现实，本书仅仅对新设模式中的学习行为进行了研究。虽然目前并购并未成为我国银行业的主流模式，但伴随着银行国际化经验的不断积累及所有权优势的动态发展，这种模式在银行国际化中的作用有增加的趋势，通过并购而产生的经验积累与学习效应，也会对中资银行的国际化进程产生积极的影响。

虽然已有学者基于企业异质性视角对跨国企业在不同FDI进入模式下的学习效应进行了关注，但目前并未达成共识。比如同样是以英国MNCs的研究，得出的结论也是截然不同的。格里菲思（Griffith，2004）的研究证明了采取并购形式进入的跨国企业，其生产率高于以绿地投资形式进入的企业生产率；而希夫保（Schiffbauer，2009）的研究同样是采用了英国跨国企业 1999~2007 年的数据，并没有验证跨境并购中存在着学习效应；斯迪波尔（Stiebale）和钱开思（Trax）(2011) 以 2000~2007 年英、法两国跨国企业跨境并购案例的研究显示，英国 MNCs 的跨境并购活动并没有提升自身的生产率水平、不存在学习效应，但法国的 MNCs 的跨境并购具有学习效应。

在此背景下，对不同进入模式下银行的国际化学习效应的差异性进行研究，就具有理论和现实意义了。

7.4 本书小结

本书立足于新兴国家企业国际化的前沿与热点问题，对企业国际化学习效应的理论基础与作用机理进行了梳理。本书超越了 OLI 范式的研究框架，围绕着银行国际化"学习效应"这一主题，突出了"学习动因"、"国际化经验"与"寡占反应"等变量在模型构建中的地位，沿着从宏观到微观的演进逻辑，对学习效应作用于银行国际化进程与行为的作用机理及其实证验证进行了系统的研究。

基于对相关文献和理论基础进行综述和对中国银行业国际化的总体特征进行把握的基础上，本书分三个专题对银行国际化进程中的学习效应进行了研究。

专题一构建了经验知识作用于银行国际化进程的分析框架，考量了学习效应对银行国际化进程的影响。结果表明，内向国际化经验和外向国际化经验作为学习效应的两种传导途径，对银行外向国际化进程都具有正向的促进作用，但相对而言，银行业对外开放所获取的内向国际化经验对其国际化程度的促进效应要比银行海外经营所获取的外向国际化经验的促进效应明显得多。这也许与中国银行业外向国际化历程较短、学习效应尚未得到充分释放这一因素有关。就银行层面的实证结果来看，中国银行外向国际化经验的回归系数高于整个行业层面的回归结果，而中国工商银行的回归系数明显低于中国银行，中国建设银行的更低，这验证了银行学习效应的释放与其外向国际化历程的长短有关。

专题二构建了基于学习效应的银行区位选择模型，进一步考察了学习效应对银行国际化行为的影响。本章超越了 OLI 范式的框架，着重对学习动因与银行区位选择的作用机理进行了分析。基于行业的实证结果表明，在三个解释变量中，学习动因对区位选择的作用最显著，其次是市场寻求型动因，而顾客追随动因对区位选择的影响最小，且贸易追随型动因的影响要大于投资追随型的。说明我国商业银行的国际化动因具有EMNCs所显现出来的双重性特征，既有EMNCs所特有的学习导向型动因，也有如发达国家MNCs一样的机会寻求型动因，但学习动因的作用效应更明显。从控制变量的实证结论来看，文化相似性和经济发展水平相似性变量在两种模型下的回归系数均显著大于零，说明母国与东道国的市场相似性对于促进我国银行在海外设立分支机构具有重要正向影响。当东道国为亚太经济合作组织成员时，尤其是我国香港地区时，该效应更明显，说明"进程论"对中国银行业国际化具有较好的解释力。

专题三基于寡占反应视角构建了银行国际化学习行为模型，进一步探讨了银行国际化中的学习路径。本章在邓宁的经典折衷模型基础上引进了寡占反应变量，对银行学习行为进行了量化考证。研究结果表明，模仿主要竞争对手的行为是中资银行进行国际化学习的主要途径之一。无论是区位选择还是进入模式方面，中国工商银行的模仿学习行为最明显，中国建设银行次之，说明国际化历程越久的银行，寡占反应越明显。鉴于招商银行、中国农业银行和交通银行这3家银行的国际化历史较短，其区位选择与进入模式尚未呈现出某种趋势性特征，其寡占反应是否成立，有待持续跟踪其后续扩张行为才能做出判断。本书验证了中资银行追随行业的领导者而进入海外市场，可以为后来者获取东道国特定市场经验提供有效的分享渠道。

从国际化经验作用于银行进入模式选择的实证结果可知，国际化经验的增加会促使银行采取卷入程度更高的子行模式。但与寡占反应相比，国际化经验的回归系数并不高，且特定市场经验对银行进入模式的影响未能得到验证。这可能与中国银行业国际化历程较短、国际化经验的作用效应还有待逐步释放有关，也可能与中资银行在国际化扩张中对分行模式的偏好有关。从各控制变量的回归结果来看，仅有3个变量的作用效应得到验证，即母国制度变量对外向国际化水平的作用机理（H_{3-b}）、东道国制度变量对银行进入模式的作用机理（H_{15}）以及东道国法治治理水平对我国银行业的区位选择具有正向影响（H_{13}），也印证了我国银行业国际化中的学习导向动因。但银行所有权优势对其外向国际化程度或行为的影响，在本书中都没有得到验证，这可能与考察期较短、银行业的股改效应未能完全释放等因素有关，也可能与银行国际化中的非经济因素（如政府主导的带有政治性的对外直接投资行为）有关。这也论证了 EMNCs 国际化理论比传统的折衷理论对中资银行的国际化行为更具有解释力,所有权优势不必是 EMNCs 国际化的必要条件。

本书的理论意义在于超越了传统的 OLI 范式的研究框架,突出了"学习动因"、"国际化经验"、"国际化学习"等变量在模型构建中的地位,是对新兴国家银行国际化研究视野的拓展与命题的深化。本书实证研究证明了基于"学习观"视角的国际化理论对中资银行国际化行为更具有解释效应。

本书的政策启示可能是:其一,支持银行业"引进来"与中国企业"走出去"的战略决策应坚定不移地贯彻下去。外资银行的进入及境外战略投资者的引入,为中资银行建立国际社会关系、了解国际市场、获取知识外溢效应和国际经营机会等,提供了机会,由此获取了内向国际化经验。这种经验比外向国际化经验对中国银行业国际化进程的促进效应更明显。此外,中国企业的对外投资比双边贸易渠道更能带动我国银行业到东道国设立分支机构,尤其是当东道国为 APEC 成员或我国香港地区时,效应更大。其二,追随行业的先行者进入海外市场,与先行者集聚在一起,是其他银行国际化扩张的一种有效战略,为后来者获取特定市场经验提供了经验分享渠道。其三,在我国银行具有垄断优势或文化差异较低的区域,可以尝试以高涉入度的子行模式进入;而在高度发达和竞争激烈的国际市场中,银行应尽量避免以子行的形式存在。在学习导向的银行 FDI 中,进入模式选择应有助于战略资产获取的效果、知识学习效应的提升及全球化战略的实施;若银行是基于市场寻求型动因进入某东道国,则要评估银行在该国市场上是否有足够的所有权优势,如果没有,则不适合采取子行的形式进入。

就后续的研究方向来看,应该围绕着银行"向谁学习"、"如何学习"和"学习什么"这三个问题来进行,具体来说,可以分解为以下系列子课题:不同类型的经验知识及学习途径对银行学习效应的影响;中资银行国际化网络连接度的测度及提升;组织间信任关系的测度及提升;网络连接度、组织信任度与组织学习、国际化绩效之间的作用机理及实现路径;社会资本和吸收能力之间是否存在交互作用从而对组织学习产生影响;不同进入模式对银行学习效应的影响。此外,有关学习效应与国际化绩效之间关系的评估,也是一个富有挑战的课题,目前国内外的相关文献并不多见(陈岩、熊吉娜,2011)。考虑到中资银行对外投资的历史较短,且不具有发达国家跨国银行的特有所有权优势(如产品创新和全球营销技巧),在国际化初期通常难以取得期望的效果,导致学习效应对国际化绩效的提升在短期内难以体现出来,绩效提升后反过来再影响银行国际化扩张行为的可能性较小，本书并没有就此课题进行研究。但随着我国银行国际化的不断推进，相关数据的可获得性增强，对此课题的研究是值得深入探讨的。

就实证研究来说，受制于目前相关数据资源的可获得性，中国从 2004 年开始才有细分行业的 ODI 数据，金融行业的数据统计自 2006 年才开始，本书的面板数据中的时间跨度比较有限，仅包括了 2001~2011 年的数据。由于学习效应对于银行国际化的影响是长期的，需要通过相当长的时间跟踪观测才能具体体现。因此，随着我国 ODI 统计数据的不断完善以及中国对外开放的不断推进，继续深入的实证研究也是必需的。

附　录

附表1　2001～2010年我国对各东道国（地区）的双边贸易额　　　单位：亿美元

区位	年份	2001	2002	2003	2004	2005	2006	2007	2008	2009	2010
中国港澳地区	中国香港	559.7	691.9	874	1 127	1 367	1 661	1 972	2 036	1 749	2 305.6
	中国澳门	8.6	10.2	14.7	18.3	18.7	24.4	29.2	29.1	21	22.6
亚太地区	新加坡	109.3	140.3	193.5	267	331	409	471	525	479	690
	澳大利亚	90	104.4	135.6	204	273	329	438	597	601	1 053
	印度尼西亚	673	79.4	102.3	136.1	187	190.5	250	315.2	283.9	427.5
	日本	877.5	1 019	1 335.6	1 678.5	1 843.9	2 073	2 359.5	2 667.3	2 287.8	2 977.8
	马来西亚	94.3	142.7	201.3	262.6	307	371.1	463.9	535.6	519.7	742.5
	泰国	70.5	85.6	126.6	173.4	218.1	277.3	346.4	412.9	381.9	529.4
	韩国	359.1	441	632.2	900.5	1 119.3	1 342.5	1 598.5	1 860.7	1 562.2	2 071.2
	越南	28.1	32.6	46.4	67.4	82	99.5	151.2	194.6	210.5	300.9
非洲地区	南非	22.2	25.8	38.7	59.1	72.7	98.5	140.5	178.5	160.8	196.7
	赞比亚	0.7	0.8	0.8	2.2	3	3.7	6	7.9	14.4	28.9
欧洲地区	法国	77.9	83.3	133.9	175.7	206.5	251.9	336.7	389.4	344.6	447.6
	俄罗斯	106.7	119.3	157.6	212.3	291	333.9	481.6	569.1	387.5	555.3
	英国	103.1	114	144	197	245	307	394	456	392	637.5
	德国	235.3	277.9	417.3	541	633	782	941	1 150	1 056	1 953
	卢森堡	0.97	1	4.27	10.5	21.9	21.9	23	38.5	32.5	43.7
	比利时	42.5	49	67	93.8	117.4	142.1	176.5	202.1	167.2	221.4
	意大利	77.8	91.5	117.3	156.8	186.1	245.7	313.8	382.7	312.5	451.5
美洲地区	美国	804.8	971.8	1 263.3	1 696	2 115	2 627	3 021	3 337	2 983	3 853
	加拿大	73.7	79.3	100	155.1	191.6	231.8	303.3	344.7	297.3	559.9
	巴西	37	44.7	79.9	123.5	148.2	202.9	297.1	486.7	424	625.9

资料来源：历年《中国统计年鉴》。

附表2　　　　　　　　　　2001～2010年中国历年GDP总额　　　　　　单位：亿美元

年份 GDP	2001	2002	2003	2004	2005	2006	2007	2008	2009	2010
总额	13 248.2	14 538.2	16 409.66	19 315.97	22 343.5	26 801.4	32 508	44 016	49 090	58 783

资料来源：历年《中国统计年鉴》。

附表3　　　　　2001～2010年我国对各东道国（地区）的FDI（存量）　　　单位：亿美元

区位	年份	2001	2002	2003	2004	2005	2006	2007	2008	2009	2010
中国港澳地区	中国香港	167.2	178.6	246	303.9	365.1	422.7	687.8	1 158.5	1 645	1 990.6
	中国澳门	3.2	4.7	4.5	6.3	6	6.1	9.1	15.6	18.4	22.3
亚太地区	新加坡	21.4	23.4	1.7	2.4	3.3	4.7	14.4	33.4	48.6	60.7
	澳大利亚	3.4	3.8	4.2	5	5.9	7.9	14.4	33.6	58.6	78.7
	印度尼西亚	1.6	1.2	0.5	1.2	1.4	2.3	6.8	5.4	8	11.5
	日本	43.5	41.9	0.9	1.4	1.5	2.2	5.6	5.1	6.9	11.1
	泰国	1.9	1.9	1.5	1.8	2.2	2.3	3.8	4.4	4.5	10.8
	韩国	21.5	27.2	2.4	5.6	8.8	9.5	12.1	8.5	12.2	6.4
	马来西亚	2.6	3.7	13.7	20.6	29.7	60.4	110.9	149.9	80.4	29.4
	越南	0.01	0.03	0.3	1.6	2.3	2.5	4	5.2	7.3	9.7
非洲地区	南非	0.08	0.26	0.45	0.59	1.1	1.7	7	30.5	23.1	41.5
	赞比亚	0	0	1.4	1.5	1.6	2.2	4.3	6.5	8.4	9.4
欧洲地区	法国	0	0	0.1	0.2	0.3	0.5	1.3	1.7	2.2	2.4
	俄罗斯	0	0	0.6	1.2	4.7	9.3	14.2	18.4	22.2	27.9
	英国	0.05	0.4	0.75	1.1	1.1	2	9.5	8.4	10.3	13.6
	德国	0	0.36	0.83	1.3	2.7	4.7	8.5	8.5	10.8	15
	卢森堡	0	0	0	0	0	0	0.7	1.2	24.8	57.9
	比利时	0	0	0.004	0.02	0.02	0.03	0.3	0.3	0.6	1
	意大利	0.2	0.2	0.2	0.2	0.2	0.7	1.3	1.3	1.9	2.2
美洲地区	美国	1.6	3.3	5	6.7	8.2	12.4	18.8	23.9	33.4	48.7
	加拿大	0.2	0.4	0.5	0.6	1	1.4	12.6	12.7	16.7	20
	巴西	0	0.2	0.5	0.8	0.8	1.3	1.9	2.2	3.6	9.2

注：此表中2003～2010年数据来自历年中国对外直接投资统计公报；2001～2002的数据采用Naïve趋势模型的 $Y_{t+1} = Y_t + (Y_t - Y_{t-1})$，利用数据平滑的方法得到。

参 考 文 献

一、英文部分

[1] A. Parkhe, S. R. Miller. Foreign operations of U. S. banks: impact of environmental differences and ownership advantages on organizational form preferences [J]. Journal of International Management, 1998, 4 (1): 59 – 83.

[2] Adrian E. Tschoegl. FDI and Internationalization: Evidence from U. S. Subsidiaries of Foreign Banks [J]. Journal of International Business Studies, 2002, 33 (4): 805 – 815.

[3] Amy Nicole Javernick-Will. Organizational learning during internationalization: acquiring local institutional knowledge [J]. Construction Management and Economics, 2009, 9 (27): 783 – 797.

[4] Attila Yappark, Bahattin Karademir. The internationalization of emerging market business groups: an integrated literature review [J]. International Marketing Review, 2010, 27 (2): 245 – 262.

[5] Ball, C. A. & Tschoegl, A. E. The decision to establish a foreign bank branch or subsidiary: An application of binary classification procedures [J]. Journal of Financial and Quantitative Analysis, 1982, 17 (3): 411 – 424.

[6] Barth, J. Caprio, G. Levine, R. . The regulation and supervision of banks around the world: a new database. World Bank Policy Research Working Paper No. 2588 [J/OL]. Bank Regulation and Supervision: Research at the world bank.

[7] Beiguang Zhu. Internationalization of Chinese MNEs and Dunning's Eclectic Paradigm: A Case study of Huawei Technologies Corporation's Internationalization Strategy [D]. Master Thesis of School of Economics and Management of Lund University, 2008.

[8] Brindusa Anghel. Do Institutions affect Foreign Direct Investment [R]. Working paper, 2005.

[9] C. Schwens, R. Kabst. How early opposed to late internationalizers learn: Experience of others and paradigms of interpretation [J]. International Business Review, 2009 (18): 509 – 522.

[10] Cassandra Sweet. Indian pharmaceuticals in Brazil: emerging multinationals in emerging markets [J]. International Journal of Emerging Markets, 2010, (5): 398 – 422.

[11] Chen F., Wang Y. Integration risk in cross-border M&A based on internal and external resource: empirical evidence from China [J]. Quality & Quantity, 2014, 48 (1): 281 – 295.

[12] Chin-Chun Hsu, Arun Pereira. Internationalization and performance: The moderating effects of Organizational learning [J]. Omega, 2008, 36: 188 – 205.

[13] Chunag-Hua Hen, Chin-Hwa Lu, Meng-Wen Wu. Impact of Foreign Bank Entry on the Performance of Chinese Banks [J]. China & World Economy, 2009, 17 (3): 102 – 121.

[14] Claessenss, Van Horen N. Location decisions of foreign banks and institutional competitive Advantage [C]. EBC-CFS Research Network Conference, 2008.

[15] Danch Tan, Klaus E. Meyer. Country-of-origin and industry FDI agglomeration of foreign investors in an emerging economy [J]. Journal of International Business Studies, 2011, 42: 504 – 520.

[16] De Loecker, J. Detecting Learning by Exporting [J]. American Economic Journal: Microeconomics, 2013, 5 (3): 1 – 21.

[17] Dunning, John H. Explaining the International Direct Investment Position of Countries: Towards a Dynamic or Developmental Approach [J]. Weltwirtsch-aftliches Archiv, 1981, 117: 30 – 64.

[18] E. R. Nordman, D. Tolstoy. Does relationship psychic distance matter for the learning processes of internationalizing SMEs [J]. International Business Review, 2014, (23): 30 – 37.

[19] Ekeledo, Sivakumar. Foreign Market Entry Mode Choice of Service Firms: A Contingency Perspective [J]. Journal of the Academy of Marketing Science, 1998 (03): 274 – 292.

[20] Eriksson Sami Basly. et al. "The internationalization of family SME: An

organizational learning and knowledge development perspective"[J]. Baltic Journal of Management, 2007, 21 (2): 154 – 180.

[21] Erikssonm, Kent, Johanson, Jan, Majkgard, Anders & D. Sharma. Effect of variation on knowledge accumulation in the internationalization process [J]. International Studies of Management & Organization, 2000, 30 (1): 26 – 44.

[22] Eugenio Cerrutti, Giovanni Dell' Aricca, Maria Soledad Marti'nez Peri'A. How banks go abroad: Branches or subsidiaries? [J]. Journal of Banking & Finance, 2007, 31: 1669 – 1692.

[23] Huan Zou, Pervez N. Ghauri. Internationalizing by learning: the case of Chinese high-tech new ventures[J]. International Marketing Review, 2010, 27 (2): 223 – 244.

[24] Jan Johanson, Jan-Erik Vahline. Business Relationship Learning and Commitment in the Internationalization Process [J]. Journal of International Entrepreneurship, 2003, 83 – 101.

[25] Jean Pisani-Ferry and Andre' Sapir. Banking crisis management in the EU an early assessment [J]. Economic Policy, 2010 (04): 341 – 373.

[26] Johanson, Jan, Finnw Iedersbeim-Pnnl. The Internationalization of the Firm-Four Swedish Cases [J]. The Journal of Management Studies, 1975, 12 (3): 305 – 322.

[27] John Child, Suzana B. Rodrigues. The Internationalization of Chinese Firms: A Case for Theoretical Extension? [J]. Management and Organization Review, 2005, 1 (3): 381 – 410.

[28] Jose' Guimo'n. Book reviews. International Business Review [J], 2011, (20): 239 – 240.

[29] Julan Du, Yi Lu, Zhigang Tao. Ecomomic Institutions and FDI Location Choice: Evdience From US Multinationals in China [J]. Journal of Comparative Economics, 2008, (36): 412 – 429.

[30] Keith Head, Thierry Mayer, Johh Ries. Revisiting Oligopolistic Reaction: Are Decisions on Foreign Direct Investment Strategic Complements?[J]. Journal of Economics & Management Strategy, 2002, 11 (3): 453 – 472.

[31] Knickerbocker, F. Oligopolistic Reaction and Multinational Enterprise, Cambridge [M]. MA: Harvard University Press, 1973.

[32] Lin Cui, Fuming Jiang. FDI entry mode choice of Chinese firms: A strategic behavior perspective [J]. Journal of World Business, 2009, 44: 434 - 444.

[33] Lin Yuan, Nnitin Pangarkar. Inertia versus mimicry in location choices by Chinese multinationals [J]. International Marketing Review, 2010, 27 (3): 295 - 315.

[34] M. Krishna, Erramilli. The Experience Factor in Foreign Market Entry Behavior of Service Firms [J]. Journal of International Business Studies, 1991, 22 (3): 479 - 501.

[35] M. Lehner. Entry mode choice of multinational banks [J]. Journal of Banking & Finance, 2009, 33: 1781 - 1792.

[36] Marc Von Der Ruhr, Michael Ryan. "Following" or "Attracting" the Customer? Japanese Banking FDI in Europe [J]. Atlantic Economic Journal, 2005, 33: 405 - 422.

[37] Ma'Rio Henrique Ogasavara, Yasuo Hoshino. The impact of ownership, internalization, and entry mode on Japanese subsidiaries' performance in Brazil [J]. Japan and the World Economy, 2007, (19): 1 - 25.

[38] Meng-Fen, Hsieh Chung-Hua Shen, Jec-Sin Lee. Factors influencing the foreign entry mode of Asian and Latin-American banks [J]. The Service Industries Journal, 2010, 30 (14): 2351 - 2365.

[39] Moshirian F International investment in Financial Services 2001; Moshirian F Financial services: global perspectives, 2004, (2).

[40] Paladino G. Location decisions of Italian Banks: drivers of expansion into emerging and transition economies [M], Social Science Electronic Publishing, 2007.

[41] Paulo N. Figueiredo, Klauber Brito. The innovation performance of MNE subsidiaries and local embeddedness: evidence from an emerging economy [J]. Journal of Evolutionary Economics, 2011, 21: 141 - 165.

[42] Peng M. W. The resource based view and international business [J]. Journal of Management, 2001, 27: 803 - 29.

[43] Penrose E. T. The theory of the growth of the firm [M]. Wiley, 1959: 35 - 51.

[44] Peter J. Buckley, L. Jeremy Clegg, Adam R. Cross, Xin Lie, Hinrich

Voss, Ping Zheng. The determinants of Chinese outward foreign direct investment [J]. Journal of International Business Studies, 2007, 38: 499 – 518.

[45] Peter Kedron, Sharmistha Bagchi-Sen. US market entry processes of emerging multinationals: A case of Indian Pharmaceuticals [J]. Applied Geography, 2011, 31: 721 – 730.

[46] Qian, Lihong, Delios, Anderew. Internalization and experience: Japanese banks' international expansion, 1980 – 1998 [J]. Journal of International Business Studies, 2008, 39 (2): 231 – 248.

[47] Ruigrok, Winfried, Wagner Hardy. Internationalization and performance: An organizational learning perspective [J]. Management International Review, 2003, 43 (01): 63 – 83.

[48] Snejina Michailova, Heather I. M. Wilson. Small firm internationalization through experiential learning: The moderating role of socialization tactics [J]. Journal of World Business, 2008, 43: 243 – 254.

[49] Sumon Kumar Bhaumik, Nigel Driffield, Sarmistha Pal. Does ownership structure of emerging-market firms affect their outward FDI? The case of the Indian automotive and pharmaceutical sectors [J]. Journal of International Business Studies, 2010, 41: 437 – 450.

[50] Tigran, Poghosyanand, Arsen & Poghosyan. Foreign bank entry, bank efficiency and market power in Central and Eastern European Countries [J]. Economics of Transition, 2010, 18 (3): 571 – 598.

[51] Too many banks, too little profit in Taiwan [J/OL]. The Banker, 2011 – 10 – 1.

[52] Tschoegl A. E. Foreign bank entry into Japan and California. Ina new theories of multinational enterprise [M]. London: Croom Helm, 1982, 196 – 216.

[53] Yadong Luo, Qiuzhi Xue, Binjie Han. How emerging market governments promote outward FDIExperience from China [J]. Journal of World Business, 2010, 45: 68 – 79.

[54] Yadong Luo, Rosalie L. Tung. International Expansion of Emerging Market EnterprisesA Springboard Perspective [J]. Journal of International Business Studies, 2007, 38 (4): 481 – 498.

[55] Lihua Yang, Fengcheng Lin. The Ownership Advantage and Entry Modes

Selection: Evidences from Chinese MMNCs of Hunan Province [C]. BMEI Proceedings 2012, (6): 1 - 4.

[56] Lihua Yang. Customer satisfaction antecedents within service recovery context: Evidences from "Big 4" banks in China [J]. Nankai Business Review International (Emerald Group Publishing), 2012 (03): 284 - 301.

[57] Lihua Yang. the Pricing Strategies on China's Green Food Products at Growth Stage of Industrial Life Cycle [C]. ICPEM (indexed by Thomson ISI/ISTP), 2009, 369 - 372.

[58] Lihua Yang. Jinzhong Liao. An Empirical Study on Customer Behavior and Satisfaction: Evidences from Leisure Agriculture Industry in Changsha City, Proceedings of 2009 International Symposium on Sustainable Development of City Groups, indexed by Thomson ISI (ISTP), 2009, 145 - 149.

二、中文部分

[1] 蔡恺. 盘点那些年中资行的海外战投: 7家从未减持 [OL/DB]. 证券时报网, 2015 - 02 - 18.

[2] 曹衷阳, 刘敏, 张宏伟. 国有商业银行对外投资与市场竞争力实证研究 [J]. 软科学, 2010, 24 (11): 46 - 48.

[3] 柴忠东, 施慧家. 新新贸易理论"新"在何处——异质性企业贸易理论剖析 [J]. 国际经贸探索, 2008 (12): 14 - 18.

[4] 陈凤. 中外资商业银行并购比较研究 [D]. 北京: 对外经贸大学硕士学位论文, 2010.

[5] 陈奉先, 涂万春. 外资银行进入对东道国银行业效率的影响——东欧国家的经验与中国的实践 [J]. 世界经济研究, 2008 (1): 16 - 25.

[6] 陈曦, 胡左浩, 赵平. 我国的天生国际化企业特征与驱动力探寻——基于对江浙地区的四家中小型企业的跨案例比较研究 [J]. 中国软科学, 2009, (4): 125 - 139.

[7] 陈孝光. 我国商业银行国际化经营效率的DEA分析 [J]. 中国经贸, 2010, (24): 35 - 37.

[8] 陈岩, 熊吉娜. 国际化程度、企业能力、制度因素与绩效: 对中国上市公司国际化效果的实证分析 [C]. 第十届全国高校国际贸易学科会议论文, 2011: 101 - 110.

[9] 陈雨露, 甄峰. 大型商业银行国际竞争力: 理论框架与国际比较

[J]. 国际金融研究, 2011 (2): 89-95.

[10] 陈姿蓉. 台商进入中国大陆之模式与经营绩效 [D]. 台湾: 中原大学硕士论文, 2010, 35-62.

[11] 邓明. 制度距离、"示范效应"与中国OFDI的区位分布 [J]. 国际贸易问题, 2012 (2): 123-135.

[12] 邓巧丽. 我国服务业对外开放对其对内开放的影响研究 [D]. 湖南: 湖南大学硕士学位论文, 2010.

[13] 邓一星. 我国商业银行国际化经营中的"客户跟随"效应研究 [D]. 湖北: 华中科技大学硕士学位论文, 2008.

[14] 丁美军. 外资银行国际化路径对中国银行业的启示 [D]. 云南: 云南财经大学经济研究学位论文, 2011.

[15] 董剑. 我国商业银行国际化动因的实证研究 [D]. 浙江: 浙江大学学位论文, 2006.

[16] 方正中. 跨国银行并购与我国商业银行国际化路径分析 [D]. 北京: 对外经济贸易大学硕士学位论文, 2008.

[17] 冯帆, 都晓. 出口与服务业企业生产率关系研究——基于新新贸易理论的我国数据检验 [J]. 南大商学评论, 2014, (3): 53-57.

[18] 冯嗣全. 银行国际化的路径选择: 跨国并购抑或新设投资 [J]. 当代财经, 2003 (12): 37-41.

[19] 高展军, 李垣. 战略网络结构对企业技术创新的影响研究 [J]. 科学学研究, 2006 (3): 474-479.

[20] 葛京, 金锐睿, 杨智宾. 基于知识利用和知识发展的企业国际化过程分析——以中国家电企业为例 [J]. 中国软科学, 2009 (9): 118-127.

[21] 葛京. 企业国际化过程中的知识转移与组织学习 [J]. 中国软科学, 2002 (1): 57-60.

[22] 葛鑫. 集群学习过程中学习因素对于知识溢出效应影响研究 [D]. 湖北: 武汉理工大学, 2012.

[23] 郭妍. 我国银行海外并购绩效及其影响因素的实证分析 [J]. 财贸经济, 2010 (11): 27-33.

[24] 胡媛荣. 中国零售企业国际化经营策略研究 [D]. 湖北: 武汉理工大学, 2007.

[25] 黄静. 影响转轨国家银行业FDI流入的因素分析——基于DEA及面

板协整的研究 [J]. 金融研究, 2010 (7): 71 - 84.

[26] 黄路娜. 生产性服务贸易对我国制造业效率的影响 [D]. 北京: 对外经济贸易大学硕士学位论文, 2009.

[27] 黄启瑞, 董泽平, 李文瑞. 中国银行业国际化之区位选择因素 [J]. 中国大陆研究, 2010, 52 (1): 1 - 27.

[28] 黄启轩. 中国银行业登台之研究 [D]. 台湾: 国立台湾大学硕士论文, 2010.

[29] 黄涛, 李甲. 中国商业银行海外发展投资模式的决策研究——基于跨国并购与新建投资的实证 [J]. 国际金融研究, 2010 (10): 64 - 70.

[30] 贾飞. 我国银行在中国企业跨国经营中的作用 [D]. 北京: 对外经贸大学国际经济贸易学院硕士论文, 2010.

[31] 贾鹏. 中国企业对外直接投资进入模式影响因素研究 [D]. 长沙: 中南大学博士学位论文, 2008.

[32] 贾旭. 中资银行海外并购的动因与绩效研究 [D]. 广东: 中山大学博士学位论文, 2010.

[33] 江珲珲. 中国商业银行国际化经营区位选择研究 [D]. 江西: 江西财经大学国际经贸学院硕士学位论文, 2009.

[34] 姜建清. 大型银行的国际化进程: 中国工商银行的实践 [J]. 中国金融, 2010 (19): 50 - 53.

[35] 金泰希. 韩国中小企业国际化速度决定因素与国际化绩效实证研究 [D]. 浙江: 浙江大学, 2012.

[36] 孔庆洋. 商业银行国际化研究 [D]. 上海: 华东师范大学金融与统计学院博士论文, 2010.

[37] 李爱喜. 外资银行在华区位选择行为及实证分析 [J]. 国际贸易问题, 2009 (3): 118 - 124.

[38] 李军, 关健, 陈娟. 组织学习、动态能力与企业战略变化关系的实证研究 [J]. 软科学, 2012, 26 (3): 57 - 60.

[39] 李明. 企业家国际经历对企业国际化影响机制研究——基于全球胜任力的视角 [D]. 上海: 复旦大学管理学院, 2010.

[40] 李双杰, 宋秋文. 我国商业银行战略引资的效应研究 [J]. 数量经济技术经济研究, 2010 (9): 53 - 66.

[41] 李拓, 乔忠. 从国际银行的全球布局分析中国大型商业银行的国际

化战略转型 [J]. 国际金融, 2015 (1): 13-17.

[42] 李卫霞. 我国商业银行对外投资区位选择问题研究 [D]. 安徽: 安徽大学硕士学位论文, 2010.

[43] 李自杰, 李毅, 陈达. 国际化经验与走向全球化——基于中国电子信息技术产业上市公司的实证研究 [J]. 中国软科学, 2010 (8): 126-137.

[44] 廉凯. 服务业 FDI 市场进入模式选择分析 [D]. 山东: 山东大学硕士学位论文, 2009.

[45] 林芸竹. 营建业国际化过程之动态折衷模型 [D]. 台湾: 国立台湾大学硕士学位论文, 2010.

[46] 凌婕. 多重目标下的跨国银行 FDI 动机和区位选择——基于跨国银行面板数据变截距固定效应模型的检验 [J]. 审计与经济研究, 2010 (3): 101-106.

[47] 凌婕. 跨国银 FDI 动机和区位选择研究及其新进展 [J]. 南京政治学院学报, 2010, 26 (2): 33-37.

[48] 刘博, 邱立成, 孙海军. 银行异质性与银行国际化市场进入模式的选择 [J]. 世界经济与政治论坛, 2010 (1): 48-57.

[49] 刘博. 银行国际化: 演进、模式和效应研究 [D]. 天津: 南开大学经济学院博士论文, 2010.

[50] 刘军. 基于不同投资动机的跨国服务企业 FDI 学习效应研究 [J]. 财经研究, 2015, 41 (4): 66-78.

[51] 刘朋. 银行业 FDI 对我国银行业市场结构的影响研究 [D]. 山东: 青岛科技大学研究生学位论文, 2010.

[52] 刘晓宁. 跨国服务企业中国市场进入模式选择研究 [D]. 山东: 山东大学硕士学位论文, 2007: 21-29.

[53] 刘晓粤, 马海燕. 后进企业国际化学习战略研究述评 [J]. 武汉理工大学学报, 2008 (4): 164-168.

[54] 刘智泓. 银行海外并购动机的探讨——以中国工商银行东亚并购动机为例 [J]. 发展研究, 2011 (4): 72-76.

[55] 柳忠军. 银行国际化及组织机构选择的战略比较 [D]. 山东: 山东大学硕士学位论文, 2006.

[56] 鲁桐. 企业国际化阶段、测量方法及案例研究 [J]. 世界经济, 2000 (3): 9-18.

[57] 罗珉. 组织间关系理论最新研究视角探析 [J]. 外国经济与管理, 2007, 29 (1): 25-31.

[58] 马文思. 中国银行业跨国并购可能性研究——基于海外经验与真实案例的实证 [D]. 江苏: 苏州大学硕士学位论文, 2010.

[59] 孟执芳, 陈梦媛, 刘楠. 跨国并购后知识获取影响因素探析 [J]. 山东社会科学, 2011 (8): 140-142.

[60] 欧明刚, 方方. 中国银行业国际化发展报告 [J]. 银行家, 2015 (4): 10-17.

[61] 任会利, 刘辉煌. 生产性服务贸易对制造业国际竞争力的影响研究——基于中国的实证分析 1982~2008. [J]. 技术与创新管理, 2010, 31 (3): 323-326.

[62] 任重. 基于企业异质性的出口学习效应研究评述与展望 [J]. 中央财经大学学报, 2015 (3): 85-91.

[63] 邵科. 从 2014 年年报看中国银行业国际化发展步伐 [J]. 中国银行家, 2015 (6): 66-70.

[64] 史敏. 服务业企业人力资本与国际化程度的关系研究: 组织学习的中介作用 [D]. 江苏: 南京大学, 2011.

[65] 苏舟. 银行跨国并购效率及其决定因素研究: 欧盟经验 [D]. 上海: 华东师范大学博士学位论文, 2010.

[66] 孙焕民, 吴志峰. 外资银行发展状况考察: 商业存在的国际化 [J]. 金融论坛, 2005 (10): 29-33.

[67] 涂远芬. 中国企业的自我选择效应与出口学习效应研究——基于制造业与服务业企业层面的比较分析 [J]. 当代财经, 2014 (8): 89-101.

[68] 汪旭晖. 基于空间互动模型的跨国零售商海外市场选择研究 [J]. 生产力研究, 2007 (1): 42-45.

[69] 王亚星, 郭光. 银行国际化的阶段性特征及经验启示 [J]. 商业时代, 2009, (32): 93-94.

[70] 王勇, 韩雨晴, 张思翼. 大型银行国际化经营: 经验、现状及建议 [J]. 国际金融, 2013 (1): 13-16.

[71] 温信祥, 王佳佳. 后金融危机时期中资银行国际化的路径选择 [J]. 金融论坛, 2010 (7): 50-57.

[72] 吴长生, 洪顺庆. 公司特性、地主国特性、标准化策略与国际营销

绩效之关系 [J]. 中山管理评论, 2006 (2): 451 - 486.

[73] 吴琪琳. 跨国银行进入东道国的方式选择研究 [D]. 武汉: 华中科技大学硕士学位论文, 2004.

[74] 吴晓云, 康凯. 基于服务本质特征的全球服务分类矩阵模型 [J]. 山西大学学报 (哲学社会科学版), 2009, 32 (4): 49 - 54.

[75] 伍志文, 沈中华. 外资银行股权进入和银行绩效的联动效应——基于面板数据的分析 [J]. 财经研究, 2009, 35: 111 - 121.

[76] 肖慧敏, 刘辉煌. 中国企业对外直接投资的学习效应研究 [J]. 财经研究, 2014 (4): 42 - 55.

[77] 肖文, 周君芝. 国家特定优势下的中国 OFDI 区位选择偏好——基于企业投资动机和能力的实证检验 [J]. 浙江大学学报 (人文社会科学版), 2014, 44 (1): 185 - 195.

[78] 谢泗薪, 薛求知. 中国企业全球学习战略的脉络与机理——基于国际化双向路径的视角 [J]. 复旦学报 (社会科学版), 2004 (3): 86 - 93.

[79] 谢臻, 魏刚, 李钢. 中资银行海外经营组织形式的选择问题 [J]. 对外经贸实务, 2010, (1): 28 - 31.

[80] 徐敏奎. 贸易、投资与产品周期——希尔施模型对寡占反应和产品周期理论的解释 [J]. 山东经济, 2004 (9): 41 - 42.

[81] 徐文彬. 全球三大全能银行并购发展路径的比较分析 [J]. 首都经济贸易大学学报, 2010 (2): 76 - 80.

[82] 徐旸憝. 中国对外直接投资逆向技术溢出效应研究 [D]. 浙江: 浙江大学, 2015.

[83] 徐宇裴. 国际新创企业的创业导向与绩效: 企业国际化学习的中介作用分析 [D]. 浙江: 浙江大学, 2014.

[84] 许海峰. 中国商业银行国际化现状评价: 基于生命成长视角 [D]. 上海: 上海外国语大学硕士论文, 2009.

[85] 许晖, 王睿智, 许守任. 社会资本、组织学习对企业国际营销能力升级的影响机制——基于海信集团国际化发展的纵向案例 [J]. 管理学报, 2014 (2): 244 - 253.

[86] 许晖, 邹慧敏. 企业的国际化感知风险对国际化绩效影响研究 [J]. 管理科学, 2010, 23 (2): 2 - 10.

[87] 薛求知. 全球学习效应: 跨国公司行为新解释 [J]. 复旦学报 (自

然科学版），2001，2（40）：184-189.

[88] 阎海峰，程鹏，关涛，杨桂菊. 本土企业学习效应影响因素的实证[J]. 管理学报，2010，7（6）：814-818.

[89] 杨国彬，陈书平. 台湾集团企业海外直接投资进入模式之研究：组织学习观点[J]. 台大管理理论，2007，18（1）：151-182.

[90] 杨丽华，廖进中. 服务补救情境下银行业的顾客满意度实证研究[J]. 软科学，2010（7）：133-137.

[91] 杨丽华. 基于信用卡市场细分的顾客保留策略[J]. 经济问题，2007（6）：105-107.

[92] 杨丽华. 我国银行业国际化的动机、进入模式与区位选择[J]. 商业时代，2012（1）：68-69.

[93] 杨丽华. 服务企业国际化的研究范式及其嬗变趋势[J]. 企业活力，2011（9）：18-19.

[94] 杨丽华. 生产性服务企业国际化的动因、区位选择与进入模式[M]. 长沙：湖南人民出版社，2013.

[95] 杨亚平，李晶. 出口强度、吸收能力与中国出口企业生产率[J]. 经济经纬，2015，32（2）：56-61.

[96] 姚丽伟. 对外直接投资（FDI）抑或外包（Outsourcing）——中国企业国际化模式选择研究[D]. 河北：河北大学硕士学位论文，2010.

[97] 叶明珠. 国际化动因、内向国际化经验对民营企业进入模式的影响研究[D]. 上海：华东理工大学硕士学位论文，2010.

[98] 伊明萍. 外资银行在东盟四国的跨国经营研究[D]. 福建：厦门大学硕士学位论文，2008.

[99] 尹华. 我国制造企业国际化进程中的组织学习研究[D]. 湖南：中南大学博士学位论文，2009：20-33.

[100] 禹静静. 我国银行业跨国并购战略研究[D]. 浙江：浙江大学硕士学位论文，2010.

[101] 曾俭华. 国际化经营对中国商业银行效率的影响研究[J]. 国际金融研究，2011（1）：76-84.

[102] 曾庆斌. 银行业海外扩张的寡占反应动机[J]. 海南金融，2005，(11)：7-10.

[103] 张满银，韩大海，高凤英. 跨国银行在华投资的省域选择[J].

财经研究, 2010 (1): 112 – 122.

[104] 张钦. 中国银行业开放度对商业银行经营效率影响研究 [D]. 江苏: 苏州大学硕士学位论文, 2011.

[105] 张渠. 银行国际化并购与绩效研究 [D]. 北京: 对外经济贸易大学博士学位论文, 2007.

[106] 张士运, 李功越. 生产性服务业与研发服务业关系探讨及发展的思考 [J]. 中国科技论坛, 2009 (6): 42 – 46.

[107] 张先锋, 刘晓斐, 孙纲. 汇率倒逼机制与出口学习效应——基于2001～2011年我国制造业面板数据的经验分析 [J]. 世界经济研究, 2014 (9): 35 – 41.

[108] 张小波. 金融开放的水平测度及协调性分析 [J]. 经济科学, 2012 (2): 72 – 88.

[109] 张亚斌, 刘靓君. 生产性服务业对我国经济增长的影响研究——基于东、中、西部面板数据的实证分析 [J]. 世界经济与政治论坛, 2008, (4): 79 – 86.

[110] 张彦. 人民币国际化的现状、障碍与相关对策 [J]. 金融理论与实践, 2011, (2): 62 – 66.

[111] 郑文敬. 我国商业银行对外扩张方式的选择研究 [D]. 上海: 上海师范大学商学院硕士论文, 2010.

[112] 中国工商银行等银行巨头海外昂贵, 扩张收益率低被质疑 [OL/DB]. http://www.sina.com.cn. 2011 – 05 – 25.

[113] 中国农业银行慎看西方战略投资者 [OL/N]. 华尔街日报, 2009 – 11 – 12.

[114] 钟韵. 西方地理学视角下的生产性服务贸易研究进展 [J]. 人文地理, 2010, 113 (3): 5 – 9.

[115] 周长征. 银行业跨国并购和新建投资的选择策略分析 [D]. 北京: 对外经济贸易大学硕士学位论文, 2008.

[116] 周建, 肖淑玉, 方刚. 东道国制度环境对我国外向FDI的影响分析 [J]. 经济与管理研究, 2010 (7): 86 – 93.

[117] 周劲波, 黄胜. 融合知识管理观点的新创企业国际化特征研究 [J]. 科学学研究, 2009, 27 (7): 1058 – 1065.

[118] 周师豪. 我国服务业对外开放度的度量与国际比较分析 [D]. 湖

南：湖南大学硕士学位论文，2010.

［119］朱盈盈. 中资银行引进境外战略投资者效果的实证研究［D］. 成都：电子科技大学博士学位论文，2011.

后　　记

　　我有幸于 2006 年起师从廖进中教授、攻读湖南大学应用经济学的博士学位，本书是在我博士学位论文的基础上完成的，因此我最先要感谢的是我敬爱的导师廖进中教授。导师"学为人师、德为人范"的品格，勤于思、敢于言、严谨治学的态度，巧于思、善于言、见微知著的才华，乐观向上、忧国忧民的学者情怀，无不深深影响了我，使我受益终身。导师悉心指导了我博士论文的写作并寄予厚望，希望我据此申报国家课题、出书立著，遗憾的是，由于我的懈怠，此书迟迟没有完稿，长期受病魔折磨的导师未能等来此书出版的这一天，于 2014 年 11 月溘然长逝。导师未能亲眼看见此书的出版并为我作序，成为我心中的一大憾事。我想，唯有好好完善此书、以此作为对导师的一种致敬吧。

　　在本书的写作过程中，我参考了众多国内外学者的文献，学者们在理论范式、研究方法与行文构思方面的匠心独运与深厚功底，给予了我写作此书的灵感源泉与理论基础。然而由于本人才疏学浅，本书不可避免地存在着诸多不足或谬误，而这些局限性也为未来的研究路径提供了方向。就后续的研究方向来看，可以围绕着"向谁学习"、"如何学习"和"学习什么"这三个方向来进行。本人文责自负，敬请各位专家、学者不吝批评与指正。

　　如前言中所述，本书面临的困难之一便是数据的可获得性差，为了克服这一困难，我从各上市银行的各年年报中收集有关银行国际化的数据，然后进行分类、归纳与统计，数据收集与整理的工作量巨大，为此我要感谢我的研究生们能积极参与到该课题的研究中来，尤其是张又丹、王培培、刘明、余意、伍雅萍、文创等同学为本研究数据的收集与整理付出了辛勤劳动。感谢我的同门师弟邓海滨博士在研究方法上所给予的耐心指导。

　　还要感谢我的硕士生导师邓德胜教授，是他的鼓励、鞭策与支持，让我有了在千年学府"湖南大学"继续深造的机会。感谢中南林业科技大学副校长廖小平教授、商学院院长尹少华教授等所给予我学习上的鼓励与支持。

感谢经济科学出版社，感谢责任编辑初少磊和凌敏两位女士为本书的编辑出版付出了辛勤的劳动。她们的支持为本书的完成和出版提供了重要的条件，我谨向她们表示诚挚的谢意！

最后，我要感谢我的父母、老公、儿子，你们的鼓励、理解与支持，是支撑我走完这艰难的写作之路的最主要动力。

衷心感谢所有帮助过、关心过我的老师、同学、亲人、朋友和单位！

杨丽华
2015 年 11 月于湘江之滨